何玉宏 1963年生于江苏高淳。法学（社会学）硕士、理学（社会生态学）博士。南京交通学院教授、科研处处长，兼任中国社会学会理事、城市社会学专业委员会理事，江苏省高校“青蓝工程”学术带头人，江苏省“六大人才高峰”高层次人才培养对象。长期从事交通社会学、城市社会学及城市交通节能减排等研究，出版《汽车社会与城市交通》《城市交通社会学》等专著，在《中国软科学》《社会科学家》等发表论文120余篇。主持教育部人文社会科学研究基金项目、江苏省社会科学基金项目等多项省部级课题研究。成果获“钱学森城市学金奖”提名奖、江苏省“社科应用研究精品工程”优秀成果奖等。

江苏省“六大人才高峰”资助项目（2013-JNHB-020）
江苏交通科技节能减排重大专项研究（2014NG03-1）
南京交院高层次人才工程资助项目研究成果

学术之光文库
XUESHUZHIGUANGWENKU

城市绿色交通论

何玉宏◎著

光明日报出版社

图书在版编目（CIP）数据

城市绿色交通论 / 何玉宏著. -- 北京：光明日报出版社，2015. 11

ISBN 978 - 7 - 5112 - 9392 - 3

Ⅰ. ①城… Ⅱ. ①何… Ⅲ. ①城市交通—环境保护—研究 Ⅳ. ①U491②X73

中国版本图书馆 CIP 数据核字（2015）第 255707 号

城市绿色交通论

著　　者：何玉宏

责任编辑：曹美娜　　　　责任校对：张明明

封面设计：中联学林　　　　责任印制：曹　诤

出版发行：光明日报出版社

地　　址：北京市东城区珠市口东大街 5 号，100062

电　　话：010 - 67078251（咨询），67078870（发行），67019571（邮购）

传　　真：010 - 67078227，67078255

网　　址：http：//book. gmw. cn

E - mail：gmcbs@ gmw. cn　caomeina@ gmw. cn

法律顾问：北京德恒律师事务所龚柳方律师

印　　刷：北京天正元印务有限公司

装　　订：北京天正元印务有限公司

本书如有破损、缺页、装订错误，请与本社联系调换

开　　本：710 × 1000　1/16

字　　数：237 千字　　　　印　　张：15

版　　次：2016 年 1 月第 1 版　　　　印　　次：2016 年 1 月第 1 次印刷

书　　号：ISBN 978 - 7 - 5112 - 9392 - 3

定　　价：68.00 元

序

卢　风①

中国正快速推进现代化进程。现代化必然伴随着城市化。就在中国的现代化和城市化取得眩目成就的同时,发展的可持续性问题日益凸显。20世纪80年代以来的中国现代化发展是可持续的吗？与这种发展模式相应的城市发展是可持续的吗？经过1978年以前近30年计划经济的困厄,中国人穷怕了。邓小平领导改革开放以后,80、90年代的经济发展有饥不择食的盲目特征。人们片面追求效率和经济增长,逐渐养成了GDP至上的思维习惯。这种思维习惯至今仍未被克服,中央和各地激励汽车消费的政策正是这种思维习惯的体现。进入21世纪以来,汽车产业的发展是明显的经济增长点,私人汽车消费能很快拉动经济增长,于是中央和各地都有激励汽车消费的政策,像北京这样的大都市的交通明显恶化。交通恶化不是因为汽车太少,恰恰因为汽车过多。在北京,汽车拥堵已成为交通常态。于是,北京市政府常出台一些矛盾的政策,例如,一边鼓励人们购买汽车,一边限制私家车出行,还呼吁人们"绿色出行"。汽车消费增长引发的问题绝不止于交通拥堵,还有污染空气,导致城市占地面积的扩张等。简言之,汽车消费的盲目增长会使城市发展不可持续。城市交通的可持续发展是城市可持续发展的条件之一。何玉宏教授的《城市绿色交通论》集中论述城市交通的可持续性条件和发展前景,对于当代中国的城市交通建设具有重要的启发意义。

何玉宏教授的如下见解特别值得我们记取:

1. 城市交通问题不仅是一个社会问题,更是一个社会生态问题,解决城市交

① 卢风系清华大学教授、博士生导师,中国环境哲学专业委员会理事长。

通问题应有社会学与生态学思想的指导。

2.“轿车进入家庭”带来的环境负荷不能超过环境的承载力。

3. 鼓励轿车交通的政策并不符合中国国情，一味鼓励轿车交通将导致从“囚徒困境”走向“公地悲剧”的结局。因而选择交通工具出行要从“心”出发回归生态理性。

4. 绿色交通的要义是将自行车纳入城市公共交通体系。

在法国生态学家克洛德·阿莱格尔看来，城市是“人类与自然之间对抗最为激烈的地点”，是“威胁整个地球、最大量的污染的源头”（《城市生态，乡村生态》第116页）。城市地面被水泥或沥青硬化的比例最高，城市每天都产生巨量的垃圾，大城市用水极为浪费，城市人的粪便不再返回生态系统的物质循环，等等。尽管城市有如许多的生态缺陷，它仍有巨大的吸引力。它是文化集中的地方，是娱乐活动丰富的地方，是发财机会多的地方，是竞争卓越性的地方……现代化过程必然也是城市化过程。一个国家随着现代化过程的推进，其城市势必越来越多，越来越大。

那么如何谋求城市发展的可持续性？唯一的道路是城市的生态化。阿莱格尔说：“如果人类的未来将赌注押在城市上的话，那么我们的社会的未来可能会将赌注押在对乡村进行的设计与使用的方式上。”（同上书，第129页）如果我们中国人把未来的赌注压在城市上，那么生态化城市建设就是我们的必由之路！生态化城市必须有绿色交通。没有绿色交通就没有生态化的城市。

何玉宏教授的《城市绿色交通论》即将出版，该书对中国的绿色交通建设是一份重要的理论贡献。

2015年1月20日于清华园新斋

目 录
CONTENTS

第一章

导论:交通与城市和谐何以可能

当代中国正处于一个以往任何时候、任何国家都未曾经历的快速城市化阶段,与此同时,中国的发展越来越受到来自环境、资源、社会等的多重压力,城市交通问题也正演变成中国城市环境恶化的首要难题。如何面对又如何破解这道难题,在深刻地考验着我们的智慧。交通问题的解决,需要超越交通本身来思考。发展绿色交通被认为是解决问题的一个出路。本书尝试融合社会学、生态学、环境伦理学、交通工程学等学科的理论和知识,对此做出自己的思考与分析。

第一节　研究背景及意义

一、绿色交通形成的背景

21 世纪是全球城市化的世纪。随着世界各国城市化进程的加速,“城市环境污染、城市交通及城市住房”已成为当今世界许多城市所面临的三大问题。城市交通问题是三大问题之一。中国作为世界上人口最多的发展中国家,其情形也不例外,或者确切地说,中国的城市交通问题甚至更加突出、情况更加严重。

美国城市规划专家利维在其《现代城市规划》的中文版序言中指出,“如果一个人想对美国 20 世纪的规划找到一个核心题目的话,那么汽车就是关键词。而 21 世纪的中国将经历 20 世纪美国所经历的由于私人交通增长所带来的、现在仍然能看到的一切。如果能从这个方面来审视一下美国的经验将是有用的”。①

中国正在步入城市化的加速期。根据《国家新型城镇化规划（2014－2020年）》，截至2010年，全国共有城市658个，其中城区常住人口超过1000万的超大城市6个，人口达到500－1000万的特大城市10个，人口在100－500万的大城市124个。② 仅在2000－2011年的12年间，我国的城市水平就从36.09%提高到51.27%，年均提高1.27个百分点；城镇常住人口从4.96亿增加到6.91亿，年均增加1624万人口，也就是说，每年就有1624万农村人口进入城市地区并常住。而按照规划，在未来的几年还将实现1亿左右农业转移人口和其他常住人口在城镇落户。显然，庞大的城市人口必将构成对城市交通的巨大冲击和无形的压力，城市三大问题中交通问题将首当其冲。因为在某种程度上，城市交通问题是与城市环境问题直接相关的；并且，有发达的城市交通系统为基础，通过城市功能或布局的调整，中心城区人口的分散等，城市住房问题也可能在某种程度上得到缓解。

目前，在我国多数城市，特别是人口200万以上的大城市中，随着私人小汽车进入家庭的步伐加快，交通越来越拥挤，行车难、停车难、交通堵塞状况日益严重；并导致城市生态环境恶化，大气污染日益严重，使得城市交通污染已成为当今难以解决的顽症。因此，如何重新定义与发展交通系统，成为现代文明下一步发展不可或缺的内容，其中，如何使交通系统的发展符合未来环境保护、健康、安全和效率的共同需要是其重点之一。在此情形下，从国外将“绿色交通”引入中国正切合了社会的实际需要。

在国外，自1992年里约热内卢世界环发会议诞生《21世纪议程》，向世界敲响环境恶化的警钟以来，保护生态环境、实现可持续发展就成为人类为自己的未来奋斗的共同目标。为了保护我们赖以生存的地球，专家们甚至提出了“环境革命”的新概念，认为21世纪是“环保世纪”，也是“环境革命”的世纪，人类应从以耗费大量化石资源创造财富的资源经济转向无污染的知识经济，人类应从大自然的掠

① ［美］约翰·M. 利维：《现代城市规划》（第五版），孙景秋等译，中国人民大学出版社，2003年，第5－6页。

② 按照旧标准，2010年中国有140个城市是特大城市；而在新标准之下，2010年仍能保持特大城市“身份”的仅有武汉、成都、南京、西安、沈阳、杭州、苏州等10个城市。北京、上海、天津、重庆、广州、深圳则晋升为超大城市。

夺者变为保护大自然的亲密朋友。绿色交通正是这一理念在交通方面的具体化。为了解决日趋严重的城市环境危机,呼唤绿色交通就成了全人类共同的呼声。为此,许多人在为倡导绿色交通努力着。欧美等西方国家先后推广的"自行车交通""交通安宁运动""无车日"以及使用轨道交通、电动汽车、氢气汽车、太阳能汽车等无污染新能源交通工具,正是这种努力的具体表现。因此,可以说,绿色交通是世界发展对21世纪交通提出的更高的要求,它是交通可持续发展的必然趋势,是解决长期以来一直困扰我们的交通发展与交通对环境污染日趋严重矛盾的重要途径,它的实现与否关乎这个生态环境被破坏得伤痕累累的世界的未来以及与之相连的人类的命运。

二、研究绿色交通的意义

不回避现实问题是科学研究应坚持的原则。今天,城市所拥有的有限资源、自然景观、社会和经济福祉面临着以往从未有过的威胁。人类正处在城市该如何增长和发展的艰难抉择时刻,城市交通的快速发展给我们提出了严峻的挑战。绿色交通无疑是一种有前景的、理想的交通模式。

(一)研究的理论意义

本书论题的提出,就其理论意义而言,主要表现在如下两方面:

1. 就本身而言,围绕城市交通发展的绿色转向,构建了城市绿色交通的理论框架雏形,包括论题的提出、分析直至解决对策,并着力探究了绿色交通基本特征、原则与目标、保障机制等。作者借鉴社会运行理论,将之运用、推广到城市领域,提出城市交通作为城市社会大系统中的一个重要子系统,其运行有着内在的规律性,存在良性运行、中性运行与恶性运行三种类型,而绿色交通是解决城市交通问题(恶性运行)的必然选择。

2. 就学科发展而言,将社会学、生态学、环境伦理学等人文社会科学与交通运输科学的理论和知识相融合,丰富了现代城市交通发展理论。如社会学发端于西方的社会危机,交通社会学起源于对交通问题特别是大城市交通问题的现实关怀;作为生存智慧的环境伦理学,更是从生存理性的高度,倡导人类对环境的责任,将环境问题这一长期主要为自然科学所关注的问题纳入伦理的范畴,其背后隐含着对人类生存现状的深切关注①。新世纪以来,交通发展日新月异,与之相关的社会生活方式、文化、价值观也发生巨大变化,交通问题正在集中涌现,解决这些问题需要系统综合的思维。

本研究综合技术、社会、管理、经济和文化因素对中国城市交通的现状及发展趋势进行省察,挖掘交通与环境、资源、社会以及未来的深层关系,促进了交通工程学与社会学、环境伦理学的结合,充实和完善了交通运输学科的内容;而社会学、伦理学研究的介入又提升了交通领域的价值理性与价值关怀,为交通治理提供理念支撑,让其贯穿于交通工程技术、交通规划管理、交通政策制定与执行等具体环节之中,使城市交通治理具备了更为宏观广阔的视野。

(二)研究的现实意义

对于我国城市正在发生的交通问题进行研究,既有重要的理论价值,也具有迫切的社会现实意义。

1. 提供解决城市交通问题的决策参考。

在系统的绿色交通转向论指导下进行城市交通发展实践,有利于提高人们对城市交通的认识水平,促进城市绿色交通的建设,有利于解决城市交通发展中人与人、人与环境等的利益冲突,创建安全、公平、生态性的交通环境,提高人民生活质量和满意度,促进城市的良性、健康运行和发展,实现城市交通真正以人为本,从而改善我国的城市交通,创造出人与自然、环境和谐发展的城市交通系统。

2. 体现了城市交通理论发展的一个新趋势。

现代生态学思维把交通与环境之间的复杂联系看成是社会生态系统中的一个子系统,从整体的角度出发,着眼于交通与环境之间的相互联系和相互作用。本书从现代生态思维的角度去认识城市交通、评价城市交通、设计城市交通,这是现代城市交通理论发展的一个新趋势。

3. 促进城市交通发展与环境、资源、社会乃至未来的和谐。

快速增长的汽车使得土地、能源等资源日趋紧缺,交通污染严重,交通与环境冲突加剧;汽车社会的到来,使交通变得更加拥挤,人车冲突显著,交通事故频发。交通发展的绿色转向旨在舒缓城市社会中交通发展与资源、环境间的紧张关系,

---

① 王国聘:《生存的智慧——环境伦理的理论与实践》,中国林业出版社,1998 年,第 7 页。

缓解因交通发展带来的道路拥堵和路权争夺，减少人车冲突和交通事故，促进人际和谐、社会和谐，通过绿色交通实现城市交通的可持续发展。

第二节　国内外研究概述

一、社会学或生态学对交通研究渊源

最早开展对城市交通研究的当是以罗伯特·帕克为首的芝加哥学派。1916年，帕克在他的代表作《城市：对于开展城市环境中人类行为研究的几点意见》中阐述了芝加哥城市社会学研究的指导纲领。他认为，城市交通和通信的新方法——电车、汽车、电话和无线电，已经不知不觉而又飞速地改变了现代城市的社会组织和工业组织；而且，交通和通信发展，除带来各种不明显却十分深刻的变化以外，还带来一种"个人的流动"(mobilization of individual man)。芝加哥学派另一位代表人物E·W. 伯吉斯在《城市发展：一项研究计划的导言》中，则明确地指出，"城市发展、扩大的一般过程，除了延展和继承之外，还包括两个互相对立而又互为补充的过程，即是集中和疏散，或称向心流动和离心流动。"①而城市交通与过境的外部交通都会向市中心的繁华商业区集中。正是由于这种内、外交通的向心流动，才导致城市交通问题的产生。

社会学与生态学界对城市交通问题的研究，方法独特，视角新颖，其成果很值得其他相关学科借鉴。但总的来说，从城市社会学或城市生态学的角度研究城市交通问题，工作才刚开始，迄今为止还存在着明显的不足：

(1)已取得的成果零散而不系统，尚未对城市交通问题作全面、系统的考察；

(2)未将城市交通问题放到社会发展的大背景之下来考察，已有的研究对城市社会与交通的相互作用分析不足；

(3)学术研究的成果还没有上升到理论高度。

① ［美］R·E. 帕克等：《城市社会学》，宋俊岭等译，华夏出版社，1987年版，第52页。

二、国内外对城市交通的研究

20世纪60年代，美国公共政策与行政管理学者安东尼·当斯（Anthony Downs）在其论文“高峰期高速公路的拥堵法则”中，分析了高峰期交通拥堵以及交通拥堵与交通平衡理论之间的关系，提出了“高峰期交通拥堵的当斯定律”（Law of Peak - Hour Expressway Congestion）。在交通经济学中，有人用“当斯定律”（Downs Law）来描述这种情况：当人均收入水平达到一定程度并不再成为（相当部分）家庭汽车消费的主要障碍时，必然会出现交通需求和交通基础设施供给之间的竞赛，而在政府不进行管制的情况下，这种竞赛的结果必然是交通拥挤。因此通常把当斯定律解读为：在政府对城市交通不进行有效管制和控制的情况下，新建的道路设施会诱发新的交通量，而交通需求总是倾向于超过交通供给。

20世纪70年代开始，步行区开始在世界各国出现。1971年，伦敦重要的牛津街（Oxford Street）改为步行街，禁止机动车通行。

1973年，世界石油危机后，自行车交通在西欧各国重现魅力，西方发达国家进入“后自行车时代”。20世纪90年代，美国和世界银行的交通工程技术人员不断来中国了解全民广泛使用自行车的经验和优点。

1987年，可持续发展概念提出后，交通领域的研究人员将可持续发展概念引入交通系统中，将“人本位”城市交通规划思路提升为城市交通可持续发展理论。国外城市交通可持续发展的主要论点（以澳洲为代表）体现在以下六个方面：

（1）采取交通需求管理措施，缩小交通基础设施建设规模，减少资源浪费。

（2）提供综合性的交通系统及公共交通，有效利用既有交通设施。

（3）提倡支撑步行和自行车交通的土地利用。

（4）实现开发成本与利润的平等分配。

（5）倡导与可持续发展原则相一致的生活方式。

（6）倡导公众参与、讨论和相互影响。

将交通运输和可持续发展相结合的论著产生于20世纪90年代。1996年世界银行出版的《可持续发展的交通运输——政策改革之优先课题》一书指出：交通运输是发展的关键，如果人们的工作、教育和医疗以及其他娱乐活动缺乏便利的交通支持，就很难谈得上高品质的生活；同样，若资源和市场之间缺乏便利的交通联系,则经济快速增长和减少贫穷也将成为一句空话。然而,如果交通运输发展政策与方案制定不当,不仅难以起到其设想的作用,反而会使交通运输网络及服务产生大量的负面效应,如导致贫困加剧、环境质量的恶化、市场供应失衡以及政府财政负担加重等不良后果。基于这种新的理解,书中提出了可持续运输的概念,并阐述了它的三方面基本内容:经济与财务的可持续性、环境与生态可持续性、社会可持续性。认为可持续性是制定运输政策的基础,并提出了一些具体的政策建议。①

从实际应用方面来看,美国运输部在 2000 ~ 2005 年运输战略中提出了人与自然环境和谐发展的战略目标,即坚持可持续发展原则,改善生存环境;减少运输对生态和自然环境的负面影响;提高生态环境的良性发育能力;减少运输设施对人文环境的负面影响;减少运输造成的污染。同时,为了保证目标的实现,提出了应采取的主要措施。经济合作与发展组织 OECD 根据建设可持续发展交通的总体要求,提出一种新的交通视角和方法,即建设"环境可持续的交通(Environmentally Sustainable Transport,EST)",以降低交通运输对环境的影响来实现交通可持续发展。重点要求交通运输不对公众的健康和生态系统构成危害。

目前,国际上广泛开展了城市交通可持续发展研究工作,在宏观和基础理论层面上主要包括:城市交通可持续发展概念的建立,交通与经济发展关系的重新认识;交通对于实现经济效率、社会公平和生态平衡的影响;长期资源和短期资源利用与分配原则等。核心问题是以可持续发展为原则,重新建立城市交通发展的价值观念、发展目标和评价标准。

从国内来看,对城市交通的研究,主要表现在如下学科:

(一)交通工程学的研究

早在 1984 年,段里仁就编著了《城市交通概论——交通工程学原理与应用》一书。该书运用交通工程学的原理,对城市交通各个方面的问题,进行了较为系统的分析,并提出了一些解决措施。② 尽管该书出版在十多年前,当时的交通现状远非现在这么恶劣,但在今天看来,书中提出的一些观点仍不乏参考价值。

---

① 世界银行:《可持续发展的交通运输——政策改革之优先课题》,建设部城市交通工程技术中心译,中国建筑工业出版社,2002 年。

② 段里仁:《城市交通概论——交通工程学原理与应用》:北京出版社,1984 年。

1997 年,由中国科学院院士、工程院院士周干峙主持的《发展我国大城市交通的研究》课题组,在其报告中针对我国城市交通问题的现状及形成机理,就 21 世纪城市交通现代化所面临的挑战,从可持续的生产、消费和住区协调发展的交通观点,提出了相应的发展目标、战略措施等方面的对策。① 这个报告集国内八个著名学术单位十余位教授和学者的学术结晶,是一份颇有历史意义的重要文献。

进入 21 世纪初,陆续出版的探讨城市交通问题的专著有《解析城市交通》(陆化普,2001)、《城市交通:新世纪的挑战与对策》(杨涛,2001)、《路在何方:纵谈城市交通》(全永燊、刘小明等,2002)、《城市交通系统可持续发展理论体系研究》(王炜、陈学武、陆建,2004)等。其中《解析城市交通》一书是清华大学陆化普教授及其课题组围绕城市交通问题开展系列研究尤其是大城市可持续发展的交通运输系统研究、城市交通运输系统效率研究和城市道路交通管理发展战略研究的部分成果。作者认为,从根本上来说,如果把交通环境污染作为环境负效益并且考虑资源利用率,城市交通运输系统建设管理的根本目标就是要提高整个系统的效率,而加强交通管理、提高交通设施的利用效率是提高整个交通运输系统效率的关键。②《城市交通系统可持续发展理论体系研究》系国家自然科学基金重点项目"城市交通系统可持续发展研究"及其示范工程研究成果的总结。主要内容包括:城市交通系统发展模式、城市人口—土地利用—交通模式相关关系、城市交通系统总体容量分析方法、城市交通系统环境容量分析方法、可持续发展城市交通合理结构分析方法;城市交通系统可持续发展规划理论体系框架、面向可持续发展的城市交通系统规范化调查技术、可持续发展保障体系等。该书认为,城市可持续发展的一个关键问题是城市交通的可持续发展,用牺牲环境及资源来解决交通问题是城市交通建设的一大误区。建立以解决交通拥挤、改善环境质量、优化资源利用为目标的城市交通可持续发展模式及其保障体系,对我国的城市发展及城市经济发展有着重大的意义。③

---

① 周干峙等:《发展我国大城市交通的研究》,中国建筑工业出版社,1997 年。

② 陆化普:《解析城市交通》,中国水利水电出版社,2001 年。

③ 王炜、陈学武、陆建:《城市交通系统可持续发展理论体系研究》,科学出版社,2004。

2009 年以后①,有关城市交通的代表性著作有《城市发展与交通规划》(孔令斌,2009)、《我国大城市交通发展的空间战略研究——以上海为例》(孙斌栋等,2009)、《城市交通与城市发展》(张文尝、马清裕等,2010)、《城市交通的理性思索》(杨涛,2010)、《城市交通规划与管理》(陆化普,2012)、《城市交通与道路系统规划(2013 版)》(文国玮,2013)等。其中《城市发展与交通规划》是作者根据自己多年来参与城市交通规划的实践,深入总结与思考,并在充分借鉴国内外相关研究成果的基础上,提出和构建了具有自身特点的观点和理论体系。同济大学杨东援教授在该书的序言中指出:"城市交通当前所面临的挑战远比一般想象的要复杂,城市交通对策需要的智慧必须集成工程技术与社会科学。"②

《城市交通的理性思索》系杨涛教授对当代中国城市交通问题做出的多角度思考。全书既从理论体系和专业学科的角度对城市交通问题进行了较为系统简明的阐述,又对城市交通规划建设中的一些核心问题,如公交优先、道路网体系、停车规划等,从规划设计和工程技术维度上提出了有针对性和操作性的解决途径和对策建议,还从法律、政策、社会公平、交通文明等层面对政府和社会关注的城市交通热点问题,如小汽车发展、低碳交通、拥堵收费等提出了自己的观点和建议。

《城市交通与城市发展》在全面阐述城市化和城市交通发展的基础上,深入分析了城市交通与城市功能区、城市空间结构的相互作用机理,以大量实例和数据进行了论证,得出了相应的规律性结论。著作阐述了现代城市发展的基本特征和城市发展对于交通发展的需求,以及交通发展与城市发展的相互促进及空间协调关系。特别是通过解析城市居住区、商业中心区、CBD 等现代城市空间构成要素的变化,论证了城市交通建设如何实现与城市发展之间的配合。

《城市交通与道路系统规划(2013 版)》是对《城市交通与道路系统规划(新版)》(2007)的系统的重新整理,并做了较大篇幅的修改,尤其是对交通规划思想和规划理论的修改,进一步清晰地论述了城市用地布局与城市道路交通系统在城市整体和不同层次上相互协调配合的关系;论述了城市综合交通系统的规划思想

---

① 笔者在 2009 年 5 月完成博士论文并通过答辩,因而下面列举的著作均出版在笔者博士论文之后。

② 孔令斌:《城市发展与交通规划》,人民交通出版社 2009 年,序言。

和规划方法,提出了解决城市交通问题的“标本兼治”的思路和方法。《城市交通与道路系统规划(2013 版)》是对近十年我国城市发展、交通和规划的新变化、新规律的新认识和新经验的总结。作者认为,由于城市交通问题的复杂性和严重性,单纯依靠道路交通工程措施只能治标,必须从更高的城市规划的角度寻求根治城市交通问题的方法,并与道路交通工程措施相结合,做到“标本兼治”。①

特别令人欣慰的是,一南(杨东援)一北(文国玮)两位交通研究领域著名学者的观点与笔者早在 2002 – 2008 年间所论解决城市交通问题的思路和认识不谋而合。②

此外,发表于各种期刊的关于城市交通问题研究的论文还有许多,囿于见识与篇幅,在此从简。

总的来说,从工程技术的角度研究城市交通,相比其他学科,其成果不仅数量多且质量更高,这些专著或论文为最终解决城市交通问题提供了很好的参照途径。不过,由于交通工程学或城市交通规划往往更注重城市交通本身的建设和管理,常常忽略了城市以及社会这两个更大的系统。

(二)城市经济学的研究

由于城市交通是城市发展的重要前提,对于城市繁荣乃至于国民经济的发展有着不可低估的促进作用。因此,近年来,城市交通问题也一直是城市经济学的一个研究热点。1996 年,谢文蕙、邓卫编著出版了《城市经济学》一书,他们认为,城市交通作为城市的主要基础设施,在城市经济、社会活动中具有重要的地位和作用,因而研究城市交通存在的问题和提出缓解的对策,是城市经济学的重要课题。1998 年,蔡孝箴主编的《城市经济学》一书,不仅阐明了城市交通的性质与影响,还对城市交通进行经济学分析,进而探讨治理中国城市交通问题的对策。

---

① 文国玮:《城市交通与道路系统规划》,清华大学出版社,2013 年版,第 68 页。

② 笔者的观点参见:《社会学视野下的城市交通问题》,南京出版社,2006;《中国城市交通问题的理性思考》《中州学刊》,2005(1);《城市交通问题的社会性与生态性》,《现代城市研究》,2002(3);《在管理创新中实现城市交通发展的良性循环》,《城市管理》,2008(5)等。

(三)城市地理学的研究

许学强、周一星等在其编著的《城市地理学》中,将大城市存在的交通问题分为:交通阻塞、交通事故、公共交通问题、步行者问题、停车问题。他们认为,解决我国城市交通问题应从两个方面入手,即进行城市交通的综合治理和加强城市交通设施的建设与管理。但相比其他学科对城市交通问题的研究,城市地理学的研究似缺乏自己的特色。

近年来,随着可持续发展研究的深入,完整意义上的交通可持续发展研究开始逐步进入人们的视野。各种有关交通运输可持续发展的研究及论文大量出现,如《可持续发展与交通运输》(李伯溪、李善桐,2000)、《交通运输的可持续发展》(杨浩、赵鹏,2001)基于可持续发展的中国21世纪交通运输政策分析等。

三、国内外对绿色交通的研究

1994年,加拿大环保学者克里斯·布拉德肖(Chris Bradshaw)首次提出了"绿色交通体系(Green Transportation Hierarchy)"的概念,并将绿色交通工具进行优先排级,依次为步行、自行车、公共交通、共乘车,最末者为单人驾驶自用车(Single - Occupant Automobile)①。目前加拿大地方政府已经采纳这种绿色交通体系。这就给予了真正的绿色交通方式——步行和自行车系统充分的优先权,同时也给予了公交车和出租汽车等公共交通系统优先权,作为对于这些系统的低成本、高效率和低环境影响的鼓励。

此后,"绿色交通"就成为学者专家研究的热点,使得绿色交通体系不断发展。笔者通过对这些研究进行梳理,将学术界对绿色交通的研究归纳总结如下。

(一)台湾省学者沈添财、张学孔等的研究

根据有关文献,台湾鼎汉国际工程顾问股份有限公司沈添财先生是第一个将克里斯·布拉德肖的观点介绍到国内的学者②,他认为,"绿色交通系基于永续运输的内涵,发展一套多元化的都市交通工具,以减低交通拥挤、降低污染、促进社会公平、节省费用的交通运输系统",并对绿色交通作了具体化的阐述,"减少个人

---

① Chris Bradshaw, The Valuing of Trips. Revised Sep 1994. Prepared for Ottwalk and the Transportation Working Committer of the Ottawa - Carleton Round - Table on the Environment.

② 从论文发表时间看,沈添财并非中国第一个在文中使用"绿色交通"概念的学者。

机动车辆的使用；提倡步行，提倡使用自行车与公共交通；减少高污染车辆的使用；提倡使用清洁干净的燃料与车辆”①。来自台湾大学的张学孔教授则认为，绿色交通本着永续发展的理念，将促进城乡发展、民众生活、交通运输及资源应用等全面的调整改变。绿色交通的意义是人类完成社会经济活动所需的各种运输方式，能符合生态均衡及环境容忍力之基准，进而创造适合人类居住环境，并确保人类在旅途中安全、便利、舒适及可靠等。绿色交通兼顾人类居住的环境需求，以创造美好交通设施及生活环境②。张学孔特别强调绿色交通是可持续发展的运输，要优先发展公共交通。

（二）同济大学杨晓光等学者的研究

同济大学杨晓光教授是国内较早倡导绿色交通的学者之一③。杨晓光等（2005）认为，绿色交通是协和的交通，是交通与环境、交通与未来、交通与社会、交通与资源多方面协和的交通系统。绿色交通系统不仅仅是生态的问题，还要考虑心理因素的改善，交通与社会、未来的协和。此外，范海雁、杨晓光（2004）还探讨了绿色交通的内涵及与城市可持续发展的关系，并从城市可持续发展的角度，讨论了建立绿色交通体系的策略。

潘海啸（2010）针对我国城市不同于世界其他国家城市的具体发展情况，提出了中国绿色城市交通的模式。认为我国只有建立绿色交通体系，才能抑制小汽车的过度使用，有效地提高人们的出行效率。

潘海啸、刘贤腾等（2003）选取上海市区特征差异明显的四个街区进行访问调查，通过对居民出行方式选择的影响因素统计分析，认为街区的空间物质设计特征深刻地影响着居民出行方式的选择，要实现城市交通的可持续发展，必须提高绿色交通方式在交通结构中的比例，解决城市交通问题不能仅从城市交通本身考虑，建立与土地使用的耦合关系十分重要。

---

① 沈添财：《绿色交通与空气质量的改善》，《城市交通》2001 年第 2 期，第 1 ~ 7 页。

② 张学孔：《永续发展与绿色交通》，《台湾：经济前瞻》2001 年第 76 期，第 116 ~ 121 页。

③ 参见，杨晓光：《大力发展公共交通，构筑城市绿色交通系统》，《中国市长》，2001 年 4 月。

(三)东南大学学者的研究

来自东南大学的俞燕、顾尚华也是较早开展绿色交通研究的学者。俞燕(1999)重新审视了自行车在城市交通中的重要地位,对小汽车与自行车作为交通工具的优劣做了对比研究,提出了建立城市绿色交通系统的概念及实施措施,强调了自行车交通在建立绿色交通系统的重要作用。顾尚华(2000)提出,为了人类的生存环境和子孙后代的健康成长,在城市中寻求绿色交通迫在眉睫。因而要广泛推行以自行车为主的绿色交通,大力推广污染小的公共交通工具,以有效的手段减少汽车废气污染,重视规划控制小轿车使用的城市形态等。

过秀成、孔哲、叶茂(2010)从社会公平、社会发展和宜居环境三方面界定绿色交通理念内涵。基于现有交通技术政策适应性评价,分析大城市发展绿色交通技术政策总体思路与研究框架,提出了大城市发展绿色交通技术政策体系。蒋育红、何小洲、过秀成(2008)针对绿色交通的特点,在以人为本、满足居民出行需求的前提下,基于资源、环境的影响最小、居民满意度提高等评价原则,提出了包含绿色交通分担率、噪音污染、尾气污染、道路绿化率和公众满意度等的绿色交通评价指标体系。蒋育红、过秀成(2009)解析了城市绿色交通与可持续发展的关系,并以马鞍山市为例,从宏观上论述了要实现城市的绿色交通,必须制定完善的政策保障策略和交通方式策略。

(四)清华大学陆化普的研究

陆化普(2009)指出绿色交通的狭义概念更加强调交通系统的环境友好性,其广义概念包含了推动公交优先发展、促进人们在短距离出行中选择自行车和步行的出行模式,节约能源、保护环境、建立公共交通为主导的城市综合交通系统等。探讨了绿色交通的主要影响因素和机理,指出应注重绿色交通系统的内部优化、与外部系统的协调共生,并提出了推进绿色交通的措施建议。主要是以TOD(公交导向发展)模式为手段实现交通和土地利用的整合规划,做好综合交通枢纽规划设计,建立多层次、无缝衔接的公共交通系统,落实公交优先战略,推进城市公交、自行车加步行的城市交通模式。① 之后,陆化普(2011)借鉴国内外大城市解决交通问题的经验,分析大都市圈交通问题症结后提出,绿色交通应是我国城市

① 陆化普:《城市绿色交通的实现途径》,《城市交通》,2009(6):23-27.

交通的理想模式。

（五）其他学者的研究

中国城市规划设计研究院王静霞提出，“绿色交通是采用低污染，有利于城市环境的运输工具，来完成社会经济活动的一种交通理念”，并归纳出“通达、有序；安全、舒适；低能耗、低污染”三方面相结合的整体框架。①

刘冬飞（2003）认为绿色交通的核心是资源、环境和系统的可扩展性，是从发展战略的高度去认识交通系统的发展与资源和环境的关系。“绿色交通要求交通系统内部的协调性和效益性，也就是使交通系统能够在有限的资源条件下，达到最大的效率”。

丁卫东、刘明、杜胜品（2003）通过对城市交通方式进行比较分析研究，探讨城市绿色交通的基本内涵，提出实现城市绿色交通的发展思路。他们认为，对于公众来说更重要的是要提高自己的素质、改变自己的思想，建立节制的交通出行观念，进而用符合绿色交通的方法去改变自己的行为方式。

白雁、魏庆朝、邱青云（2006）从资源利用、环境影响、交通结构和居民出行影响几方面分析我国城市交通的现状，构建了我国城市发展绿色交通的框架。认为绿色交通是一个系统工程，涉及交通运输的每一个环节和相关要素，从车、路、交通环境、交通组织、交通管理到其所处的整个社会系统。提出了正确引导私人汽车的拥有和使用，合理利用自行车，以及加强绿色交通的公众参与等宏观建议。

从2000年到2002年，绿色交通活动组织了四次学术研讨会②，第一次研讨会于2000年11月27～29日在北京召开，主题为“中国城市绿色交通研讨会”，系统地研讨了绿色交通系统的理念与规划思路，探寻城市交通与城市可持续发展的结合点，为推进我国绿色交通的发展开了一个好头。第二次研讨会于2001年4月在上海同济大学举行，会议主题是“城市可持续发展交通冲击管理研讨会”。第三次研讨会于2001年10月在厦门召开，会议主题是“城市绿色交通之战略与蓝图”，重点探讨了世界公交专用道与公交车辆技术发展概况、厦门市绿色交通系统构想以及交通项目的民间参与和融资模式等。2002年6月20～21日，在台湾大学进行了第四次学术研讨会，更加具体地讨论绿色交通实施项目，并实地参访学

① 王静霞：《新世纪中国城市绿色交通发展策略》，《中国市长》，2001年4月。

② 赵小云：《绿色交通与城市可持续发展》，《城乡经济》2002第9期。

习,交流经验。

通过一年多的学术与实践活动,二十余个城市以及近百位专家学者积极参与,绿色交通的理念已经在我国城市交通的规划、建设和研究中得到了广泛的关注和认同,正在被越来越多的人所接受。

但令人遗憾的是,通过查阅相关的期刊、文献资料以及Internet的信息检索,总的看来,目前对绿色交通的研究基本还停留在概念内涵、政策分析、实践行动和探索的阶段,缺乏系统、深入、全面的研究之作。

城市绿色交通研究的缺失主要有两点:一是诸多文献高质量、有创新的少,低层次、炒冷饭的多;二是从人文社会科学研究角度探索缺位。① 有研究者提出,绿色交通体系包含的面很广,而各项研究多局限于自己的专业领域,在未来的研究中,加强不同领域的交叉融合,将会对我国绿色交通体系的建设和完善产生积极的影响。几年过去,这种研究现状并没有得到实质性改变。

笔者认为,城市交通作为城市这个复杂的有机体中的一个重要的子系统,对它的研究,已逐步发展到由单一学科到众多学科的研究;对绿色交通的研究,也应当走由单一学科到众多学科(包括社会学、生态学、环境伦理学、交通工程学等)的研究之路,且由于城市交通系统的错综复杂性,也迫切要求各学科之间建立起一种内在的、密切的联系,从而真正走出一条由多学科共同参与、以最终解决城市交通问题为主题的崭新之路。

第三节　研究目标与研究方法

一、研究目标

本研究力图构建关于“绿色交通”的主要的理论框架,但出于论题集中的需要与篇幅、时间和个人能力所限,在保证基本框架完整的前提下,某些问题可能从

① 在笔者2009年5月完成博士论文后,这种情况略有改观。参见:周民良:《以绿色交通政策引导城市交通走向》,《西部论丛》,2010年第10期;胡金东:《绿色交通文化兴起之三重转向》,《长安大学学报(社会科学版)》,2010年第6期。

略，留待以后有机会时再作深入研究。研究主要围绕“什么是绿色交通？怎样建设绿色交通”这一中心议题展开。

概念是理论的基础和前提，研究“绿色交通”首先要弄清楚什么是“绿色交通”，尤其是目前对“绿色交通”“可持续交通”“生态交通”等相关概念还存在许多片面的认识甚至误解，更有必要对这一组概念予以厘清。本研究将对“绿色交通”这一概念进行多角度、多层次、多学科的分析，并通过与相关概念的辨析，力求建立全面的、科学的“绿色交通”的概念，为“绿色交通”理论体系的建立打好基础。当然概念研究不仅仅是说明“绿色交通”是什么，还要探讨“为什么”的问题，即这一概念所依据的理论基础。“绿色交通”概念的提出在很大程度上是针对城市中广泛存在的城市问题，这也可以认为是其产生的直接背景。

二、研究方法和基本思路

研究方法是由特定的研究对象来决定的。研究方法的选择，要以研究目标、研究对象为根据，以顺利完成研究任务宗旨。因此，论文确定的研究方法，是为达到基本研究目的的基本手段。基于研究的复杂性与综合性，本论文将采用多种研究方法来研究。既要有理论探讨，又要有现实分析；既要立足于现实，又要展望未来。因此其研究方法也必然是多元化的，研究思路也是多条线索的结合。但总体上讲，研究方法主要立足于系统论的思想方法。

20 世纪 40 年代“系统论”的问世，为人们提供了一种新的知识结构和把许多事物有意识地联系起来进行研究的新方法。“城市”作为人类集中的居住地，也是一种系统，可称之为“城市系统”。有学者认为，它由七个要素组成：城市社会、城市结构、城市经济、城市交通、城市信息、城市文化和城市生态。其中的每一个要素又构成既相互联系又各自独立的子系统。系统（system）是相互联系、相互依存、相互制约、相互作用的诸事物所形成的统一体，而体现这种整体性和相互联系性的思想，就是系统思想。

系统思想要求：全面地而不是局部地看问题；连贯地而不是孤立地看问题；灵活地而不是呆板地看问题。系统思想作为一种进行分析与综合的辩证思维工具，只有在研究中始终用于作指导，才能取得预期效果。因为对城市这样一个“复合的、复杂的巨系统”，只有运用系统论的思想和方法，才有可能揭示其科学规律，才有可能找到解决问题的有效途径,也才有可能找到"绿色交通"的发展道路。

具体来说,为了更系统和全面地对"绿色交通"进行研究,研究过程和研究成果要力图体现"三个结合":

(1)继承性和开拓性相结合。在"绿色交通"的研究中,欧美国家与我国台湾地区处于比较领先的地位,他们有许多值得我们学习的地方。但我国大陆地区关于"绿色交通"的研究也在迅速发展,并取得了许多相关的成果,因此,在研究中要广泛吸收国内外相关的最新研究成果之长,结合我国"绿色交通"发展背景与现状,分析"绿色交通"的内涵与特征,并在此基础上提出新的思路、新方法,同时拓宽研究视角与领域。

(2)理论性与应用性相结合。在理论上,主要依赖生态学、社会学和交通工程学等的基本思想,特别是其中关于解决生态环境问题和社会问题的思想,是研究"绿色交通"不可缺少的基本理论指导。但"绿色交通"的实践不可能有简单的答案,它固然需要理论的指导,而理论化本身却是概括、抽象、模式化和简单化的过程,因此,在研究中要以系统科学为基础,注重理论与方法研究,同时通过实证研究来强化理论方法的应用。

(3)理想性与现实性相结合。研究"绿色交通"时所面对的是各种复杂的现实问题,不对这些现实问题进行研究和剖析,就不可能找到"绿色交通"发展的有效途径。但分析现实不是目的,而是从中发现问题和弊病,并寻求解决方案,以达到一种理想的境界。因此,本研究注重理想与现实的平衡与协调,是立足现实的"理想主义",或者说是面向理想的"现实主义"。总之,是理想主义与现实主义的结合,通过立足我国的客观实际,以使研究对我国的城市发展建设具有一定的指导意义。

本课题研究的基本思路是从"绿色交通"及相关的概念出发,通过总结和分析与其相关的思想和理论,研究城市交通(主要是我国城市)存在的现实问题并对其进行反思,探寻解决问题的理论依据和实际方法,努力构建理论和方法体系。具体是沿着以下路径进行的:概念分析——理论基础——理论构建——政策建议——对现实的分析与对未来的展望。这是一个总体的思路,在具体的部分和具体问题上可能有所不同或交叉。

第四节　绿色交通概念的界定

一、绿色交通及相关概念辨析

目前关于“绿色交通”并没有一个公认的确切的定义。对这一概念的不同理解直接影响到交通规划的思想、理念和实践。因此在对“绿色交通”进行深入研究之前,有必要明确这一概念合理、全面的内涵。

将众说纷纭的各种定义加以分析,我们发现对“绿色交通”的理解不外乎如下三种观点:

一是系统(体系)说。以加拿大人克里斯·布拉德肖(Chris Bradshaw)为代表。赞成这种观点的有王静霞、沈添财、赵小云等。由建设部、公安部联合出台的《绿色交通示范城市考核标准(试行)说明》认为“绿色交通是指适应人居环境发展趋势的城市交通系统”,可视之为该种观点的不同表述。

二是永续说。主要以台湾大学张学孔、清华大学陆化普为代表。一些德国学者也赞同这种观点,把绿色交通(Green Transport)称为可持续交通(Sustainable transport)①。

三是协和说。同济大学杨晓光教授是这一观点的倡导者。他认为,绿色交通是交通与环境、未来、社会、资源多方面协和的交通系统。台湾大学许添本也持这种观点。他认为,“交通系统”不只是“生活工具”,也是“生活空间”,与环境、能源消耗、都市空间结构、民众生活形态、社会经济活动等和谐健康发展。笔者也赞同这一观点,并撰文指出,绿色交通是“基于可持续发展的交通观念所发展的协和式交通运输系统。当人们走进现代交通文明的时代,我们应该更深刻地认识到,城市交通系统不只是一种特殊的城市基础设施,同时也是国家‘能源交通’的重要组成部分”②。不过,笔者认为交通与环境、未来、社会、资源四个方面的逻辑顺序应

---

① 参见:刘涟涟、陆伟:《迈向绿色交通的德国城市交通规划演进》,《城市规划》2011 年第 5 期。

② 何玉宏:《城市交通领域的人本主义》,《现代城市研究》2004 第 9 期。

做调整,交通与环境、资源、社会的关系是基础,决定了交通的发展和未来。

另外,探讨“绿色交通”概念的内涵,还要弄明白与之相关的两个概念:生态交通与可持续交通。

生态交通的概念是基于可持续发展理念的确立而建立起来的,其强调的是“生态学(Ecology)”、“可持续性(Sustainable)”。生态学的研究重点在于处理现存生物体与其生存环境之间的关系,其主要手段是减少那些有污染和排放对人体有害气体的个人交通工具的使用、增加道路和城市公共绿地面积,保护新开道路的生态平衡,并大力开发协和式交通运输体系;可持续性的最终目标是确认资源的可再生复原。一种代表观点认为,生态交通是以生态学为学术背景,以“绿色”为出发点,以可持续性为最终目标,具有先进性、超前性、综合性、进化性的系统①。与此相类似,另一研究者也认为,城市生态交通可以定义为:以生态学为理论基础,考虑生态极限的约束和满足交通需求的前提下,在城市交通规划与建设中,最大程度地降低因交通系统正常运转所造成的环境污染和资源消耗,形成向生态化演化的城市交通系统,即生态化的城市交通系统②。中国科学院生态环境研究中心王如松研究员认为,生态交通是指按自然生态、人文生态和经济生态原理规划、建设和管理的由交通网络、交通工具、交通对象与交通环境组成的生态型复合交通系统③。

对于可持续交通,世界银行的专家研究认为,它涉及经济与财政、环境与生态和社会可持续三个方面的内容:(1)经济与财政上的可持续要求资源的有效利用、资产的妥善维护;(2)环境与生态的可持续性要求全面考虑交通发展所产生的负面影响,最大可能改善人们的生活质量;(3)社会可持续性要使所有社会团体均能公平分享交通运输所产生的效益。④

---

① 项贻强、王福建、朱兴一:《生态交通的理念及策略研究》,《华东公路》2005 年第 4 期,第 83 ~ 87 页。

② 李晓燕、陈红:《城市生态交通规划的理论框架》,《长安大学学报(自然科学版)》2006 年第 1 期,第 79 ~ 82 页。

③ 王如松:《以五个统筹力度综合规划首都生态交通》,《中国特色社会主义研究》2004 年第 4 期,第 32 ~ 34 页。

④ 世界银行:《可持续发展的交通运输——政策改革之优先课题》,建设部城市交通工程技术中心译,中国建筑工业出版社 2002 年版,第 40 ~ 41 页。

陆化普等人则认为,可持续交通是"以较小的资源投入、较小的环境代价、最大程度地满足社会经济发展和人民生活质量提高所产生的交通需求的城市综合交通系统"①。

袁华、许安宁认为,作为城市可持续发展的一部分,可持续城市交通应该是在充分满足社会必要交通需求的条件下,实现资源效率与环境友好的交通模式。②

潘纯、左玉辉结合国内外文献从交通技术、交通供应、交通需求、交通方式四个方面提出了发展可持续交通的基本理念,并根据相关的国外的成功实践,建议城市交通在经历了机动化和都市蔓延之后,面对"汽车时代"所带来的环境污染、生态破坏和资源消耗等严重问题,寻求可持续发展的生态模式。③

台湾省静宜大学生态学教授郑先佑认为,按照3E处方④,套用于"运输"的发展,"经济效率"是主轴,"社会正义"是条件,以及"环境保全"是基础。基于可持续发展的原则,能量形式必要转换,逐渐以"可再生能源"为主要动力(包含步行和自行车)。按"生活需求"为本位,"永续运输"的重点理应置于改善城乡各小区(生活圈)内生活交通运输的质量,以步行和自行车优先考量⑤。

随着研究的深入,以及国内外许多城市的交通实践,绿色交通的内涵越来越清晰。总的看来,协和或和谐说综合了系统说与永续说两种观点的长处,既立足现实,兼顾影响城市交通的各种要素,又有一个明确的目标,为多数人所接受,也是现实主义与理想主义的结合。因此,我们认为,"绿色交通"是一种优先采用绿色交通工具、节约资源、不对城市生态环境产生危害、安全、文明、公平、符合大众化出行要求并与环境、未来、社会、资源和谐的可持续城市交通系统。当然,"绿色交通"有利于环保和生态,但不等于环境保护与生态交通,它具有比生态交通更丰

---

① 陆化普等:《城市可持续发展交通:问题、挑战和研究方向》,《城市发展研究》2006年第5期,第91~96页。

② 袁华、许安宁:《可持续交通的概念、原则及发展策略》,《道路交通与安全》2005年第5期,第11~13页。

③ 潘纯、左玉辉:《可持续交通》,《环境保护科学》2004年第6期,第68~71页。

④ 3E即:Environmental Integrity(环境保全)、Economic efficiency(经济效率)和Equity(公平),参见Young, M. D. (1992) Sustainable Investment and Resource Use. United Nations Educational, Scientific and Cultural Organization, The Parthenon Publishing Group Limited.

⑤ 郑先佑:《从"生态"的观点谈台湾的"永续运输"》,"迈入台湾高速运输时代——分享与展望"国际学术研讨会论文,2005。

富的内涵;"绿色交通"也与可持续发展密切相连,但不能等同于可持续交通,可持续发展是其基础与核心。

二、绿色交通的本质及其基本特性

交通运输是人类追求良好生活品质的一个方法,干净清新的空气是优质生活的一个内涵。更进一步说,良好的生活品质,也是人的生命的价值之一,其愿景不仅在于追求自己高品质的生活,同时也造福别人①。只有健康的城市交通系统才会有健康发展的城市,才会有健康的人类社会。绿色交通就是实现健康的、可持续发展的城市交通系统的必由之路。绿色交通既是一个理念,也是一个实践目标。正如北京交通大学赵坚教授所指出的,绿色交通实质上是一种环境污染少、比较节能、可持续的交通运输方式,是可持续发展的交通、节约型的交通、和谐的交通,体现了以人为本、能够满足最广大人民需要、能够实现社会公平的交通②。因此,"绿色交通"的本质或更深层次上的含义就是和谐的交通,它包括:与(生态的、心理的)环境的和谐、与资源的和谐(以最小的代价或最小的资源维持交通需求)、与社会的和谐(安全、以人为本)、与未来的和谐(适宜于未来的发展)"四个和谐"。"绿色交通"要求交通系统内部的协调性和效益性,也就是使交通系统能够在有限的资源条件下,达到最大的效率。其核心是资源、环境和系统的可扩展性,是从发展战略的高度去认识交通系统的发展与资源和环境的关系。

绿色交通具体表现为如下基本特征:

1. 协和性。绿色交通只有在交通系统与城市布局、土地利用、环境保护等外部系统协调共生的基础上,才能实现可持续发展的绿色交通目标。

一是与土地使用协调。土地利用与城市交通系统之间存在一种强大的互动关系。绿色交通必须融入城市规划中,研究城市的开发强度与交通容量和环境容量的关系,使土地使用和交通运输系统两者协调发展,才能真正达到可持续发展的绿色交通的目标。对于公共交通系统而言,其成败很大程度上取决于是否在用地的规划和控制上做出有效的配合。比如不采用以小汽车为主导的模式,而是采用以公共交通为导向的发展模式(TOD),既方便居民出行,又节约土地资源,有利

---

① 沈添财:《绿色交通与空气质量的改善》,《城市交通》2001 年第 2 期。

② 参见单力:《2006 绿色交通,我们最需突破什么?》,《环境》2006 年第 3 期。

于环境保护。公共交通以最低的环境代价实现最多的人和物的流动,以有限资源提供高效率与高品质的服务水平,成为“绿色交通”的必然选择。

二是与环境保护共生。对环境的关注和人本主义的回归使得步行和自行车交通在城市中成为受鼓励的出行方式。在大城市中,自行车交通可以和轨道交通或其他公共交通相结合,在居住区内部或城市组团内部可以以自行车作为出行工具,更远一些的出行乘坐公共交通。

三是公众参与机制。绿色交通的选择是一个综合交通运输与生活品质问题,需要人们的共识,重新审视新的“人的价值”,进而选择绿色交通工具为其生活方式之一。公众对绿色交通的参与不同于对一般活动的参与,也不同于对环境保护的参与。绿色交通的公众参与更加深刻、更加广泛,对于公众来说,绿色交通是与自己紧密联系的解决其出行质量和生活质量的有效途径,更加重要的是人们要提高自己的素质、改变自己的思想,建立有节制的交通出行观念,进而用符合绿色交通的方法去改变自己的行为方式。

2. 可持续性

可持续性是指人类的经济建设和社会发展不能超越自然资源与生态环境的承载能力,自然资源的持续利用是保障社会经济可持续发展的物质基础。考虑实现包含人际和代际的公平,要求人类在空间上遵循互利原则,和衷共济,利他利己均衡、合理、平等发展。城市交通系统是由人、车、路和管理四个方面构成的相互作用的统一体,它与城市居民赖以生存的生态环境具有互动关系,一方面,城市交通系统的发展如增加机动车数量,是靠消耗地球上的资源和能源来维持的;另一方面,城市交通系统的发展在为人们提供物质财富(产品或运输服务)的同时,必然伴随着城市道路紧张、交通堵塞、废气排放等输出,造成交通服务质量下降和环境污染。由于资源与生态负荷的有限性,在发展的过程中必须坚持几个方面的匹配与协调:机动车的发展速度必须与道路资源的发展速度相匹配;运输服务能力的提高与运输需求增长速度相匹配;对环境的污染强度与环境的自净能力和自我恢复能力相匹配;对环境的建设(如绿化、水土保持等)速度与环境的退化速度相匹配等等。只有如此才能真正实现城市交通的可持续发展。

3. 系统性

从系统论的观点出发,作为生命系统的人类和作为支撑系统的自然一起构成了一个复合系统,包含着一种对自然的新态度,体现的是以"人是自然的成员"为价值导向的现代生态文明发展方式。发展的内涵包括经济发展,也包括社会发展和保持良好的生态环境,倡导人口、经济、社会、环境、资源相互协调,注重提高包括人口素质、经济效益、生态环境质量在内的综合发展水平。城市绿色交通系统的整体性在观念上强调整体的持续发展,经济、社会、生态的综合发展,以人为本位的发展,长期利益、整体利益的发展,非物质资源或信息资源推动型的发展,突出系统的功能互补、集约的信息开拓、全局的综合运输体系设计,在注重扩展系统空间容量的同时,把更多的注意力放在系统结构的改善上,使每一个交通网络不仅自身合理,而且与相关网络之间也要充分协调和匹配。

绿色交通的真正实现还需要交通工具的环保,只有环保型交通工具的使用,才会带来城市的环境质量的提升,使城市成为更适宜人类居住的空间。

逐步建立交通规划与管理的协调机制。城市交通是一个集经济性与社会公益性于一体的领域,涉及自然与人文诸多学科,应逐步探索和建立城市交通规划与管理的协调机制,实现城市交通系统的良性运转。国外许多城市在交通管理机制方面已积累了许多相当成熟的经验,应认真研究和借鉴。

绿色交通的本质是建立维持城市可持续发展的交通体系,以满足人们的交通需求。这样一个交通体系必须做到:具有明确的可持续发展的交通战略;能够以最少的社会成本实现最大的交通效率;与城市环境相协调;与城市的土地使用模式相适应;多种交通方式共存、优势互补。需要特别强调的是,在推动绿色交通发展的进程中,我们必须紧密结合我国的国情,在城市可持续发展的前提下,构建我国的绿色交通系统。

当前,我国城市面临着机动化和城市化的双重压力,城市交通需求随着经济的发展正呈现出前所未有的急剧增长,突出表现为城市机动车辆的高速发展、居民出行结构的变化、居民出行对舒适性和灵活性的要求不断提高等等。交通系统的构建和发展,不能以牺牲环境和生态为代价,这就需要探讨既有利于环境与生态保护,又能维持城市运转的交通系统模式,从国内外众多城市的经验来看,建立以公共交通为主体的城市交通模式是我国大城市的唯一选择。

绿色交通的核心是倡导步行、自行车等慢行交通及优先发展公共交通的观念。综观世界各工业化国家城市交通的发展历程，大都走过了先发展小汽车，后控制小汽车，最终选择优先发展公交的曲折道路。

第二章

绿色交通思想溯源与理论基础

绿色交通概念的提出和理念的形成是人类实践的产物,再反过来指导实践,因而绿色交通既是实践又是理论问题。同时,绿色交通理念的形成也是一个历史过程。本章通过绿色交通思想渊源的梳理及理论基础的介绍,为下面章节的展开做好铺垫。

第一节　绿色交通的思想溯源

绿色交通的思想渊源是极其丰富的,也具有非常悠久的历史,追溯这些深邃的、经典的、睿智的思想,对于我们今天的城市交通建设会有很大的指导和启发意义。大致说来,绿色交通思想有两个来源:一是绿色思想;二是城市交通的发展思想。

一、绿色思想的兴起与发展

探讨绿色交通体系,首先应当审视它赖以形成的社会条件,搞清楚它之所以可能的逻辑前提和文化背景。绿色交通是人类实现可持续发展战略的重要一环,是绿色文化的子系统。可持续发展观是绿色交通的基本理念,而全球环境问题的凸显和绿色文化的兴起,则是绿色交通概念提出的主要背景。

“绿色”首先是指能把太阳能转化为生物能、把无机物转化为有机物的植物的颜色。植物是自然界生生不息的生命运动的最基本的环节,是一切动物和人类生存的最主要的支持系统。它象征着生机盎然的生命运动,象征着自然存在物之间、人与自然之间的和谐与协调。“绿色”作为一种文化,是指人类仿效绿色植物,取之自然又回报自然,维持大自然平衡,实现经济、环境和生活质量之间相互促进与协调发展。再简洁一点讲,绿色文化就是人与自然协调发展的文化,是人类可持续发展的文化。它包括绿色思想以及在绿色思想指导下的绿色产业、绿色工程、绿色产品、绿色消费等等。

绿色思想源远流长。《易传》主张人“与天地合其德,与日月合其明,与四时合其序,与鬼神合其吉凶”的天人协调思想;老子提出“人法地,地法天,天法道,道法自然”的“法自然”思想;北魏农学家贾思勰提出“顺天时,量地利”,农畜产业循环生产的思想;宋代张载主张“农胞物与”思想,都是中国古代的一些朴素的、自发的绿色意识,还没有达到、也不可能达到“思想的自觉”。真正基于对人与自然之间辩证关系的理性思考而提出的绿色思想,在是20世纪中叶后。

20世纪60年代,美国女作家蕾切尔·卡逊所著的《寂静的春天》(1962)一书出版后,立即震撼了西方。《寂静的春天》带来了不寂静的反响,她唤醒了人们潜藏于生命本体之中的生态智慧的觉悟,使人们的视域开始从生物转向人的生态。到60年代末70年代初,几乎所有著名的西方学者都在不同程度上谈论过某些最尖锐的重大问题,如核战争、粮食短缺、生物圈质量恶化、物资福利分配不均、能源和原料短缺等。1972年,西方的一些科学家组成了罗马俱乐部,并提出了人类处境报告——《增长的极限》,这个报告为沉醉于60年代经济和技术增长的巨大成就的西方世界敲响了警钟:地球容纳量是有限的,经济增长不可能长期持续下去,如果人口和资本“按照现在的方式继续增长,最终的结果只能是灾难性的崩溃”。①《增长的极限》的问世,震动了世界,有力地唤起了世界的普遍觉醒,推动了绿色文化的形成和绿色运动的兴起。20世纪70年代以来,发达国家先后成立了“地球之友”、“绿色和平组织”和以保护生态环境为宗旨的政党——绿党。世界各地也建立了生态和环境保护机构,出现了生态哲学、生态伦理学等新学科,绿色理论不断深化。有学者把绿色理论分为“深绿色理论”和“浅绿色理论”两大流派。

“浅绿色(Light Green)理论”认为,人类所面临的生态危机并不可怕,只要政

① [美]丹尼斯·米都斯等:《增长的极限》,李恒宝译,吉林人民出版社1997年版,第17页。

府“推行一些必要的环境政策和相应的科学技术手段”,便可以解决生态恶化的问题。

“深绿色(Dark Green)理论”认为,不从根本上改变现存的价值观念和生产消费模式,人类的危机是无法解决的。为此,持这种思想的人用新的生态理论,向人类主宰世界的“中心论”提出挑战。他们提出要用“绿色”文明取代工业主义的“灰色”文明,用“节俭社会”(Frugal Society)代替“富裕社会”(Affluent Society),用满足必要生活资料的“适度消费”代替“满足无限制的欲望”的“高度消费”。深绿色理论已经达到了“可持续发展”的思想高度。

卡逊的著作及思想影响非常广泛,影响了像“地球之友”这样的民间团体,并促进了环保政策和环保思潮的推行。多布森(1990)将在可持续发展和环境问题上两种截然不同的看法进行了区分。他把主导的观点用“绿色”一词的小写首字母(g)表示,而那些认为可持续发展取决于对现有体制进行根本性变革的观点,用“绿色”一词的大写首写字母“G”表示。“G”思想提出必须要建立一种新的模式来解决目前人类所面临的环境问题。这种模式应当建立在整体性的基础上,要用联系的观点看待世界,而不是目前这种机械化和简单化的观念。①

二、城市交通发展思想的演变

交通是城市的基本功能。城市与交通的关系,以交通工具的历史为主轴线。各种交通工具的出现和发展无时不折射出人类历史各时期科学技术的水平。城市的形成与演变取决于交通,城市的发展又促进了交通。交通工具的发展清楚地提示人们,每一种交通工具的技术性能是一定的,只能适用于城市发展的一定时期、一定水平的交通需求。交通工具的革新是因为人类交往的速度和质量的需求。城市交通系统的功能是为居民的出行活动提供必要的条件,将居民的各种出行活动有机地联系在一起。

(一)中国古代的交通思想

中国古代城市的兴建,往往首先是出于政治、军事上的需要,规划制度集中体现了统治权威和尊卑有序的礼制思想,城市的居民主要是官吏、地主、军士以及其

① [英]克利夫·芒福汀:《绿色尺度》,陈贞、高文艳译,中国建筑工业出版社2004年版,第18页。

他消费人口。古代城市发展总的特点,与中国奴隶社会及封建社会整个时期中社会经济的特点是分不开的,城市中至高无上的权威是统治阶级,因此与儒家思想相结合的封建礼制和等级观念支配着城市规划思想及城市交通的规划发展。

周代在总结都邑建设经验的基础上,制定了一套营国制度。这套制度内涵颇为全面,有都邑建设理论、建设体制、礼制营建制度、都邑规划制度和井田方格网系统规划方法。在春秋战国诸子的著述中,也有一些有关城市规划的新观念,如管子强调"城郭不必中规矩"、"道路不必中准绳"等,但总体上来说,整个封建社会的城市道路网并未摆脱以经纬涂制为核心的传统体制。《周礼》是一部记载典章制度的书籍,其中关于交通制度有具体的论述。它描述的是一种理想的交通制度,在当时并不能完全实行。

在周代,已开始设置道路守卫和交通管理官员——司空官。《周礼》中对于车的使用制度也有规定,不同阶级、不同场合用不同的车。

周代还出现了简单的道路法规和交通法规。如规定设置交通标志,规定在道路行走时男子从右,妇女从左,车从中央,以及夜间禁行等。

世界上最早的公共交通系统始于西汉,当时公共马车是朝廷的特别交通设备。朝廷还专门设有一个叫"尉曹"的部门来管理公共马车。

纵观我国古代的道路交通管理体制,随着社会生产力发展的需要而日趋复杂和完善,它依据国家力量的强制手段来调整道路交通参与者之间的关系,并出现了驰道制度、人行制度、车舆制度、路税制度等多种车辆和道路的使用制度,用以约束道路使用者的出行活动。就交通工具、交通设施、交通动力(主要是人力和畜力)、交通管理而言,各朝的发展除了量的变化外,并无大的质的突破。

中国公元前11世纪左右建立了一套较为完备的、具有华夏文化特色的城市规划体系,随着社会演进,虽几度革新,但营国制度之礼制实质并未改变。古代尊卑有序的礼制,就像一条红线一样,始终贯穿在整套营国制度中,自然也是古代交通政策制定的指导思想。

(二)西方古代与近代的交通思想

在古代西方国家,维特鲁威的《建筑十书》对城市建设的影响较大,书中对城市选址、城市形态、城市布局及街道的布置等有精辟的论述。

古罗马时代是西方奴隶制发展的最高阶段,公元2世纪,罗马整齐、方格分布的道路有377条,长8万公里,因而有"条条大路通罗马"之说。城市规模的扩张使畜力及畜力车辆在交通中起到了重要作用。然而,在城市区域仍受交通能力的局限,居民密度极高,街道狭窄,行人塞满街道,车辆几乎无法通过,除了一些主要街道外,多数街巷只能在晚间穿过。在当时的罗马城,还出现了世界最早的单向交通方式。一般认为,世界第一部道路交通管理法规,是古罗马军事家恺撒制定的。当时的管理法规很简单,只规定为避免街道交通堵塞,车辆须单向行驶,从日出到日落的前两小时,不准私人马车在城内行驶;外地来的车辆,须停在城外,乘客须步行或租本市马车进入城内等。

在中世纪的城市里,上层阶级和下层阶级在街道或市场上,都挤在一起,正如他们在教堂里一样。那时有钱人可以骑在马上,但在街上碰上身背货物的穷苦人或是依赖竹杖摸索前进的盲人乞丐,他必须停下来,等他们先走过去。①

西方近代城市交通以铁路的普及为特征,以蒸汽机的广泛应用为主要标志,发明于1784年的蒸汽机提供的动力使人们摆脱了工业革命以前完全依靠人力和畜力的状态。近代城市交通机动化程度有了一定的发展,但仍然是公共交通(以有轨电车为主)和私人交通(以马车为主)相互补充、协调发展的阶段。因此在这个阶段,城市交通政策仍主要是以交通管理政策为主,只是比古代更复杂,并无质的变化。

在欧洲18世纪前后出现了出租马车,至19世纪开始形成城市公共交通系统,有轨电车成为公共交通的主宰,无轨电车开始萌芽。后来由于小汽车机动性好和舒适等优点,有轨电车等公共交通开始走下坡路。无轨电车和地铁虽然在一定程度上缓和了资本主义国家公共交通衰退的过程,但无法逆转公共交通在这些国家走向萎缩的局面。

1898年霍华德发表的《明日的田园城市》认为,个人流动的主要手段将是步行和铁路。虽然其思想对于后来的城市交通的发展并不适用,但却表达了其对城市交通的朴素理解和愿望。

(三)现代城市交通思想

从《雅典宪章》到《马丘比丘宪章》的城市规划思想的演变,可以反映出现代

① [美]刘易斯·芒福德:《城市发展史——起源、演变和前景》,宋俊岭等译,中国建筑工业出版社2005年版,第387页。

城市交通政策思想的演变进程。从城市规划和建筑设计的这两个纲领性文件上可反映出西方发展小汽车的历史。很明显前者是鼓励发展私人小汽车,而后者则认真总结了经验,提出私人汽车从属于公共交通的观点。

1933 年国际建筑协会提出的《雅典宪章》指出,城市应按居住、工作、游憩进行分区及平衡,然后再建立三者的交通联系。关于城市交通,最重要的观点是应考虑适应机动化交通发展的全新的道路系统,即城市应适应汽车的发展。《雅典宪章》中写道:"摩托化运输的普遍应用,产生了我们从未经验过的速度,它激动了整个城市的结构,并且大大地影响了在城市中的一切生活状态。因此我们实在需要一个新的街道系统,以适应现代交通工具的需要。"《雅典宪章》认为,对于汽车的发展,目前的街道已不适应机动化的发展,须建立一个符合现代交通需要的新街道系统。

1977 年的《马丘比丘宪章》回顾了《雅典宪章》的实践结果,作了修改和更新,指出城市规划在新的形势下适应时代变化的指导思想。《马丘比丘宪章》在"城市运输"一节的论述修正了《雅典宪章》把汽车看作是交通的决定因素的观点,认为"将来城市交通的政策显然应当是使私人汽车从属于公共交通系统的发展。公共交通是城市发展规划和城市增长的基本要素"。宪章还指出,"交通系统是联系市内外空间的一系列的相互连接的网络,其设计应当允许随着城市的增长、变化及形式作经常的实验",即城市交通系统须与城市土地使用相协调。"雅典宪章很明显把交通看成城市基本功能之一,而这意味着交通首先利用汽车作为个人运输工具。44 年来的经验证明:道路分类、增加车行道和设计各种交叉口方案等方面根本不存在最理想的解决方法,所以将来城市交通的政策显然应当是使私人汽车从属于公共运输系统的发展。"①

通过这两份纲领性文件在指导思想上的变化,可以看出城市建设中对私人交通工具,尤其是小汽车发展的态度。从"让城市适应小汽车"到"私人汽车从属于公共运输系统的发展"付出了巨大的代价。

欧美解决城市交通问题主要经历了三个阶段。(1)小汽车时代初期,城市交通工作的重点是加强交通基础设施建设,提高整个路网的交通容量。(2)进入 20

① 参见国际建筑协会 1977 年制定的《马丘比丘宪章》。

世纪 70 年代以后，由于财政紧张、石油危机及环境问题，重点转向了加强交通管理，充分发挥现有道路设施的效率。这两个阶段的方法，都是加强交通供给方面的对策。(3)到 20 世纪 80 年代，交通工程专家开始意识到，仅靠交通供给方面的政策，很难根本解决交通供需不平衡的矛盾，必须通过政策的调控对交通需求加以适当管理。这是解决交通问题指导思想的一个根本性转变，即通过交通政策等的导向作用，减少机动车的出行量，使供需在时间和空间上均匀化，交通结构日趋合理。

在现代城市交通发展的进程中，各发达国家由于国情、文化背景等的不同，有不同的发展观，以下以美国为代表作简要分析。

美国十分注重以交通政策（通常是法规）来指导城市交通的规划建设，但美国缺少全面的交通政策，且由于美国庞大的汽车业产生的比较激烈和明确的政治压力，使得城市交通政策总是更多地带有利于汽车发展的印记。美国 1956 年正式提出“洲际和国防高速公路网计划”，推动了汽车进入家庭，改变了人们出行、居住、交往的方式。

汽车的大量使用，从根本上动摇了城市的公共交通系统。从 20 世纪 20、30 年代开始，乘用市内有轨电车等公共交通工具的人数便日益减少，40、50 年代以公共汽车为主的公交的效率虽有所提高，但在私人汽车的冲击下也难以为继。1964 年美国联邦的城市公共交通法，鼓励城市公共交通系统的规划和建立，但收效甚微。1991 年美国通过了“冰茶法案（ISTEA，the Intermodal Surface Transportation Efficiency Act of 1991）”①，促使规划师和工程师更多地关注城市多模式交通系统和小汽车交通对城市空间和生活的负面影响，促使各项交通方式经济有效，环境友好，运输客货时在能源高效，单一的对于机动交通的“速度，容量，安全”的考虑逐渐被多种考虑代替。

① 1991 年美国通过的《交互模式地面交通效率法案》（ISTEA），经常因为发音被称作“冰茶（ice tea）”法案，参见[美]约翰 · M. 利维，《现代城市规划》，中国人民大学出版社 2003 年版，第 216 页。

(四)国外相关交通理论的发展和演变

城市进入汽车时代后,人们一直不断思索如何处理人车关系,随着时代发展,有关理论和思想也在不断演变。

1. 布恰南报告与步行友好,人车共存

“二战”以后,机动化的大发展带来的弊端促使德国和英国的道路交通政策开始考虑有关步行的问题。当时对步行问题的关注主要还是为了解决大量机动化带来的交通安全问题和限制居住区和城市中心的交通。

20 世纪 60 年代初期,英国发表了布恰南(Buchanan)报告。布恰南报告是以布恰南教授为首的小组在 1963 年对交通运输大臣提出的题名为《城市交通》(Traffic in Towns)的报告书,报告揭示了整个城市的交通问题,包括环境标准问题、机动车可达性问题和财政资源的可利用性问题,第一次提出大规模的道路建设可能会对城市结构造成影响,第一次将城市环境和小汽车的可达性相结合。

布恰南不仅是一位道路工程师,同时还是建筑师和规划师,丰富的专业知识使他能预见到机动化对城市环境的影响。他强调汽车时代步行环境的重要性,认为人车分离是对步行者的一种解放。他曾写道:“步行者在城市中应享有充分的自由,能够随意地漫步、休息、购物和交流,沉浸于场景、建筑和历史所营造的气氛中,他们应该得到最大程度的尊重。”

报告在英国引起了巨大的反响和争议,布恰南认为机动车是一种有效的交通手段,但他指出,如果不采取限制措施或城市不进行重建,原有的城市环境就会受到影响。这种观点后来被误解为赞成大规模的道路建设,保证城市区域小汽车的最大使用,所以在当时的历史条件下,布恰南的思想在英国并未能付诸实施。

受布恰南报告的启发,人们进一步认识到现代城市不仅需要方便、安全且迅速的现代化汽车交通系统,也需要与人的需求相适应的轻松、自然且有益于人们健康的步行交通系统。20 世纪 80 年代后出现了人车共享理论:通过整合各类交通使它们和谐相处,为所有的道路使用者改善道路环境,使街道中步行者和机动车能够平等共存,减少步行者、骑车者和机动车之间的冲突,也增强沿街商业的经济效益。至此,人与车辆平等共存的概念逐渐取代了人车分离的观点①。

2."交通安宁"理论

1981年,Donald Appleyard在其创始性的著作"Livable Streets"中,将城市道路称为"城市环境中最重要的部分(the Most Important Part of Our Urban Environment)"(Donald Appleyard,1981),他写道,"现在到了我们关注道路空间的时候了,我们的孩子赖以成长、成年人赖以生活、老年人赖以安度晚年的道路空间将会变成怎样?"②

出于对机动交通环境的厌倦,人们开始采取不同的措施尽量减少机动交通对城市环境的干扰,于是形成了一个重要的运动"交通安宁"(traffic calming)。"交通安宁"概念的出现应当上溯到20世纪60年代的欧洲。最早是以一种自发的、由下至上的"草根运动(Grassroots Movement)"形式出现的。但是,在居住区中进行交通安宁的初衷则来自荷兰的庭院道路(woonerven,直译为"生活的庭院"),也就是我们通常所说的人车共存的道路建设。

由于1963年布恰南发布的"城市交通"报告中"第一次代表官方承认了机动交通对城市造成了威胁",所以布恰南被许多欧洲国家奉为交通安宁理论的创始人。但是比起当前的做法,布坎南提出的交通安宁措施被认为是"短视的(Shortighted)",所提出的方法是重塑城市结构以适应小汽车的需要(Reconstructed to Accommodate the Automobile),仅仅在社区中才呼吁限制小汽车进入。

尽管从20世纪70年代中期起,"交通安宁"已成为专门术语,其内涵界定却十分模糊,至今仍未有统一定义。有人归纳为"三E":交通教育(Education)、交通法规(Enforcement)、工程措施(Engineering)。

美国交通工程学会(Institute of Transportation Engineers,ITE)的定义是:"交通安宁措施包括:改良街道的线型、设置隔离设施以及采取其他措施降低交通速度

---

① 人车分流是为了提高车行效率,同时解决人车混行的安全问题,符合《雅典宪章》的城市功能分区理论,是一种将复杂问题进行简单分解归类,并以"车"为主导的思维模式。简单的人车分流梳理出人车两套交通系统,提高了效率和安全性,但忽视了城市的复杂性,没有认识到人的相互作用与交往才是城市存在的基础。由于缺乏对人的行为活动的研究以及对行人权利的尊重,传统的广场和街道失去了原有的交往功能,远离行人的空间变得消极,蜕变为汽车服务的非人性空间。

② Donald Appleyard. *Livable Streets*, Berkeley:University of California Press, 1981.

及交通流量,以保证街道的安全、适居性和其他公众利益。""安宁交通由三部分组成:采用工程手段减少机动交通的负面影响,改良驾车者的行为方式、改善非机动交通使用者的通行条件"。

加拿大"社区安静交通导则"的定义是:"安宁交通包括改良道路上驾车者的驾驶方式,同时包括通过交通管理改善社区内的交通流线和交通流量"。

尽管众说纷纭,但通过"交通安宁",使街道能达到居民可接受的环境质量标准,规定容许通过街道的交通量,是大致相同的。不是道路适应交通无限增长的需求(包括大量本可不产生的交通吸引出行),而是相反。

时至今日,"交通安宁"已经成为一种规划和交通政策,有广泛的规划、交通和环境政策目标:减少建成区交通事故的严重性和数量,加强道路的安全性;减少空气和噪声污染;归还步行和骑车空间及其他非交通活动空间;加强步行者、骑车者和其他非交通活动参与者的安全性;改善环境,促进地方经济发展等。然而交通安宁并不是反对小汽车,而是对步行者的一种解放,对公共交通和自行车交通的一种呼吁。

把交通安宁纯粹当成一种道路工程措施是一种错误理解,仅将一些居住区街道设计成庭院道路的做法也不可取。这种形式的交通安宁将减少进行设置的街道的机动车数量或机动车平均速度,但交通会被重新分配到其他的街道,加重了其他街道的交通压力。

3. 无小汽车发展运动

现代无小汽车发展的理念归功于20世纪60年代开创的研究和70年代无节制的小汽车使用所造成的社会和环境高成本①。20世纪前,所有的城市都是没有小汽车的。然而,在城市中试图限制交通运输方式的做法,可追溯到罗马帝国时

① "无小汽车"这个术语,可以包括一系列的对小汽车使用上的不同限制。对车辆使用的限制可以用一个包含各种可能性的图谱来表示,从有限的示范试验,到长期的绝对禁用。在这个图谱的一端,是不鼓励使用小汽车的区域,但没有禁止小汽车的使用。这样的地区往往称作"交通安宁"地区,或者称作"小汽车瘦身"(car - lite)地区。在这种情况下,城市和社区允许小汽车进出,但要通过道路设计防止无拘无束地使用小汽车和超速。图谱的另一端,是完全禁止机动车辆的使用。在交通安宁地区和完全无小汽车的城市之间,有一些其他的可能性,根据限制小汽车使用的不同空间和时间持久性而有所不同。可以不在整个城市的范围内禁用小汽车,也可以根据一天中的不同时间段、周日、甚至一年中季节的变化,限制使用小汽车。

期,当时在许多城市中心地区对马车及其所产生的噪声施加限制。“带轮子的交通工具不允许在白天进入罗马街道。这个规则克劳狄时期一直扩展到意大利所有的城镇,而且马可-奥勒利乌斯将这个规则一直扩展到帝国内所有城市,而不管城市本身地方自治的地位如何”(Hass-Klau 等,1999)。

Newman 和 Kenworthy(1999)认为,一个城市交通的机动特性是随着各项新的主导技术的发展而演变的。从大约一万年以前城市开始形成,直到19世纪中期,“步行城市”是城市结构性质的最佳描述。这个时期的城市形式特点是,高密度、混合性的土地利用和狭窄的街道,原则上只允许步行。1860年左右,铁路列车的出现使得城市沿着铁路通道扩展,导致了“公共交通城市”。最终在1930年左右,随着低密度郊区化和从住处到工作地点较长距离的出行,小汽车城市诞生了。Newman 和 Kenworthy(1999)指出,“今天大部分城市的实际情况是,他们包含有三种城市类型的某些元素,区别在于不同类型的交通运输和密度”①。20世纪50年代以后,城市规划领域中人的作用和地位重新得到重视,针对城市环境质量下降,人性空间丧失导致旧城衰落等现象,人本主义的呼声越来越强烈。刘易斯·芒福德指出,“城市的存在不是为了汽车通行的方便,而是为了人的安全与文明”。Donald Appleyard 的研究表明,当车辆增加时街上的社交生活随之消亡,车辆的噪音和污染破坏了随意的社交机会。城市规划界由此逐渐产生“把街道还给行人”“步行者优先”的观念,即对机动车辆进行限制,给予行人优先权。20世纪70年代的“石油危机”也促使人们越来越关注能源与生态环境问题,开始通过倡导公共交通减少私人小汽车的使用。德国、丹麦及荷兰等国最早开始推行“无交通区”(Traffic Free Zone)概念。近年来为减少汽车污染,保护空气和环境,欧洲一些国家又率先发起“无车日”(Car Free Day)的群众活动,在城市一定区域内实施交通管制措施,除公共汽车及一些特种车辆外,禁止汽车通行,鼓励步行和使用自行车。这项活动声势浩大,得到世界范围内许多国家的响应。

表2-1列示了在过去40年内对无小汽车发展做出贡献的历史事件。在这个领域有开创性、有重大影响和有鼓舞力量的工作有雅各布斯(Jane Jacobs)描述纽约街道特性的著作。雅各布斯敏锐地观察到,城市规划专业人员不知什么原

① Newman. P, Kenworthy. J.《可持续和城市:克服汽车依赖性》,华盛顿:岛屿出版社,1999.

因,没有抓住有效公共空间本质性的东西:“一个城市接着一个城市,根据规划理论不适当的地方,都正在衰败。很少引起注意的,但同样有意义的是,一个城市接着一个城市,根据规划理论不适当的地方,都拒绝衰败。”(Jacobs,1961)

雅各布斯特别是在定义一个城市的实际活力和观察行人作用方面贡献突出(Jacobs,1961):“街道及其人行道——一个城市的主要公共地方,是城市最有活力的器官。在你想象一座城市的时候,你会想到什么?他的街道。如果一座城市的街道看起来有意思,这座城市也就看起来有意思,如果街道看起来很乏味,这座城市也就很乏味。”①

“人行道有一定宽度的空间总是贡献给机动车辆,部分原因是因为城市的人行道通常被认为是纯粹给行人通往建筑物使用的,没有认识到他们是作为独特而重要、又不可替代的城市安全、公共生活和养育孩子的器官,而应当给予尊重。”

在大约相同的时期,哥本哈根城市开始进行改造,将历史上城市中心改造成为步行区。几年之后,荷兰德尔福特一群失望的居民自己动手创建了“交通安宁的街道”。不久后,世界经历了首次意义重大的石油危机,在20世纪70年代早期石油价格急剧上升。在一些国家,例如瑞士,作为对石油危机的反应,发起了无小汽车活动。在荷兰、德国和西欧其他地方,创新城市委员会和有关市民共同发起了市中心购物街道步行化和居民区交通安宁活动。然而,这些措施是典型的地方性质的,不能阻止小汽车拥有和使用的增长。在80年代,在一些特定的地点,出现了反对公路建设的活动,但是,小汽车的拥有和使用仍然继续增长。

表2-1:现代无小汽车发展历史大事记②

时间	地点	事件
1961年	纽约	Jane Jacobs 撰写的《美国大城市的死与生》出版
1962年	哥本哈根	第一个城市中心的步行街

① [加]简·雅各布斯:《美国大城市的死与生》,金衡山译,译林出版社2005年版,第29页。

② 参见:《劳伊德·赖特》:《无小汽车发展》,有改动。http://www.chinautc.com/information/newslunqita.asp?classid=137。

续表

时间	地点	事件
1974 年 1－2 月	瑞士	对 70 年代早期石油危机做出反应，在瑞士组织了 4 个无小汽车星期日
1991 年	纽约	运输替代研究会组织了首次关于无小汽车城市的国际会议
1992 年 3 月 25 日	阿姆斯特丹	投票通过了阿姆斯特丹为无小汽车城市的无约束力的公民复决
1994 年 10 月	Toledo	可通达城市大会提出"星期四无车日"建议
1996 年 6 月	Reykjavik	组织了首个无小汽车日
1997 年	La Rochelle	法国举办的首个无小汽车日
1998 年 9 月 22 日	法国	34 个城市参加了全国性的无车日活动
1999 年 9 月 22 日	法国和意大利	第二个年度无小汽车日活动在法国举办，首个年度无车日在意大利举办，有 90 多个意大利城市参加
2000 年 2 月	波哥大	波哥大举办世界上规模最大的无小汽车日活动
2000 年 9 月 22 日	欧洲	举办首个泛欧无小汽车活动
2000 年 10 月 29 日	波哥大	通过公民复决，63% 的投票批准一个年度的无车日
2001 年 4 月 19 日	美国	在全国"地球日"期间全美国举办无小汽车活动
2001 年 9 月 22 日	全世界	33 个国家 1000 多个城市参加了国际无车日活动

直到 20 世纪 90 年代，人们才又重新对减少机动车辆给予极大的关注。到这个时候，对环境的关注和生活质量的关注才开始真正起作用。缠绕心头的对气候变化的恐惧、烟雾对健康的影响、道路上难以对付的交通拥挤，所有这一切又重新激发劳动者无小汽车选择的兴趣。

无小汽车运动大部分发源于基层的努力和依靠积极分子的活动。1992 年，美国旧金山一群骑自行车者发起了第一个"重要的群众性"骑自行车活动。这些骑车者，成群地来到大街上，在全世界范围内普及开来。类似地，在 20 世纪 90 年代中期，英国的"重申对街道的使用权"运动表明，确实有一大批人真正看重改善公共空间的价值。

21 世纪带来了新一轮的无小汽车活动的浪潮。这个运动在政府和国际层面上已经取得了信任,在欧盟和联合国均有无车日的项目。而且,在哥伦比亚的波哥大和巴西的库里蒂巴,有远见的领导们已经证明,一个城市不一定要是富裕的,才可以开创一个高质量的人文环境。

今天的现实是浩大的汽车化浪潮,与此相对的是,新生的不成熟的无小汽车运动还要用缓慢而坚实的办法。当然,所有类型的城市和国家政府对于实施无小汽车发展的政治意愿是否存在,仍然是一个有待回答的问题。

第二节　绿色交通的主要理论基础

绿色交通的研究是一个典型的跨学科研究,具体涉及生态学、社会学、工程学等,本节选取生态学、社会学、环境伦理学、交通工程学加以论述和阐明。

一、绿色交通的生态学基础

(一)绿色交通的产生是生态学发展的必然结果

一般认为,生态学作为一门科学,最早是由德国动物学家海克尔(E. Haeckel)于 1886 年提出来的。“生态”一词来源于希腊文“Oilos”,意思是“家”或“住所”。当时海克尔给生态学(ecology)下的定义是:“我们可以把生态学理解为关于生物有机体与其外部世界,亦即广义的生存条件间相互关系的科学。”当初的生态学概念是比较狭窄的,仅限于对动物的研究。1889 年他又进一步提出:生态学是一门自然经济学,它涉及所有生物有机体关系的变化,涉及各种生物自身以及它们和其他生物如何在一起共同生活。海克尔关于生态学的这一经典定义维持了近一个世纪,直到 20 世纪六七十年代,对生态学的定义有了进一步的发展。例如,奥顿姆(E · P. Odum)于 1971 年提出:生态学是研究自然界结构和功能的科学,这里需要指出的是人类也是自然界的一部分。我国已故著名生态学家马世骏 1980 年也提出:生态学是一门多学科的自然科学,研究生命系统与环境系统的相互作用规律及机理。①

生态学发展到今天,单单从定义本身,已经能够感觉到它自身的发展与进步。其一,把生物有机体与环境间的相互关系研究扩展到生命系统与环境系统之间;其二,人类既是生命系统中的重要组成部分,也是许多生态系统的结构成分,人与环境之间相互关系的研究越来越成为生态科学的重要内容之一。

对生态学的发展影响深刻的概念是生态系统、生物圈、生态平衡。生态系统(ecosystem)这一概念是由英国生态学家坦斯利(A. G. Tansley)于1935年首先提出的,他把物理学上的系统整体性概念引生态学,认为生态系统是在任何规模的时空单位内由物理——化学——生物学活动所组成的一个系统。与生态系统联系紧密的是生物圈(biosphere),这一名词是奥地利地质学家休斯(E. Suess)于1875年首先提出的,是指地球上存在生命的圈层,其范围在地表以上可达23公里的高空,在地表以下可延伸至12公里的深度。地球上的生物圈中,生物之间、生物与环境之间进行着能量的转化和物质的迁移、循环过程,构成了一个相互制约、相互依存的复杂系统。因此,也可以认为,生物圈是地球上最大的生态系统。生物圈及生态系统良好运行的状态就是生态平衡,生态平衡是维护生态系统健康发展至关重要的因素。

生态学从诞生至今已有一个多世纪了。随着研究的纵深以及学科交叉产生了不少分支学科,研究的重点和对象有所不同,其发展大致经历了以下三个阶段:

第一阶段,发展前期(1866~1900年)。这一阶段人们对生态学提出了一些零散的见解和描述,散见于自然本体论和一般生态学著作中,尚未建立起完整的理论体系和研究方法。

第二阶段,经典生态发展时期(1900~1950年)。这一时期生态学出现了兴旺发展的景象,形成了比较完备的理论体系和研究方法,并产生了许多学派,从而衍生出许多分支学科。

第三阶段,现代生态学发展时期(1950年至今)。这一时期生态学研究方法的重心已从强调归纳经验和数据的方法转向历史的系统的方法,以生物与环境构成的统一整体即生态系统为研究中心,尤其是迈入60年代后,生态学的研究更是

① 宋永昌等:《城市生态学》,华东师范大学出版社2000年版,第3页。

得到了一日千里的迅猛发展。特别是其他学科的加盟和相互渗透,计算机技术和遥测等技术的应用,系统论和控制论方法的引入,进一步丰富并拓展了生态学的研究内容和方法。许多学科都与生态学“联姻”,使得生态学这颗“树”枝叶繁茂,标志着这门学科进入了成熟时期。

这一时期,生态学发展的突出特点表现在生态学的研究逐渐把人类这一特殊生物与其生产、生活和环境之间的关系也纳入到研究视野中,并取得了丰硕的成果。这主要是由于人类社会进入20世纪60年代后,在全球范围内出现了许多涉及人类生存和发展的重大问题,如粮食短缺、人口膨胀、能源危机、自然资源匮乏、环境恶化(水体和大气污染加剧、温室气体效应、水土流失和土地沙漠化等)。从表面上看,有些是人的问题,有些是环境问题,其实质都可归为人与环境或者人与人这一矛盾上。这些问题一而再地出现,给人类敲响了警钟,使人类意识到了高速发展的社会不断向环境索取所造成的后果,甚至会阻碍社会发展并危及人类自身的生存。这些问题迫切需要生态学做出回答:解释这些问题的深层原因和提出解决这些问题的生态学对策。这些问题也引发了众多的学科纷纷从各自角度寻求答案,城市生态学、农业生态学、人口生态学、工业生态学、资源生态学等应运而生。

现代生态学的发展反映了人类认识自然和自身及两者关系的过程:人不仅作为主体站在自然面前,而且也作为客体受到自然的制约,在人类技术高度发展时,也不能随心所欲地改造自然,必须遵循自然规律,有节制地使用技术,达到“天人合一”和永续发展。因此现代生态学的发展也可用一个形象的词汇来概括,即“绿色”,体现了一种可持续发展的观念。

围绕城市交通的可持续发展,学术界展开了一系列研究和探索,绿色交通、生态交通、可持续交通等概念纷纷被提出(三个概念内涵的异同参阅第一章所述)。

(二)生态学是绿色交通的理论基石

生态学认为,自然界(包括人造物在内)的任何一部分都是一个有机的统一整体,即一个生态系统。这个系统范围可大可小,大至整个地球,小至一间房、一粒土、一滴水,都是不同的生态系统。每个生态系统都包括生命和非生命两部分。生命部分即生态系统中的所有生物,非生命部分是系统中生物生存空间内的所有自然因素总和,也称为环境因子,它是生物生存的环境,包括气候、水分、光照、温度、土壤、物产等。同处在一个生态系统中的各种生物也相互构成对方生存环境的一部分，某一空间区域范围内的生物不仅与非生命的环境因子息息相关，而且也与其中的其他生物体有着唇亡齿寒的关系。这一方面是由于生物必须从环境中获取物质和能量，另一方面，每一个生物体都无法单独地完成这一过程。因此，生物和环境是不可分割的一个统一整体，既没有纯粹的无生命环境也没有可以脱离环境而存在的生命。一个生物体总是生活在它所适应的环境，不同环境能够为不同生物提供生存基础。在生物与环境这对矛盾中，也不光是环境制约生物生存。生物被动接受环境，同时生物也主动地改变自己积极适应环境，甚至去影响和改变环境。在长期的作用与反作用、制约与反制约的过程中，环境与生物构成了一个有机的不可分割的整体，使整个生态系统表现出生命的特征，如动态平衡和新陈代谢。

在促进生态平衡的过程中，人与其赖以生存的环境之间必然要发生联系，人类文明发展史就是一部人与自然环境、社会环境竞争与共生、改造与适应的发展史或生态史。

中国科学院生态研究中心的马世骏、王如松根据生态学的发展规律，把生态科学运用于经济社会发展中，于 1984 年提出了“社会——经济——自然复合生态系统”的理论，认为大到人类社会，小到区域或城市发展，其实质都是以人的行为为主导、自然环境为依托、资源流动为命脉、社会体制为经络的人工生态系统。在这个生态系统中，不仅要研究和阐述经济、社会与自然的相互关系，更要揭示它们之间相互作用的基本规律及机理，生态科学不仅仅满足于描述自然，更要用生态学原理去解决人类面临的生存与发展问题。

交通是个复合生态系统。交通问题不只是路与车、通与达的物理问题或经济问题，而是一个由车、路、土地、能源、环境和人组成的复合生态系统问题①。交通问题是交通流量在局部空间和时间上的堵塞，交通网络在系统结构和功能上的失衡，交通对象在行为方式和价值取向上的错位。

一个城市的交通系统涉及区域物流人流的规划问题、城乡土地利用的布局问题，社会与经济效益的权衡问题，人与自然的协调问题，以及内部调控与外部诱导

① 王如松:《北京应向“生态交通”方向发展》,《光明日报》,2004 年 9 月 2 日。

的关系问题,需要从五个统筹的高度去系统规划、建设和管理生态合理的交通。

这种生态合理的交通或者说是绿色交通,所涉及的是人类住区生态系统,如城市生态系统、聚落生态系统。这些生态系统都是以人为中心的自然——社会——经济的复合生态系统,而且也是通过人类活动构筑的一个大人工生态系统。它的任务是阐明交通工具——人居环境——人及人类社会的可持续发展机理及措施。

在这种交通体系中占主导地位的生物是人,环境即人居环境,交通活动成为联系人与其他生物和环境的纽带。因此绿色交通认为,要全面分析交通工具对环境产生的近距离和远距离影响,要从生态环境出发,更好地遵循自然规律,为人类创造更好的环境。

在生态学由房子、住所的原初含义发展到生命系统和环境系统之间相互作用关系的过程中,生态学的研究视野已扩展到人和自然普遍相互作用的深层次领域,因此它已经具有了哲学的性质和资格,已经成为人们认识世界的价值观和方法论。生态科学作为生态智慧的集合,是包括自然科学和社会科学在内的所有科学在人与自然关系上道德的评判者。生态科学的创立与广泛的普及运用,要求人们遵循生态智慧,以生态学的原理和方法去认识我们生存于此的这个世界,按照生态平衡的思想去努力调控经济、社会与自然之间的关系,从而建立一个更加协调、更加稳定的社会。生态学的理论与思想给城市交通发展带来了有益的启示,是绿色交通理论形成的重要思想基础。可以说没有生态学的指导,绿色交通就失去了行动准则。

二、绿色交通的社会学基础

自人类社会诞生以来就有了各种关于社会的思想和学说,但直到 19 世纪,随着社会矛盾的日益凸显,人们才系统地将社会作为特定研究对象,并运用科学的方法来研究,从而使社会学成为一门相对独立的学科。美国社会学家 D. P. 约翰逊提出,社会学的产生动力来自两个方面:其一是“前所未有的复杂的社会变迁”①;其二是这种变迁获得了知识界的有意关注。

---

① [美]D. P. 约翰逊:《社会学理论》,国际文化出版公司 1988 年版。

（一）社会学的学科特点

作为一门具体的社会科学，社会学具有一些与其他社会科学不同的特点，主要表现在以下三个方面。

（1）社会学把社会作为一个整体来看待。在社会学看来，只有把社会作为一个有机的整体，并从这个角度出发，才能全面科学地认识社会的各种组成成分和各种特殊的社会现象之间的关系，这是社会学区别于其他社会科学的根本所在。社会学总是首先强调要把社会看作是一个有机的整体。这种认识不是表面的，而是要深入到事物的本质；不是片面的，而是系统的认识。

（2）社会学是一门综合性的科学。由于社会是一个统一的整体，是一个多层次、多结构、多序列的完整网络。社会学作为把社会作为一个整体研究的科学，必然具有一种综合性。首先，这种综合性突出表现在它研究任何一种社会现象、社会过程或社会问题时，总是联系多种有关的社会因素甚至自然因素加以考察。其次，这种综合性还表现在社会学的研究经常结合和利用其他社会科学甚至自然科学的成果。在现代学科分工越来越细、越来越专门化的趋势中，社会学这种注重综合、注重联系，用立体的思维方法来分析和认识立体的社会生活的特点别具一格。

（3）社会学研究的是具体的现实社会。从理论上讲，古今中外的人类社会都可以进行社会学研究，但社会学探究的重点首先是现实社会。这一点突出地表现在社会学的研究课题往往是现实社会生活中迫切需要解决的问题。比如我国的人口问题、劳动就业问题、社会流动问题以及日常生活中人们十分熟悉且深有感受的交通问题、住房问题等。社会学的重要目标之一，就是要通过科学的、实事求是的研究，来描述这些社会现象的状况，分析它们形成的原因，预测它们的发展趋势，提出相应的解决办法、措施和建议。① 可以说，社会学离社会现实很近，离人们日常的社会生活很近。

（二）社会学作为一种分析城市交通的视角

社会学主张从整体和系统分析的角度来研究社会现象，要求我们用相互作用的关系视角来研究人类的行为方式。社会学的价值追求就在于为我们提供一种

---

① 风笑天主编：《社会学导论》（第二版），华中科技大学出版社 2008 年版，第 11 页。

看待熟悉的世界的新的视界和视角，构建社会理想和社会期待，促进社会有秩序地发展与进步。因此，就社会学而言，分析、研究城市交通问题，具备一些其他学科所缺乏的视角与思路。

社会学的视角有助于人们理解社会生活的实践，把平常的事物置于一个总的观察框架内，使我们能够确定事物的因果关系，对它们进行解释并做出预测。这种视角帮助社会学家去选择他们要研究的生活中的问题，选择寻求答案的方法。①

例如，作为交通工具的小汽车在运输中能给人带来速度、惬意、自由和舒适（社会学家称之为显功能），但实际经验表明，在城市中使用小汽车根本不是一种合理的行为，或者说汽车的用处非常有限，在使用中会遇到各种各样的困难：堵车、速度受到限制、找不到停车位置等等，汽车真正成了奴役现代城市人的机器（潜功能）；一旦发生交通事故，不仅造成经济损失，还可能危害人身安全（反功能）。

社会是一个有机的整体。在社会中，冲突是普遍存在和不可避免的。或者说，冲突是一个在社会性与结构性安排中不可抗拒的过程。人们因有限的资源、权力和声望而发生的斗争是永恒的社会现象，也是社会变迁的主要源泉。冲突因素的积累不仅在社会政治体系内存在，其他系统内也有。社会交通系统特别是城市交通系统作为社会大系统中的一个重要的子系统也不例外，其内部同样存在潜在的或现实的冲突因素，并且这些潜在的交通冲突因素一旦从少量、分散与临时性，发展到大量、集中与持久性，就会迎来城市交通问题的高涨期或称为城市危机的爆发期，从而导致大城市交通瘫痪的危险。当前城市交通系统存在着三大冲突②，而事实上“人——车——路”的矛盾与冲突只是事物的表象。坚持冲突论的学者把城市里的各种问题看作各个利益集团竞争有限资源而产生的不稳定结果。其斗争常常表现为强大的既得利益集团对抗弱势群体③。据此，“人——车——路”的矛盾或汽车和城市的冲突，其实质就是人与人之间的矛盾与冲突的表现形

---

① ［美］戴维·波普诺：《社会学（第十版）》，李强等译，中国人民大学出版社 1999 年版，第 17 页。

② 何玉宏：《挑战、冲突与代价：中国走向汽车社会的忧思》，《中国软科学》2005 年第 12 期。

③ ［美］文森特·帕里罗等：《当代社会问题》，华夏出版社 2002 年版，第 446 页。

式。如布朗先生所言,“汽车和农作物争夺土地的战斗成了穷人和富人之间的竞争,成了买得起汽车的人和为生存而奋斗的人之间的竞争”。① 因政府动用来自全社会的预算投到交通的基本建设上,实质上是收取穷人的钱支持富人用车,最后就会变成富人持续地、大量地从穷人那里获得隐性收入。

从历史的和社会学的角度来考察,城市交通是处于不断变化发展之中的社会现象,是城市社会系统的一个有机组成部分。在这个意义上,我们可以把城市交通作为了解现代城市社会的一个窗口,从而观察研究它与城市社会的相互作用以及它在城市社会中的功能。城市交通发展到今天,即使对发达国家的城市而言,交通问题也不能说已达到完全解决的程度;而在发展中国家,包括我国在内,日益严重。那么,为什么城市交通问题在工业革命前并不突出,而在现代却变得如此突出?当前我国城市交通问题形成的背景和原因是什么?我国城市交通问题的严重性又表现在哪里?面对城市交通问题,我们应当采取怎样的战略与对策?这些问题,都需要我们做出切实有力的回答和解释。

对社会问题的研究,一直是社会学界关注的焦点之一。城市交通问题的发展,日益显示出它是一个社会问题。因此,社会学工作者中理应有人重视对城市交通问题的研究,以便为我们的社会和政府最终解决它提供一些实践的与理论的参考。就社会学而言,研究城市交通问题,具备一些其他学科所缺乏的视角与思路②:

(1)研究社会问题是社会学探索的应有之义。社会学学科产生的时代正是近代社会矛盾和社会问题大量产生的时代,从某种意义上说,社会学是作为一门试图解释社会矛盾和社会问题的学科而产生的。社会学家们在对社会问题的研究过程中,逐渐形成一套解释社会问题的模式,产生了关于社会问题的专门理论,从而也使社会问题成为一个专门的学科范畴。

(2)社会学的发展有赖于对社会现实问题的关注与干预。正如著名社会学家费孝通先生在第六届亚洲社会学大会的祝词中指出的:“社会学不是关在‘象牙塔’里的‘纯学术’。社会学家只有关注社会现实,关心国家前途、民族命运和人民

① [美]莱斯特·R. 布朗:《B 模式:拯救地球延续文明》,林自新等译,东方出版社 2003 年版,第 46 页。

② 何玉宏:《社会学视野下的城市交通问题》,南京出版社 2006 年版,第 3 页。

福利,勇于回答重大的社会现实问题,才能求得社会学学科的发展,社会学才能赢得社会的重视并发挥应有的作用。”

(3)城市交通问题作为社会现实生活中一个重大问题,它的出现是城市社会发展的必然结果。因此,对城市交通问题的解决,也必然要从社会的层面去综合考虑。或者说,城市交通问题不单单是一个工程技术问题,在某种程度上它更是一个社会问题。

三、绿色交通的环境伦理学基础

(一)环境伦理的产生和发展

环境伦理是一门研究全人类持续生存与发展的伦理科学。环境伦理被明确地提出来不过是半个世纪的事情。但是,如果我们从现代的视角来看,在古代社会,中华民族已经提出了某些朴素的环境伦理观点和道德规范。探讨这些观点,有助于我们深入理解现代环境伦理观念。

严格意义上的环境伦理的孕育,起始于20世纪初至20世纪中叶。在西方,工业革命的兴起促进了生产力的巨大进步,同时也造成森林资源和野生物种的破坏,城市的空气、水源和生活环境受到污染。一些有识之士开始关注人类保护生态环境的责任和义务,反思人与自然关系的本质。1923年,德国人道主义思想家阿尔伯特·施韦兹①(Albert Schweitzer,1875－1965)出版了《文明与伦理》一书,提出了“敬畏生命”的伦理思想。1949年,美国著名的科学家和环境保护主义者奥尔多·利奥波德(Aldo Leopold,1887—1948)的论文集《沙乡年鉴》出版。在该书“土地伦理”一章中,他提出,为了保护“生命共同体的和谐、稳定和美丽”,需要一种新的大地伦理。在这个生命共同体中,人类只是“普通的成员和公民”。②

国际著名的环境伦理学家霍尔姆斯·罗尔斯顿指出,“我们现代人在开发利用自然方面变得越来越有能耐,但对大自然自身的价值和意义却越来越麻木无知。价值和意义之间的联系绝不是偶然的。在一个价值仅仅显现为人的需要的

---

① 史怀泽,又译施韦泽、施韦兹,出生于当时属于德国的阿尔萨斯。第一次世界大战后,阿尔萨斯归还法国,他就成了法国人,所以也有人称其为法国思想家。但史怀泽认为德语是其母语,他的主要著作也是用德语写成的。

② [美]奥尔多·利奥波德:《沙乡年鉴》,侯文蕙译,吉林人民出版社1997年版,第213页。

世界中，人们将很难发现这个世界本身的意义；当我们完全以一种彻头彻尾的工具主义态度看待人工产品或自然资源时，我们也很难把意义赋予这个世界。我们栖息在一个有意义的世界中。"①

环境伦理学倡导尊重生命、尊重自然、热爱自然，它不仅关心人的幸福，而且关心其他所有生物和环境的福利。在这个问题上，罗尔斯顿引用施韦泽精辟的论述："到目前为止，所有伦理学的一个巨大缺陷，就是它们认为它们只须处理人与人的关系。然而，伦理学所要解决的问题却是人对世界、对他所遇到的所有生命的态度问题。对一个人来说，只有当他把所有的生命都视为神圣的，把植物和动物视为他的同胞，尽其全力去帮助所有需要帮助的生命的时候，他才是道德的……关于人与人关系的伦理并不是孤立地存在的；它只是从关于人与所有生命之普遍关系的伦理中推导出来的关于人与人之特定关系的伦理学。"②

人与自然关系的恶化迫使人类重新思考人在自然界的位置，人类如何尊重与保护自然，这种思考产生了生态意识或环境意识，由此伦理学这门古老的学科也派生出了生态伦理学、环境伦理学或地球伦理学。这一理论学说要求重新规范人与自然的关系，确立自然界的价值和权利，从而更好地保护地球上的生命和自然界。环境伦理学在注重伦理研究的同时也注重实践，余谋昌认为："任何一种思想，它的活力主要表现在实践中，只有面向现实生活，从理论走向实践，对解决现实生活的问题给予指导，才能充分体现它的价值，它才是有前途的。环境伦理学理论的实践应用，将表现和发展它的强大的生命力。"③由此可见，环境伦理学的产生与发展，将从理论和实践上更好地规范人与自然的关系，为人与自然关系的调整提供道德选择和道德依据，从而引导人与自然不断走向和谐。作为一种世界观的形成，它是在新的历史条件下，人类对人与自然关系的一种反思，它要研究人究竟应该与自然建立一种什么样的关系？人在自然中的地位如何？人如何保护自然和环境？在人与自然相联系的视角下，研究其价值观、权利观、道德观等问

---

① ［美］霍尔姆斯·罗尔斯顿：《环境伦理学》，杨通进译，中国社会科学出版社 2000 年版，第 3 页。

② ［美］霍尔姆斯·罗尔斯顿：《环境伦理学》，杨通进译，中国社会科学出版社 2000 年版，第 3 页。

③ 余谋昌：《生态伦理学——从理论走向实践》，首都师范大学出版社 1999 年版，第 3 页。

题,从而使伦理学研究跃上一个新的高度。

(二)绿色交通与环境伦理观

环境伦理学对现代工业社会的物质主义、享乐主义和消费主义持批评态度,它倡导一种与大自然协调相处的“绿色生活方式”,主张用节制物质欲望的“生活质量”(living quality)概念来代替工业社会的“生活标准”(living standard)概念。①

为了促进实现全球的可持续发展,世界各国已在多个领域就不同的问题采取了共同的行为,其中包括绿色交通实践。我们认为,“绿色交通”不仅是一个工程技术问题,而且涉及伦理问题。“绿色交通”的实施推广,不仅有赖于交通建设方案的科学化、标准化、绿色化,而且有赖于人的道德的自觉。

创建绿色交通体系,既需要树立新的自然观和价值观,又需要树立新的伦理观。绿色交通既要正确处理交通与人的关系,又要正确处理交通与生态环境的关系。因此,在绿色交通的理论探讨和实践操作的过程中,除了要遵循一般社会伦理规范之外,更应考虑人类必须承担的生态伦理的义务和责任。反思传统伦理观念,建构适应人类可持续发展的环境伦理观,并将其内化为全社会特别是城市居民的自律意识,是绿色交通体系健康发展的重要保证。

所谓绿色交通伦理,是指人们在城市交通建设的决策、规划以及设计、施工、评价和消费过程中应当遵循的新的伦理原则和道德规范。绿色交通是实现人类可持续发展的重要环节,因此国际社会公认的“可持续发展的伦理”或称之为“环境伦理”“生态伦理”在城市交通领域中的体现,也就是绿色交通伦理。

绿色交通的构想凝聚了人类对环境危机的忧虑,是支撑人类持续发展的信心、勇气和使命感,表现了一种全新的交通文化意识和改善生态环境、提高环境质量的强烈的道德责任意识。欧洲共同体委员会主席雅克·德洛尔(Y. Doloer)指出,为确立人和自然的新型关系,我们要重新确定人对自然、对后代、对社会的三重责任,这种观点对绿色交通也是适用的。

一是对自然的道德责任和义务。德洛尔认为,“我们应该学会尊重自然界本身,而不是单纯地让自然满足我们的需求”,应当给自然环境以“公民的身份”,人类开发利用自然转变为保护保存自然,在人和自然之间建立起协调关系、伙伴关

---

① 余谋昌、王耀先:《环境伦理学》,高等教育出版社2004年版,第3页。

系。环境伦理学主张把人类的正当行为概念、道德权利概念扩大到自然界的实体和过程,“确认它们在一种自然状态中持续生存的权利”,并制定新的道德原则和规范约束人的行为。“当一个事物有助于保护生物共同体的和谐、稳定和美丽的时候,它就是正确的,否则就是错误的”。① 破坏环境、浪费资源和能源,不仅是一种不道德的行为,而且是一种犯罪。

二是“维持在地球的承载能力之内”。地球承载力,涉及人口、资源、环境这样一个复杂的大系统。它主要是指一定的生产条件下,单位面积的生产能力及一定生活水平下所承载的人口限度,也就是单位面积所能持续供养的人口数量。地球的承载力不是无限的,而且不同地区的承载力各不相同,差异很大。交通业作为资源消耗“大户”,是侵占土地特别是耕地较严重的行业,有责任把交通的发展限制在各个地区资源承载力允许的范围内,不占耕地,或尽量少占耕地,用“适度消费”代替“高度消费”。

三是对后代的责任和义务,即“代际公平”原则。代际间的公平,即世代人之间的纵向公平性。本代人不能因为自己的发展与需求而损害人类世世代代满足需求的条件——自然资源与环境。要给世世代代以公平利用自然的权利。罗马俱乐部的报告《人类处于转折点》指出:如果人类要活下去,就必须发展一种与后代休戚与共的道德情感,并准备拿自己的利益去换取后代人的利益。如果每一代人都只顾追求自己的最大享受,人类注定要灭亡。全球范围内代际不平等现象举目皆是。联合国环境署、开发署、世界银行和美国世界资源研究所联合发表的报告《世界资源》向人们提出警告:全球都市化正在改变人类的物质和社会环境,加剧了全球的资源危机和环境恶化。报告列举了许多数据,如在过去的20年中,世界的能源消耗增长了50%,而到2020年,全球能源消耗将比现在增长50%~100%。

正因为如此,国际社会把代际公平作为一项主要的世界伦理准则。《保护地球——可持续发展战略》一书中概述“可持续生存的世界道德准则的要点”时明确指出:在不同社会和不同利益的团体之间,在那些贫困和富足的地区之间,以及在现在和将来的世代之间,每个人应该有目的地公平分享资源利用的效益和费用,

---

① ［美］奥尔多·利奥波德:《沙乡年鉴》,侯文蕙译,吉林人民出版社1997年版,第213页。

每个人应该给下一代人留下一个至少与他们继续下来的一样丰富多彩和富有生命力的世界。一个社会或一个世纪的发展不应该限制其他社会或世代的发展。《里约热内卢与发展宣言》则把“为了公平地满足今世后代在发展与环境方面的需求,拥有发展的权利必须实现”作为27项原则的第三条原则。

作为现代社会支柱产业的交通行业必须遵守“代际公平”的国际伦理准则,在满足当代人生存需要、改善工作和生活环境的同时,也要为未来人类着想,承担为子孙后代负责的道德义务。

四是对社会的道德责任和义务,即“代内公平”原则。代内公平的道德原则强调当代人在利用自然资源、满足自身利益上机会均等,在谋求生存与发展上权利均等,在“只有一个地球”上,由于空间、资源、能源、环境都是有限的,因此任何国家、任何地区的发展都不能以损害其他国家和地区的发展为代价,特别是要维护后发展的国家和地区的利益。

然而放眼全球,代内不平等问题相当严重,美国人口不足世界人口的5%,却消费掉了占全球25%的商业资源,排放出25%的温室气体。据统计,发达国家只占世界人口总数的1/4,消耗的能源却占了世界人口消耗总量的3/4,钢材的72%,人均消耗量是发展中国家的9~12倍。人与自然关系方面的危机(包括交通危机),从表面上看,是由于人对自然的无限度、无休止的索取、甚至破坏性的索取引起的;而从本质上看,人与自然的危机实际上是一种社会伦理道德危机。因为大量的环境、资源和生态问题,并不是简单地发生在人与自然之间,其中尖锐的冲突是发生在人与人之间、人群与人群之间(参见前面第二部分相关论述);而表现出来的是人们涉及环境、资源和生态问题的利益之争,是受害者对公正的渴望。有些人和集团为什么对自然无限度、无休止地攫取,根源在于一定的社会利益分裂和利益矛盾,在于由一定的生产方式和消费方式所产生的价值取向和行为准则差异,在于社会利益方面存在很多不公平的因素。因此,可持续发展把社会公平性作为主要的原则之一。对绿色交通来说也不例外,应当把社会公平即“代内公平”作为其伦理思维的出发点。

“代内公平”,即同代人之间横向的公平性。绿色交通首先要立足于满足全体人民的基本的交通要求,改善全体人民的交通环境。

四、绿色交通的交通工程学基础

(一)交通工程学的发展

交通工程学是从道路工程学科中派生出来的一门年轻的学科。它把人、车、路、环境及能源等与交通有关的几个方面综合在道路交通这个统一体中进行研究,以寻求出行效率最大、交通事故最少、通行速度最快、环境影响最小、能源消耗最低的交通系统规划、建设与管理方案,从而达到安全、迅速、经济、方便、舒适、节能及低公害的目的。①

交通工程包括道路、临街开发区及停车设施的规划与设计,同时通过对交通的控制,为车辆和行人提供安全、舒适、经济的交通通行的环境。

美国交通工程师协会是世界上成立最早的一个交通工程师协会。早期,它给交通工程学下的定义是:交通工程学是工程学的一个分支。1983 年,在交通工程师协会会员指南中又重新定义为:交通工程学是运输工程学的一个分支。

交通工程学兼有社会科学与自然科学双重特点。因为其研究内容涉及五个方面:一是工程(Engineering),二是法规(Enforcement),三是教育(Education),四是能源(Energy),五是环境(Environment)。而工程、法规、教育、能源、环境这五个词的英文头一个字母都是 E,于是有人称交通工程学是"五 E"学科。

交通工程学作为一门独立的学科,是20 世纪20 年代后期至30 年代前期形成的。然而它的某些专业发展,却有其历史渊源。古罗马皇帝恺撒颁布的交通法规中规定,在罗马帝国的一些大城市,为避免交通拥挤,在一天的某段时间内禁止车辆进入市中心。早在1600 年,墨西哥城的主要街道上使用了颜色鲜明的中心划线。我国历史上对城市道路规划采用的"九经九纬"棋盘式格局,对线形设计提出的标准,对道路的分类,以及对东西方文化交流起过重要作用的丝绸之路,都对交通工程学的发展产生过积极影响。

20 世纪 70 年代,汽车被视为交通的未来。当时交通工程师们都致力于如何提高道路系统的通行能力,以适应机动车交通看似无止境的增长,而常常忽略了道路的其他使用者。为达到改进道路通行能力的目的,通常要损害行人的运动自

---

① 王炜、过秀成等:《交通工程学》(第 2 版),东南大学出版社 2011 年版,第 1 页。

由,迫使行人使用过街天桥、地下通道等,从而将地面交付给车辆使用。但从一般情况来看,我们根本不可能满足汽车毫无约束的出行需求,因此,交通工程的焦点开始渐渐转向如何共享现有的空间以充分迎合更多的交通运输方式,例如步行交通、自行车交通等。①

这种变化是对以下两方面转变的响应:一是社会对交通的关注程度和期望值已有所不同,二是交通对环境的影响范围发生了变化。同时,交通工程师们还面临着另一个实际问题,那就是如何使有限的公路系统适应更大的交通量,以满足交通增长的持续。

(二)交通工程万能的转向:从传统交通规划方法到非传统交通规划方法

20 世纪 70 年代,英国学者普劳德(Plowden)把交通规划方法划分为传统和非传统两种类型,得到人们的普遍认可。② 传统交通规划方法主要强调要为不断增长的交通需求提供交通服务与道路,"预测分配"方法就是典型的传统规划方法;而非传统交通规划方法则认为,某些社会群体在"传统"规划方法过程中处于不利地位,例如没有汽车的普通市民。交通规划的目的应该为所有的人提供交通可达性,而不是通过修建道路仅为少数群体提供交通出行便利。非传统交通规划方法并不排除道路建设,而只是主张更好地平衡利弊并真正以人为本,倡导通过公共交通网络和服务的扩展来实现所有人的交通平等问题。在处理交通规划问题时,传统交通规划方法通常考虑的重点是解决出行问题。面对交通需求急剧增长,交通规划师主要是通过"预测分配"方法来解决问题。他们首先对出行交通需求增长水平进行预测,然后通过规划道路来满足交通需求预测,也就是将交通工程手段和"交通工程万能"的思想应用到规划中。

1. 传统交通规划方法

传统交通规划方法通常考虑的重点是解决出行问题,因而传统城市交通规划提交的成果集中表现为城市交通发展策略、具体交通网路规划方案和项目实施序列,也就是明确了"未来要达到什么水平、要建设哪些项目、何时建设以及建设的

---

① [英]Mike Slinn,Peter Guest,Paulm matthows:《交通工程设计——原理与实践》,姚丹亚、张盈盈等译,电子工业出版社 2008 年版,第 3 页。

② Geoff Vigar ,Reappraising UK Transport Policy 1950 - 1999: the Myth of'Mono - Modality' and the Nature of'Paradigm Shifts'. Planning Perspectives. 2001. (16) .

代价与效果”等，对于如何保证规划方案的实现则很少涉及。① 1950—1960 年，通过基于收入和人口增长对未来交通需求的预测表明，私人汽车交通出行需求将大量增加。这种预测结果对交通规划产生了巨大的影响，使得对交通需求和汽车拥有量的预测被夸大。这种预测结果给道路修建的支持者们一个很好的借口加快道路网络的建设，特别是高速公路网的修建，从而削弱了公共交通规划。由于这种交通政策强调为私人汽车而不是公共汽车提供良好的交通机动性，在当时理论经验和多交通方式协作模式缺乏的情况下，又一次证明了交通需求预测的重要性。尽管采取了许多措施，城市交通拥挤依然成为主要问题。

在权衡满足城市地区汽车出行需求与其对城市建成区造成的破坏时，许多研究把重点放在如何用道路建设的方法来满足汽车出行的交通需求。因为 20 世纪 60 年代早期是对新技术及其成果高度崇拜的时代，交通规划师认为新技术的应用可以提供充分满足小汽车需求的完全机动化世界。并且，由于交通土地利用研究可以作为一种为优先投资决策合理性提供科学依据的尝试，同样也被认为是应用理性技术方法逃避许多城市工程建设所必需的政治考察手段，其重点在于塑造“现代城市”去迎合机动化出行需求预测所带来的汽车交通需求。

交通规划在这一时期的目标是满足城市空间的扩张和经济发展的需求，交通追随城市土地利用布局的发展而发展；交通规划的重点是交通设施建设和能力扩展；规划的内容集中在交通系统的能力发展上，即交通规划的核心是供需平衡，交通供应是对交通需求的响应，通过增加供应能力取得供需平衡，根据交通需求的分布确定交通供应的规模、布局，确定供应的形式。在 20 世纪 60 年代后期，当英国居民发现道路建设规划对城市建成区造成大规模的破坏时，舆论开始质疑道路建设政策，公众抗议因为得到媒体的支持而迅速发展起来，一些示威者认为对社区进行保护比修建道路更为重要；一些规划专家也提出，至少在城市中应该对交通增长实施管理，而不是简单被动地去满足增长需求。但是几乎没有证据能够证明，在 20 世纪 70 年代前期公众态度的改变在交通规划师身上有所体现，道路建设政策并没有受到质疑，城市内部交通问题更加恶化。

---

① 王炜、陈学武、陆建：《城市交通系统可持续发展理论体系研究》，科学出版社 2004 年版，第 130 页。

2. 非传统交通规划方法

非传统交通规划方法是为解决20世纪60年代城市高速公路建设所带来的破坏而产生的。其兴起有以下原因：首先，高速公路建设耗费大量资源并对城市带来许多不良影响，如损毁家园、造成城市社区布局混乱；其次，由大量资源投入高速公路建设引起的不公平问题，如小汽车拥有者获得巨大的出行便利，削弱了公共交通系统的综合服务能力等。① 因此，传统交通规划方法开始受到"环境"问题的挑战。但其本质与社会和权利公正相关，因为在某种程度上驾驶小汽车出行被认为是自私的并伤害和破坏了其他社会阶层的利益，与此同时还产生了巨大的环境问题，如二氧化碳排放和对全球生态环境的影响。

20世纪60年代后期到70年代前期，由于人们认识到交通流量预测不准确和交通建设对城市造成的不良影响，使得社会公正问题在城市交通政策中得到了重视。1970年代后，汽车使用对全球环境的影响日益引起关注，反对道路建设的呼声更加强烈。人们通过石油危机、城市环境危机，以及对交通需求和供应关系的重新认识，开始认识到交通发展中资源限制是制约交通发展模式和路径的重要因素。非传统规划方法把重点从社会公平转移到了对生态环境的关注上。这种转变不仅提升了人们对汽车使用所带来的生态环境污染的认识，而且使人们关注的重点从社会公平转移到道路工程计划的环境影响上，尽管有关公正问题仍不时被提及，但生态问题得到了更多的关注。

特别是进入21世纪以来，交通与城市发展的关系、交通在城市发展中的作用、城市活动构成和组织等发生了巨大变化。城市和交通发展的新形势和新特征，使得既有的规划、建设和管理的指标体系已经很难适用目前的城市发展。②资源的限制以及可持续发展、科学发展等也对城市发展和交通发展提出了新的要求，人们逐渐认识到21世纪交通规划的挑战在于，如何在提高可达性和机动性的同时，使交通系统更加"可持续"。③ 可持续性要求不能由于能源枯竭和棘手的污

---

① Geoff Vigar , Reappraising UK Transport Policy 1950 – 1999: the Myth of 'Mono – Modality' and the Nature of 'Paradigm Shifts'. Planning Perspectives. 2001. (16) .

② 孔令斌：《城市发展与交通规划——新时期大城市综合交通规划理论与实践》，人民交通出版社2009年版，第8页。

③ [美]苏珊·汉森、吉纳维夫·朱利亚诺：《城市交通地理学》，金凤君、王姣娥等译，商务印书馆2014年版，第202页。

染问题，让子孙后代的生活质量下降。尽管人类对自然界的认识还不完善，预见未来、反思过去、管理人类当前活动的能力也还非常有限，但可以预见的是，交通规划应在社会经济发展中发挥重要的作用，为个人和集体提供必不可少的福祉。

第三章

城市交通发展的绿色转向

任何事物的发展都有其客观规律。人们一直努力寻求解决城市交通问题的对策与摆脱困境的途径而不得或收效有限,究其原因,固然有诸多主客观因素的制约,但很大程度上还是由于我们对城市交通的属性特征及其内在发展规律缺乏足够准确的认识。城市交通问题不单单是一个工程技术问题,更是一个社会生态问题。为此,解决城市交通问题需要超越交通发展的技术、经济指标,重新审视交通与人、交通与社会、交通与自然(资源、环境)等的关系,透过交通思考人类生存的方式和意义。本章从城市交通问题概念探讨入手,阐明城市交通问题的社会性与生态性;然后对中国城市交通问题形成的背景和原因、交通发展历程及当前交通问题的严重性进行翔实的解剖;在此基础上作者提出,解决城市交通问题应有社会学与生态学思想的指导,选择绿色交通体现的是城市交通治理转向的思路。

第一节　城市交通问题的社会性与生态性

城市交通作为城市社会大系统中的一个重要子系统,其运行有着特殊的内在规律。在城市现实生活中,城市交通系统的运行常常表现出中性运行甚至恶性运行的状态,并有一定的负面效应,因而城市交通问题呈现出社会性与生态性。

一、城市交通问题的概念

人们通常所说的城市交通,是建立在其良性运行的基础上的城市交通。为此,在研究城市交通问题之前,有必要先对良性运行的城市交通的概念做一界定。

所谓“良性运行”是著名社会学家郑杭生先生在研究社会学对象问题时提出的一个概念。郑杭生认为，社会系统的运行和发展可以分为良性运行、中性运行和恶性运行三种类型。社会学就是研究社会良性运行和协调发展规律的综合性具体科学。① 只提社会良性运行和协调发展，并不表明社会学不研究恶性运行，事实是：(1)要研究良性运行必然要研究恶性运行和中性运行；(2)就社会学本性而言，它归根到底是以改善、改良社会为己任；(3)研究恶性运行，目的是避免恶性运行，达到良性运行。因此，恶性运行是社会学研究的应有之义。

城市作为社会系统的重要组成部分，其内部规范和社会结构有其自身的独立性。同样地，城市交通作为城市社会大系统中的一个重要子系统，又是独立性很强的系统工程。城市交通的运行有其内在的规律性，②自然也存在良性运行、中性运行与恶性运行三种类型。城市交通的目的不是车辆的移动，而是实现人和物的移动。评价城市交通的质量并不是去统计城市拥有多少交通设施、有多少交通工具，而应该去观察人们的日常活动是否处于正常的状态，或者人们的生活是否受到来自城市交通的压力。不论他是拥有私人小汽车，或者仅拥有自行车，或并不拥有任何私人交通工具，都能方便地出行。具体地说，一个良性运行的城市交通的标准应该是：

安全，指城市交通对出行者不会造成伤害，对环境的影响最小；

高效，指城市交通具有理想的运行效率；

舒适，指城市交通保持合理的舒适度；

选择性好，指出行者对交通工具有多种选择性；

费用低，指城市交通出行费用低。

显然，如上标准是城市交通系统运行的理想标准。但在现实中，这并不容易达到；相反的，城市交通系统的运行常常表现出中性运行甚至恶性运行的状态，亦即表现为城市交通问题。可以说，一个人在城市生活有许多方面经常受到交通系统的影响。不论城市居民是否了解交通系统与城市之间复杂的关系，他们对此都会产生强烈的反应。城市居民对城市交通系统的最不满意之处可以归纳为六类（见图3－1）。事实上，这六类问题几乎包罗了与交通有关的全部问题。处理其

---

① 郑杭生：《社会学对象问题新探》，中国人民大学出版社，1987年，第24页。

② 曹钟勇：《城市交通论》，中国铁道出版社1996年版，第197页。

中一类问题，势必影响其他几类问题，它们之间是相互影响的。因此，应该把它们看作是一个复杂问题的六个方面，简称城市交通问题。

多数城市的交通问题研究着重于交通速度问题（Traffic movement）。有专家认为，速度问题是交通问题的一个方面，但不是交通问题的最重要的方面。① 如图3-1，按顺时针方向转，城市交通问题的第二个方面是车祸：人的生命与交通速度孰重孰轻，似乎并不需要讨论。其次是公共交通问题。这又可分为两个方面，一是高峰时间的问题，主要指在公共汽车和火车或地铁上非常拥挤；二是非高峰时间的问题，主要指车次少，不定时，有时甚至没有车或票价太高。还有步行者的问题。这个问题与骑自行车者的问题相关，因为步行者与骑自行车者都受机动车的干扰。然后是环境问题。它涉及面较广，包括交通的噪声、烟雾灰尘、震动等对城市环境的污染冲击，以及有些交通设施（如高架路、立交桥等）破坏城市景观或穿越城市把某一地区一分为二等。最后是停车困难，包括停车的收费过高、小汽车太多等，问题也非常复杂。

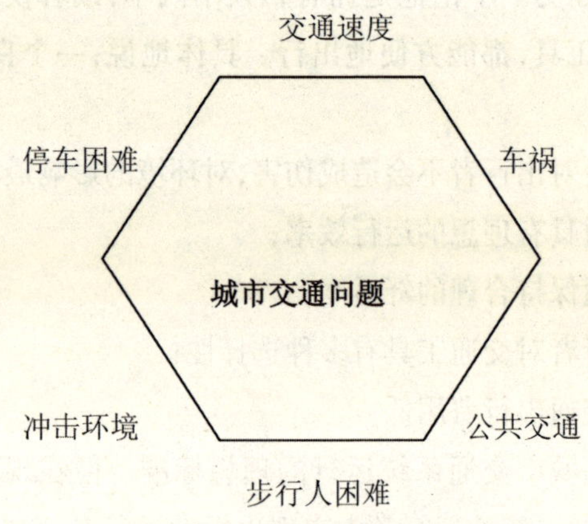

图3-1　城市交通问题示意图

① ［英］J·M. 汤姆逊：《城市布局与交通规划》，倪文彦等译，中国建筑工业出版社1982年版，第10页。

二、城市交通问题的社会性

(一)社会问题的界定标准

社会学自产生以来,社会问题一直是其研究的主题,各家各派都对社会问题作了大量的研究,阐发了丰富的理论见解,可谓观点林立、众说纷纭,特别是关于社会问题的界定有上百种。甚至有人认为,社会学就是研究社会问题的学问。虽然这种界定过于狭窄,社会学有更广泛的研究对象与范围,但我们又不得不承认,社会问题确是社会学的研究内容之一,而且是一个非常重要的内容。如果社会学者的视野中没有任何社会问题,他就会陷入严重片面性,就不能正确而科学地认识复杂的现实社会,更不必说去解决现实生活中的难题了。

1. 中外学者关于社会问题的论述

社会学家关于社会问题的理论见解,可称为一派、一家之言的约有十余种。华中理工大学社会学者雷洪将其归纳为:社会病态论、生物社会论、社会解组论(或社会失控论)、文化失调论、亚文化论、价值冲突论、群体冲突论、阶级冲突论、越轨论、标签论(或标示论、标志论)、人格论、心理失调论、比较论、要素论等。①关于社会问题最简洁的定义可能是美国社会学家赖特·米尔斯(C. Mright Mills)的论述:社会问题即社会的公众问题,即不是个人的困扰,而是社会中许多人遇到的公共麻烦。米尔斯在定义社会问题时这样写道:"社会的公众问题常常包含着制度上、结构上的危机,也常常包含着马克思所说的'矛盾'和'斗争'。"②而另一位美国社会学家米佛则认为:"一个社会问题,是一种社会情况或情景,已引起社会的困苦、紧张、冲突或失败,有加以干涉的必要。"③

我国学者在对社会问题论述时也做出了应有的贡献:

中国早期社会学综合学派的集大成者孙本文先生认为:"社会问题就是社会全部或一部分人的共同生活或进步发生障碍之问题。"④他指出:"社会问题起于

① 雷洪:《社会问题——社会学的一个中层理论》,社会科学文献出版社 1999 年版,第 10 页。
② [美]赖特·米尔斯等:《社会学与社会组织》,浙江人民出版社 1986 年版,第 10 页。
③ J·E. Nordskog 等著,《社会问题分析》,纽约,1956 年。
④ 孙本文:《社会学原理》下册,商务印书馆 1947 年版,第 167 页。

社会态度变迁的时候。从客观方面说,社会问题起于社会制度不能适应变迁的时候。"①

袁方教授在其主编的《社会学百科辞典》中这样定义社会问题:"社会中的一种综合现象,即社会环境失调,影响社会全体成员的共同生活,破坏社会正常运行,妨碍社会协调发展的社会现象。"

中国社会科学院陆学艺研究员主编的《社会学》一书将社会问题定义为:"凡是影响社会进步与发展,妨碍社会大部分成员的正常生活的公共问题就是社会问题。它是由社会结构本身的缺陷或社会变迁过程中社会结构内出现功能障碍、关系失调和整合错位等原因造成的;它为社会上相当多的人所共识,需要运用社会力量才能消除和解决。"②

在众多的定义中,我们发现,对社会问题的定义其本身就是一个科学的认识过程。就具体而言,在对社会问题下定义的时候,又受到许多因素的影响,如社会发展水平、文化背景、价值观念或研究者的理论素养、兴趣等。但不管怎样,都应当肯定的是:社会问题作为一种社会现象,既应包括原生客观社会事实和派生主观社会反应这两类性质的社会现象;也应包括人的行为过程、社会物质生活过程和人的心理过程与社会精神生活过程。因此,社会问题并不是社会某特定领域、方面、剖面的社会现象,而是一种广泛的社会现象。基于这种认识,有专家认为,社会问题的实质,即决定其作为一种特殊社会现象的本质属性是社会相对的不平衡、不稳定、不和谐,也即社会失调。③

2. 界定社会问题的标准

上面我们讨论了社会问题是什么,那么,社会问题又是怎样的呢?或者说,我们怎样来界定社会问题?一种观点认为,构成社会问题必须满足四个要素:(1)必须有一种或数种社会现象产生了失调情况;(2)这种失调影响了许多人的社会生活;(3)这种失调引起了社会多数成员的注意;(4)这种失调必须动用社会力量才能予以解决。④ 显然,这种观点有其合理之处,但如要根据其分析、观察、研究具

---

① 孙本文:《社会学原理》下册,商务印书馆 1947 年版,第 253 页。

② 陆学艺主编:《社会学》,知识出版社 1993 年版,第 544 页。

③ 雷洪:《社会问题——社会学的一个中层理论》,社会科学文献出版社 1999 年版,第 30 页。

④ 轩明飞:《试论社会问题研究的理论取向与现实视角》,《内蒙古社会科学》1998 年第 6 期。

体的社会问题,不免过于抽象、宽泛。

童星教授在其著作中明确指出:一个社会问题的构成必须同时具备如下五个条件:

一是这种社会情境属于一种超常状态。可用公式表示:

社会问题 = 社会状态的正常标准 - 社会现状

二是这种超常状态对社会全体成员或相当一部分人有害或不利。

三是这种超常状态的危险性虽然首先由少数人发现,但已成为相当一部分人的共识。

四是多数人具备了影响这种超常状态使之得到改善的愿望,并且这种愿望能够得到实现。

五是这种愿望的实现需要借助于社会和群众的力量。①

(二)城市交通问题是一个社会问题

社会问题产生于社会发展之中。社会发展越快,社会问题产生的可能性越大,社会问题出现的数量也越多。社会问题的本质是社会相对的不平衡、不稳定、不和谐,即社会失调。社会发展越快、变化越大,社会发展的平衡越难掌握,越可能出现社会某一方面的发展与社会整体的发展不协调现象,出现社会问题。从表面上来看,社会发展带来了社会问题。实际上,社会问题是社会发展过程中必然出现的现象,一个没有社会问题的社会只能是一种乌托邦。有专家认为,根据社会问题产生的根源和性质,可以把社会问题包括我国的社会问题分为全球性、变迁性和转轨性三大类。其中变迁性社会问题特指由农业社会向工业社会变迁、传统社会向现代社会过渡而引发的社会问题,如“城市病”等。② 所谓“城市病”,狭义的理解,指城市大发展尤其是大城市所产生的交通拥挤、环境污染、住房紧张等现象;广义的理解,则还应包括由于人口过于向大城市集中而引起的诸如失业、犯罪、社会秩序混乱、生活质量下降等一系列问题。显然,“城市病”属于城市社会问题的范畴。当前,我国社会正处在从传统社会向现代社会快速转型过程之中,也是社会矛盾、社会问题集中多发的时期。相对于农村社区而言,城市社区在社会

---

① 童星:《世纪末的挑战——当代中国社会问题研究》,南京大学出版社 1995 年版,第 2 ~ 3 页。

② 童星:《世纪末的挑战——当代中国社会问题研究》,南京大学出版社 1995 年版,第 12 页。

转型加速期的社会问题表现得更加明显、更加突出。

城市化的加快，大城市的发展，既是工业化的结果，也是农业社会转向工业社会的标志，更是社会经济、科学进步的结果。城市发展带来了人口聚集所产生的生产及经济上的聚集效益，知识信息的聚集带来了文化科学的发达，同时，人口的高度聚集必然会产生交通与居住问题，对自然环境的改造也会产生环境问题。这些都是与城市的发展相伴相生的问题。城市学通常从城市的"物化"状态出发，要么将城市问题归结为物质环境的复杂化与混乱问题，要么干脆将之分为社会性与半社会性两类问题。① 这固然有其道理。但是，由于城市化首先是人的集中，是由人的集中产生的有别于农村的特殊的社会。因此，城市问题，从本质上说，是城市中的人与物的互相作用所产生的结构性或非结构性的社会问题。具体就城市交通问题而言，则是城市中的"人——车——路"互相作用所产生的不协调或冲突的结果。

城市是一个有生命的机体，患"病"是机体不正常运转的表现，亦是自然之理。中国的城市特别是大城市不同程度上存在着"城市病"，且十分严重，已成为制约城市生产和生活运转的严重障碍和城市自身发展的瓶颈。今天的城市交通问题便是中国"城市病"的一个明证，换句话说，中国城市交通问题正是我国社会转型期城市社会系统内各部分之间的平衡被打破，进而产生的诸多城市社会问题之一。

三、城市交通问题的生态性

当今人们在人与自然关系上及社会经济发展过程中使用频率较高的一些概念，如生态环境、生态平衡、生态意识、生态问题、生态危机等，都是与具有广泛包容性的生态学密切相关的。生态学是探讨生命系统（包括人类）与环境系统相互作用规律的科学。生态学（ecology）一词，源于希腊文"oikos"与"logos"。前者意为"住所"或"栖息地"，后者意为"论述"或学科。所以从字义上讲，生态学是关于居住环境的科学。用美国学者麦克哈格（Ian L. McHarg）的话来说，"生态学就是关于家的科学"。

① 江美球等：《城市学》，科学普及出版社1988年版，第24页。

自从1869年德国生物学家赫克尔(E. Haeckel)首次定义"生态学"为"研究生物与环境间相互关系的科学"后,"生态学"这一概念,一直沿用至今。其中,生物包括动物、植物、微生物和人类;而环境,则指一系列环绕生物有机体的无机因素和部分社会因素之总和。有机体可以影响其生存的环境,生存环境又反过来影响有机体的生存,两者相辅相成。所以,生态学的实质是适应生存问题。

(一)城市生态学理论

1921年,美国芝加哥大学城市社会学者帕克等人认为,既然"生态"的原意是"人和住所",生物学家借以表示"生活与环境的关系",社会学家则应还其本意,把它理解为"人类与环境的关系"。为了避免与生物学中的生态学相混淆,帕克在《社会学导论》一书中提出"人类生态学"一词(旧译"人文区位学")。1925年,帕克与伯吉斯(E. W. Burgess)、麦肯齐(R. D. Mckenzie)合著《城市》一书。按照他们的定义,人类生态学"是研究人类在其环境的选择力、分配力和调节力的影响作用下所形成的在空间和时间上的联系的科学"。①

第二次世界大战以后,伴随一些国家的经济起飞,全球面临五大危机:人口膨胀、粮食不足、能源短缺、资源枯竭、环境污染,或称"三P"问题:Population(人口)、Power(动力即能源)、Pollution(污染)。② 在人口加速增长的同时,大批农村劳动力涌入城市,城市化达到了空前的规模。当前,城市化的产物已不仅仅是大、中、小城市,也不只是百万人口以上的特大城市,而是出现了许多城市群。城市不仅集中了大量人口,而且也集中了人类的主要活动——经济和工业生产;特别是中心城市,往往是一个地区人口密度最大、经济活动最强、资源消耗最多、环境污染最重的结点。而城市越大,对周围环境的影响范围越大,影响程度也越深。因此,为了解决城市化和超城市化所带来的种种问题,需要人们从生态学、生态系统、人类生态学的理论和方法中寻求解决城市问题的途径。

生态学是在生物学中诞生发展起来的,而城市生态学又是在生态学中诞生和成长起来的。如果说城市生态学的"母系"是生物学和生物生态学,那么它的"父系"就是社会学和人类生态学。城市是一个生态系统,但它不是以生物群落为主体的生态系统,而是以人类社会为主体的生态系统,即人类生态系统。从生态系

---

① [美]R. E. 帕克等:《城市社会学》,宋俊岭等译,华夏出版社1987年版,第63页。

② [美]R. E. 帕克等:《城市社会学》,宋俊岭等译,华夏出版社1987年版,第31页。

统的理论出发，城市生态系统可分为城市社会和城市空间两部分，城市社会部分包括城市居民和组织在社区中的分布；城市空间包括城市的人工设施、自然资源及地域环境在社区中的配置和布局。竞争是调节生态布局的主要因子，竞争的作用使城市形成浓缩、离散、集中、分散、隔离、侵入、接替等生态过程，每一个过程都能说明城市居民和职能机构在空间位置上的变动。①

然而，由于芝加哥学派的城市生态学理论是以生物活动竞争因素作为影响生态结构的主要变量，它没有考虑作为人类行为原因的社会变量和次社会变量，招致了其他学者的猛烈攻击。为此，后来的社会学者从社会学的角度，特别是从文化角度对城市生态的影响变量做了进一步的研究和发展。其中以奥蒂斯·邓肯(Otis Duncan)提出的"生态系统"变量最为出色。邓肯的生态系统的结构由一组称为"生态复合体"的范畴组成，它包括四个变量：(1)人口(Population)；(2)组织(Organization)；(3)环境(Environment)；(4)技术(Technology)。这四个变量简称为P. O. E. T. 变量。一个生态系统中的各种要素都可归纳在这四类变量之中，从而以简要的形式描述各个变量之间的关系。②

(二)城市交通问题亦是一个社会生态问题

如上所述，城市生态学是研究城市人类活动与周围环境之间关系的一门学科。城市生态学将城市视为一个以人为中心的人工生态系统，研究其发生和发展的动因，组合和分布的规律，调节和控制的机理，旨在运用生态学原理规划、建设和管理城市，提高资源利用效率，改善系统关系，增加城市活力。

根据研究对象的不同，城市生态学又可分为城市社会生态学、城市经济生态学、城市自然生态学等。其中城市社会生态学着重研究城市人工环境对人的生理和心理的影响、效用及人在建设城市、改造自然过程中所遇到的城市问题，如交通问题等。近年来，随着我国经济的高速发展，城市交通发展迅速，机动车保有量急剧上升，由城市交通发展引起的生态与环境问题日益突出。所谓交通环境，是指交通参与者的运动空间及其周围的建筑、设施、树木花草等人文景观或自然景观，除此以外，还有废气、噪声以及各种交通现象所构成的静态与动态的环境。应当说，城市交通系统作为城市大系统的重要组成部分，其环境影响不仅限于对自然

① 康少邦、张宁等编译：《城市社会学》，浙江人民出版社1986年版，第73页。

② 康少邦、张宁等编译：《城市社会学》，浙江人民出版社1986年版，第91页。

生态环境的影响,更重要的是对社会文化环境的影响。

我们不妨用邓肯的 P. O. E. T 变量理论来分析一下城市交通问题:一种环境条件(E)造成交通参与者身体与心理疾病乃至死亡(P);使交通工具(小汽车等)与道路旁建筑物变质——这是一个技术问题(T);它还破坏人类居住条件(E);为了解决城市交通问题,人们组成自愿团体或官方机构(O)。显然,根据邓肯的观点,生态系统的概念是简要的。整个生态系统结构是建立在社会体系内部各要素的相互关系基础之上,而一旦当人们感受到某个环境条件的影响(如交通污染),他们就要求解决这个问题,从而使生态系统发生变化。因此,与其说城市交通问题是一个社会问题,倒不如说它是一个城市社会生态问题。生态过程是一个不断前进、永远变化的体系,它要不断进行自我调整。

第二节 中国城市交通面临的主要问题

城市交通问题,是 20 世纪以来一直困扰发达国家的一道难题。中国作为一个发展中国家,其发展历程与西方许多发达国家城市交通的发展很相似,但在时间上却要短得多,在短短的十几年内,交通概念从无到有,现在已开始成为城市交通问题的重灾区。那么,我国城市交通问题形成的背景和原因是什么? 城市交通经历了怎样的发展历程? 当前交通问题的严重性又表现在哪里? 本节试图对此做出自己的解答。

一、我国城市交通问题形成的背景

急剧的社会变迁往往是各种社会矛盾、社会问题的催化剂。1978 年 12 月召开的党的十一届三中全会,揭开了中国经济体制改革的序幕。从此以后,中国开始实行改革开放政策,促进了国民经济的迅速发展和城市的空前繁荣与发展,大大加快了现代中国的城市化进程。因此可以说,中国城市交通问题的产生有其深刻的社会、经济等背景。

(一)社会背景

在现代化理论看来,社会发展就是从传统社会向现代社会的变迁过程,它基本建立在对人类社会进行二分法分析的基础上。因此从传统社会向现代社会的转型,实质就是从传统的农业社会向现代的工业社会的转变。城市化是实现这个转变的重要机制;工业化则是城市化的先导和基本动力。新中国成立以来,由于多方面的原因,我国城市化的水平一直徘徊不前,从1949年的10.6%提高到1978年的12.5%,竟用了近30年的时间。改革开放以来,我国城市得到了前所未有的发展,截至2008年末,我国拥有6亿多城镇人口,形成建制城市655座,其中百万人口以上特大城市118座,超大城市39座。① 其中上海、北京等已成为人口超过千万的超大城市。由于城市规模的急剧膨胀,城市社会系统内各部分之间的平衡不断被打破,人口增长过快,超过了其他各项事业的发展速度,这就不可避免地诱发了交通需求的急剧增长。

(二)经济背景

改革促进了经济的迅速发展。自1978年以来,中国的经济一直呈高速增长趋势。1979~1993年,我国的国民生产总值的平均增长率为9.3%,列发展中国家首位。城市的经济发展也不例外。从南广州到北大连,大城市国民经济增长率无不保持两位数。就政府而言,房地产与汽车业是拉动经济增长最大的两个支柱产业。在这样的背景下,必然导致城市各种车辆大量涌现,需要更多的交通道路。虽然一些城市可能成倍扩大交通设施投资规模,以适应社会新需要,但或者由于政府资金有限,或者由于经济来源缺乏稳定性,势必会影响城市交通设施的持续发展。

近年来,我国城市机动车辆的增速惊人。以北京这样的超大城市为例,2009年机动车数量超过400万辆。与同样的超大城市东京相比,北京机动车数量从200万辆增长到300万辆用了4年,东京用了10年;从300万辆增长到400万辆,东京用了12年时间,而北京仅用了2年时间;之后北京发展速度不减,到2012年就超过500万辆,而东京则进入了缓慢发展阶段。②

当然,我们可以把机动化看成城市化的衍生品,但是以汽车工业推动经济增长的发展模式让我们不得不把其看作是造成城市交通问题的又一现实背景。进

---

① 中国社科院:《2009年城市蓝皮书》,社科文献出版社2009年版,第86页。

② [日]北村隆一:《汽车化与城市生活——21世纪的城市与交通发展战略》,人民交通出版社2006年版。

入21世纪,汽车工业在我国多个城市蓬勃发展,市场是这场发展的根本动力,但是政府的政策支持却是汽车工业发展的润滑剂、催化剂。

(三)国际背景

1978年以前的几十年,中国一直处在封闭的状态之中,"深闭固拒"成为当时中国社会的一个特色。1978年以后,中国开始大力推进对外开放的进程。由于这时的开放并不是出于外国的军事压力而发端的,于是,中国与国外发达国家之间的差距便首先表现在经济水准方面的悬殊。在某种程度上,人们情绪化的东西往往要多于理智化的东西,甚至对于外国的消费品以及生活方式表现出一种盲目推崇的情形,却不能真正地把握本国与发达国家各自的具体情况。对于小汽车的消费尤甚。人类已经步入汽车时代,在几乎所有国家中,汽车已成为基本的城市交通方式。在美国,汽车的普及使得美国人的生活方式发生了重大变化,以至于美国被称作"装在轮子上的国家"。汽车不仅改变了美国的经济结构、城乡格局,而且完全融入城乡人民的日常生活,成为和衣食一样的日常消费品。美国平均每1.3人拥有一辆汽车,过半数的家庭拥有2辆以上的车。就连后起之秀的韩国,1994年的汽车普及率也达到1辆/18.7人。这就不可避免地影响了中国人的消费观念和生活方式。随着国民财富的不断增长,拥有小汽车已不是一个家庭的梦想,已经变成可以达到的现实。

2008年,美国金融危机导致全球汽车业严重衰退,领军世界汽车产业近百年的美国三大汽车公司濒临破产;传统内燃机技术面临挑战,新能源技术正在以前所未有的速度占据产业舆论;世界汽车工业在经过100多年的从欧洲到美洲再到亚洲的自西向东迁徙之后,又一次成为世界最关注的热点,只是这一次,中国成了人们最看好的主角。

总之,随着市场化的推进,我国城市规模日益膨胀,并不断打破城市社会系统内部及其自然环境系统之间既定的平衡,再加上特定的国际外部环境,构成了中国城市交通发展进程独特的背景。

二、我国城市交通问题形成的原因

城市交通是一个复杂的综合性问题,其产生和发展的原因涉及诸多方面。既有属于社会的客观原因又有人为的主观原因,既有制度性因素也有非制度性技术因素的影响。

(一)客观原因

城市化是当今世界的潮流,中国也不例外。工业化是城市化的发动机,城市化又是工业化的促进器。机器大工业导致了大规模的集中生产,而工业的集聚必然产生大规模的城市。城市化是经济市场化的必要条件,而市场经济又反过来加速城市化。但是,城市化与工业化和经济发展一旦脱节,必然引起人口过度膨胀。或者说,城市化的市场选择,必然导致城市人口过度膨胀。因为在按照利润原则运行的城市经济中,非营利和低盈利的部门(主要是基础设施如城市交通建设等)供给不足是必然现象,城市人口的增长极易超过基础设施的容纳能力,从而导致"人——车——路"的矛盾产生。

城市在发展过程中,由于经济不断进步,城市各项设施不断完善,城市越来越有凝聚力,从而吸引大量人口向城市转移,对城市资源、环境承载力构成严峻挑战,也给交通带来巨大压力。以北京市为例,根据2010年11月1日的第六次全国人口普查数据显示,北京市共登记常住人口1961.2万人,与2000年第五次全国人口普查相比,十年共增加604.3万人,全市常住人口中,外省市来京人员为704.5万人,早已突破国务院确定的到2020年北京市常住人口总量控制在1800万人的目标。据测算,北京市每增加1人,每日交通出行量增加2.64次。目前,北京六环路以内地区日出行总量已达3500多万人次,道路利用率和饱和率大幅上升,城市交通拥堵不可避免。毫无疑问,人口突破规划控制必将导致交通需求超过城市总体规划预期,给依据总体规划进行建设的交通供给系统带来巨大压力,加剧交通容量与交通需求的不协调。建设部一位负责人直言不讳地指出:"有的城市在城市定位和经济社会发展目标上不切实际,大大超越了经济发展阶段和资源及环境的承载能力,盲目追求高速度和高标准,随意扩大城市人口和建设用地规模;有的城市在总体规划修编工作中,仍将宽马路、大广场、CBD、会展中心等作为规划的重要内容。"①

(二)主观原因

城市化进程的加快,中国经济的迅速发展,有可能导致交通拥挤等"城市病"

① 冯蕾、李慧、温源:《透视交通拥堵背后的"城市病"》,《光明日报》,2010年10月10日。

的产生,但并不是其出现的决定因素。因此完全有理由认为,城市交通问题之所以产生,很大程度上是由于人们特别是政府有关决策部门对城市交通问题认识不足,未做好城市的交通规划与管理不善。应当说,长期以来我国的城市建设一直对城市交通规划重视不够。由于或轻视城市规划,或城市规划缺乏科学性和预见性,内容仅限于城市工程建筑设施,很少考虑城市的社会经济发展。特别是大城市,由小到大,一般未进行过科学的城市规划,没有给今天的发展留下足够的道路空间;且大多采取“摊大饼”的扩张方式,结果造成密集的一座座建筑,车流和人流交叉集中,不得不一次又一次扩建道路。然而道路的拓宽总是有限度的。有专家认为,如果不能摆脱“一个中心”的城市发展思路和规划,只会使大城市的交通日益陷入“面多加水,水多加面”的恶性循环。如,几乎所有的商业街都在进行大规模改造,都力图建成全市乃至全国最大的商业中心。南京市政府在 1986 ~ 1990 年曾组织有关部门做过一次综合交通规划,但随着时间的推移和城市道路交通建设步伐的加快,无论从城市的实际发展还是规划的理论方法看,其规划成果已难以适应现实发展的需要。由于规划缺乏对城市交通长远的综合的考虑,导致城市道路建设缺乏系统性,头疼医头,脚疼医脚,往往一个区域的交通问题解决了,另一区域的道路交通问题又会加剧,成了问题的转移而非彻底解决。更有一些大工程成了某些领导显示自己政绩的“拍脑袋工程”,根本没有经过事先的多方论证,结果收效甚微。

(三)技术与资金因素

从技术上讲,城市规模的不断扩大,市政管理日趋复杂,对城市管理的技术提出了更高的要求。这就要求城市管理和决策部门具备高度民主综合、高效运行的管理技术和手段才。如在对交通设施的供与求方面,价格制度在四个方面未能起到平衡作用。一是对使用道路的人收费;二是对停放的车辆收费;三是对公共交通收费;四是对环境污染收费。但第一、第四种收费由于技术上的困难,目前还找不出一种切实可行的收费办法。如可以对使用道路的人进行收费,城市交通的情况定然会大不一样;如让有或乘小汽车的人必须对汽车产生的噪声和污染给予赔偿,或对汽车给步行者造成的耽误或麻烦要求补偿,那么城市将更愉快舒适。①

---

① J. 汤姆逊:《城市布局与交通规划》,倪文彦等译,中国建筑工业出版社 1982 年版,第 51 页。

另外，投资是交通发展的根本，城市交通要发展就需要投资。然而，资金短缺已成为目前城市交通在发展中遇到的最大困难之一。按世界各国的一般做法，政府把对道路的投资大约控制在国民生产总值的2%左右，如美国1988年对道路的投资总额为690亿美元，约占同年国民经济生产总值的1.9%。联合国社会发展部在总结许多国家经验的基础上，建议发展中国家对城市基础设施的投入应控制在国民生产总值的3%～5%，城市道路交通应占1%～2%。由于我国城市道路交通是市政建设，属于城市基础设施，应由城市财政解决，使得我国多年来在城市基础设施投资短缺的情况下，城市道路建设投资常年不足。若按国民生产总值的比重折算，最高为1993年的0.6%，其次为1994年的0.46%，均偏低。

（四）体制原因

这是影响最为深广的原因，从某种程度上说，也是最根本的原因。具体地说，体制上的原因有两层含义：一是宏观经济体制的原因；二是城市交通管理体制的原因。在计划经济体制下，市场的力量完全被忽视，再加上认识上的局限，城市交通没有受到计划制订者重视，结果导致城市交通长期落后。城市交通管理体制则明显存在着如下弊病：(1)交通管理条块分割。由于城市交通规划、建设和管理部门分属于不同的机构（交通规划归规划部门，交通建设归城建部门，交通管理归公安部门），使得城市道路的规划、建设、管理也分属不同系统，常使城市交通建设与城市生产力布局，人口变动，就业结构变动和生活、居住区的规划、建设相脱节，加剧了城市交通的紧张。(2)决策系统缺乏权威性。近年来，在一些城市建立了整顿交通秩序的办公例会和市政管理联席会议制度等，在交通管理上起到了一定的协调和决策作用，但由于现行体制上条块分割的弊病，这些会议的权威性受到影响。此外，由于交通管理涉及面广，各级管理机构往往从不同的角度作出指示和决定，导致政出多门，下级无所适从。(3)缺乏完善的反馈系统。在国外一些交通管理较发达的城市中，交通管理的反馈系统处于十分重要的地位。这一系统专门从事道路规划、工程设计、交通管理等方面的调查研究，以便向决策系统提供方案，或对所作出的决策提出意见等。而我国城市至今尚未形成独立完善的反馈系统，致使决策与执行机构忙于具体事务，无暇顾及评价自己的工作，往往导致头疼医头、脚疼医脚的恶性循环，或者因关系到切身利益而对真实情况进行掩饰，对问题姑息，从而造成决策失误。

具体看来,当前的城市交通不仅道路容量不足,交通供给能力有限,而且交通结构不合理,尤其是缺少大运量的快速交通系统,此外交通管理设施不足和交通组织管理水平不高,交通参与者缺乏交通法规意识和现代交通意识等。

总之,城市交通问题的日趋严重并不仅仅是由某一因素或某一方面影响造成的,而是长期积累的结果。准确地说,城市交通问题的根源是由于长期以来,人们在城市交通的规划、管理与发展上未能按经济规律办事的一个必然结局。

三、我国城市交通问题的发展趋势

新中国成立以来,特别是改革开放以来,我国的城市交通建设取得了长足的发展,交通需求量始终超过交通的供应量。回顾城市交通的发展,可以说它既是我国经济发展的真实写照,又是我国城市交通问题孕育、生成、发展、高涨逐渐累积的过程。①

(一)孕育期

这主要是指 1980 年以前的建国初期与"文革"期间。那时的交通在中国主要是市际的交通,人们几乎对城市交通没有概念。虽然这期间也有一段较好的发展期(1954 ~ 1965),全国城市道路长度和面积都分别有较大的增加,而同期的汽车增长却比较缓慢,道路容量大于交通量,因而城市交通比较畅通,车速稳定,但紧接而来的"非常岁月",城市道路建设缓慢,而同期的城市机动车保有量却增长迅速。但这也给他们日后大规模返城,人口剧增而城市道路与交通工具供应不足埋下了隐患。

(二)生长期

20 世纪 80 年代初,随着现代化建设和经济改革的开始,交通需求剧增和交通设施供应水平低下的矛盾日渐突出,从而揭开了我国城市交通紧张的序幕。到 80 年代中期,伴随着改革开放的深入,城市进入大规模建设时期,城市化的进程明显加快,但这时的城市交通与 80 年代以前相比并无多大区别,依然是公共汽车、自行车和步行,只是自行车的数量迅速增加,成为城市交通出行的主要交通工具,一度公交"乘车难"达到了高峰。因此,从理论上讲,这一阶段可视为我国城市交通

---

① 何玉宏:《城市交通:一道跨世纪的难题》,《新东方》2000 年第 1 期,第 53 - 58 页。

发展史上城市交通问题的生成期。在这之前,无论是政府官员或普通居民,都对城市交通缺乏足够直观而清醒的认识,到这时人们终于意识到,城市交通问题不再是一个遥远的概念,而是与每个人息息相关的切身现实。尤其重要的是,这引起了党和政府对城市交通问题的关注与重视,各大城市纷纷出台加强公共交通的政策法令。城市规划管理机构开始设立,城市交通管理日渐得到重视。

(三)发展期

20 世纪 80 年代后期到 90 年代初,出租汽车、单位客车和摩托车大幅度增加,城市道路开始出现交通拥挤,机动车交通量迅速增加。在一些中、小城市,摩托车出现了爆炸性的增长。与此同时,城市政府开始进行大规模的道路投资,全国城市道路建设的投资超过了新中国成立以来道路建设投资的总和,城市高等级道路的建设达到了空前的规模。1993 年的统计数据表明:城市道路面积比 1978 年增加 2.9 倍,公交车辆和线路长度分别增加 2.4 倍和 2.8 倍。尽管如此,因城市车辆增长速度大大快于道路建设速度,交通拥挤开始在大城市出现,人们开始意识到公共交通的重要性,城市交通投资和城市交通规划逐步受到重视。

(四)高涨期

20 世纪 90 年代中期,随着国家汽车产业政策的颁布,与小汽车生产、流通相关的重大举措亦相继出台,"小汽车进入家庭"被确定为国家扶持汽车工业发展的战略安排,国产汽车的生产开始转向小汽车,小汽车的销售价格大幅度下降。小汽车拥有量逐年增加,且增长速度越来越快,平均增长率达到 16.8%。城市私人汽车大量出现,如北京市私人汽车年平均增长率为 24.5%。在一些经济发达地区的城市,交通阻塞加剧,空气污染严重,交通出行困难,甚至公交运行速度在部分城市中心区下降到与步行同步的地步,交通问题成为许多城市的头号问题。当时就有专家预计,按小汽车发展的势头,到 2010 年全国城市小汽车保有量将达到 1400 万辆,其中大城市达到 1000 万辆;到那时,如果在道路、交通管理方面没有突破性的解决办法,所有大城市交通都会遇到瘫痪的麻烦,并且这种城市规划交通日益紧张的趋势,到 2030 年将达到顶峰①。因此,我们认为,从目前到 2030 年,将是我国城市交通问题的高涨期或称城市危机的爆发期,如果没有大容量的交通网

① 徐巨洲:《理性看待中国 21 世纪城市发展》,《城市规划》1998 年第 2 期。

络做支柱以及可行的交通管理措施做保障,大城市的交通问题是无法解决的。

四、当前我国城市交通面临的主要问题

中国由于特殊的国情,当前面临的城市交通问题有着自己的特殊性,主要突出地体现在如下几个方面:

(一)交通拥堵严重

我国的城市交通拥挤现象,出现于20世纪80年代后期,在大城市表现得尤为明显。目前,北京、上海、杭州、武汉、西安、广州等大城市交通拥挤与堵塞现象日趋严重,成为影响城市经济发展的重要制约因素。根据高德发布的《2014年第二季度中国主要城市交通分析报告》,评选出了中国十大堵城,依次为:上海、杭州、北京、重庆、深圳、广州、福州、沈阳、成都、济南。① 报告显示:二季度全国重点城市拥堵排名上海居首。不过,在第三季度拥堵排名中北京再次登顶。据北京交管局的统计数字,北京市严重堵车路段在1993年为27处,1999年猛增到99处,2003年经过专项治理,仍达87处。随着堵车路段的增加,车辆运行的平均速度也在不断放缓。据调查,北京二三环之内部分路段的汽车平均时速1996年就降至20公里/小时。至2003年秋,市区部分主要干道高峰期的车速已降至每小时12公里左右,有的道路机动车时速只有不到7公里。公共汽车的运营速度已经由1994年的16.7公里/小时下降到9.2公里/小时,每逢上下班高峰期,近1/5的路口和路段交通不畅,车速不到5公里/小时。② 北京中心区高峰间路网的平均负荷度已达90%,三环路以内110条主干道,有80多条道路交通流量达到饱和或超饱和状态。③ 首都北京成了地地道道的首“堵”北京。

北京交通拥堵是目前中国城市交通状况的典型缩影。其他城市只是程度不同而已。如南京由于私家车发展太快,老城区早晚高峰时段,大部分路段交通量趋于饱和和超饱和状态,也已成为一座车满为患的“堵城”。全国31座百万人口以上的特大城市,大部分交通流量负荷接近饱和,有的城市中心地区交通已接近半瘫痪状态。交通拥堵已成为极易引起民怨、引发纠纷、影响经济发展、人民生

① 参见:《2014中国十大堵城排行榜》,http://www.fashangji.com/news/show/2811/

② 杨开忠等:《北京城市交通的困境与出路》,http://xue.grchina.com.2004-05.

③ 《治本北京交通》,《财经》2004年第2期。

活、城市形象和社会安定的又一症结。

(二)交通污染加剧

城市交通污染环境的方式主要为机动车排放废气、灰尘及机动车制动和运行带来的交通噪声。城市中的车辆排放出大量的一氧化碳、碳氢化物、氮氧化物以及各种微小颗粒物,严重破坏了大城市的环境。在北京,汽车排放的一氧化碳、碳氢化合物、氮氧化物已占总排放量的40% ~75%。特别是,由于堵车状态下汽车排出有害物质浓度比在正常行驶时高出五到六倍左右,交通拥堵就必然大大增加环境污染。

近年来,雾霾天气在我国频繁出现,尤其是在北京等大城市,雾霾天气在冬季几乎成为常态。究其原因,细颗粒物 PM2.5 的排放,尤其是交通活动造成的颗粒物排放已成为城市大气污染,特别是交通微环境颗粒物污染的重要来源之一。现有研究已证实,机动车尾气排放是城市环境空气中 VOCs(volatile organic compounds,是挥发性有机化合物的英文缩写)和 PM2.5 的主要来源。可见机动车尾气排放与大气灰霾染的形成有密切关系。

对城市环境造成严重破坏的另一个重要因素是机动车的噪声。据环保监测部门调查,由汽车所产生的交通噪声占70%以上。根据目前机动车的排放水平和未来城市交通增长趋势,如果我国不采取强有力的控制措施,在不远的将来,城市交通将带来越来越严重的污染。

(三)交通事故频繁

据国际权威机构发表的《世界灾难报告》,自汽车问世以来,惨死于车祸之下的人数达3000多万,相当于第二次世界大战中丧生的总人数。每年在世界上夺走50万人的生命,同时使1000万人不同程度地受伤致残,其残酷性与毁灭能力丝毫不亚于真正的战争(具体将在第六章详细论述)。

近年来,我国随着"轿车进入家庭"进程的加快,已经进入道路交通事故的高发期。到2002年,我国交通事故的死亡人数居世界第一,平均每天死亡300人。2000年至2002年,平均每年发生一次死亡10人以上的群死群伤的特大交通事故32起,分别比前一年同期上升6.7%和17.2%。① 这些道路交通事故有相当一部

① 刘心惠、杨琳:《北京:为交通拥堵号脉》,《瞭望新闻周刊》2003年第39期。

分是发生在城市道路上、发生在每个城市居民的身边。据统计,1985 年北京市交通死亡率人数还在 500 人左右,到 1996 年,交通死亡人数超过 780 人的城市就有广州、北京、长春、杭州、上海,其中广州高达 1100 多人。全国每万台机动车死亡率达到 20.4 人,而日本东京万车交通事故死亡率仅 1.9 人,美国和澳大利亚为 2.6 人。中国正在以惊人的速度进入汽车社会,却并没有做好进入汽车社会的准备。根据预测,随着我国更多的城市进入"汽车社会",城市人口的大规模增加,在今后相当长的时期内,交通事故发生次数和死亡人数将会进一步上升,"交通战争"将会吞噬更多人的生命。对此,我们应该有充分的认识和思想准备,并超前采取科学管理对策。

(四)交通结构失衡

这主要表现在两个方面:一是城市居民出行工具中,小汽车发展迅速,公共交通发展缓慢。中国是 21 世纪全世界最大的汽车市场,发达国家汽车厂家纷纷来华投资设厂,更加速了小汽车家庭化的进程。反观城市公共交通,车辆保有量虽有所增长,但其发展速度远远落后于私人交通工具,两者发展的不平衡给城市交通带来了巨大的压力。二是城市公共交通发展中,大容量的轨道交通发展缓慢。绝大多数城市的交通结构过于单一,除少数城市有地铁,绝大多数城市居民出行都是依靠公共汽电车、自行车和步行。这种单一的地面交通,同世界上许多大城市的多方式、多层次立体交通系统相比,差距甚大。

出行方式由公共交通向小汽车、自行车等个人交通方式转移则对城市交通造成了巨大的压力。由于城市居民对交通主动权与舒适度的偏好,小汽车进入家庭和小汽车交通的发展是不以人的意志为转移的,如果引导不当,私人小汽车的快速增长将是我国大城市交通即将面临的最大危机。就自行车而言,在一定的交通层次范围内具有公共交通无法取代的优势和适应性。电动助力车(或轻型摩托车)的发展在为居民带来方便的同时,也给市民的出行带来了其他危害,如给城市环境带来了污染——外部负面效应极明显,同时加剧了道路交通的拥挤程度和管理难度。因此,立足于各类交通方式将长期并存这一现实,如何协调处理好优先发展公共交通与发展私人交通的关系,是亟待解决的问题。

(五)步行者、骑行者与停车困难

在世界上绝大多数城市,尤其是发展中国家的城市,步行或骑自行车仍是一种重要的交通方式。城市应当尊重人的选择,给短距离出行的人提供自行车和步行的专用道路,保证安全。可以说,自行车与步行道路网的状况和特点,最能体现一座城市的人文关怀,最能让外来者深入内部充分体会城市的文化内涵,了解城市肌理所体现出来的独特韵味和意境。目前中国很多城市都在为改善交通进行市区道路扩建,但被拓宽的往往只是机动车道,而步道和自行车道往往成为被压缩的对象,很少考虑步行者的需求,具体表现为步道被任意占用、压缩和切断,无障化设施及盲道不规范、不成系统。行人过街需长距离绕行,过街设施缺乏对交通弱者的考虑,完全得不到保障,交通弱者出行难。现在一些大城市已开始着手解决步行者问题,如在中心商业区及重要街道禁止车辆通行,设为步行街或步行区;在市中心除公共汽车外,其他车辆白天不得通过等,但解决的步伐依然迈得很小。

另外在许多城市,由于对停车场重视不够,一些大型的公共建筑、商业中心没有规划相应的停车设施,停车泊位缺额甚多。许多城市中心区,人多车多空间少,停车场与汽车数量很不相称,停车也最困难。尽管很多城市颁布了法令,限制在市中心区停车,以控制进入市中心区汽车的数量,但并没有真正解决停车问题。由于基本停车位存在较大缺口,迫使车辆大量占用人行道和自行车道,特别是占用步道现象极其普遍,据住建部城市交通工程技术中心对全国 15 个大城市的调查,广州市车辆停放占用的道路面积达 40% 以上,上海市中心区的占路停车最高达 60%,南京市主城占路停车占总停车量的 67%。停车秩序混乱,不仅加大了道路承载力,更造成了步行者(包括骑自行车者)的困难,进一步导致了交通拥堵。

(六)交通管理水平低效

就宏观而言,城市交通管理的指导思想不明确,缺乏整体的交通发展政策,治理工作往往顾此失彼,投入不小收效不大;就微观而言,由于历史原因,我国城市中交通控制管理和交通安全的现代化设施不足,城市交通系统一直在为应付交通拥挤而建设新的交通设施,加之技术水平有待提高,不能适应现代化交通管理的需求。在发达国家,非常重视城市中的交通管理及交通安全设施,如交通标志、交通标线、交通信号、护栏、人行道等。以北京和东京为例,北京交叉路口的交通信号机只是东京的 3%。北京和东京都有一个交通管理中心,但北京交管中心控制的交叉路口数仅是东京的3%，交通标志数是东京的7%，人行横道数是东京的4.8%。① 北京的情形如此，其他城市的差距则可以想见。南京市大力发展交通科技，更新交通管理设施，创出了现代化城市交通管理的新模式。与全国大多数城市相比，南京在交通管理上算是做得较好的，但近年由于私家车发展过快，其中也存在着不少问题。再则，交通信号也有待改进，有专家称，红绿灯设置不合理是引发行人乱穿马路的最大原因。② 另外，在中国的城市交通管理中还有一个奇怪的现象：道路交叉口的建设属于建设部门管理，信号控制是交警部门的负责范围，这就使道路交叉口信号灯控制陷入了一种尴尬境地。

由于重建轻管，没有把城市道路作为一种资源，没有把提高已有道路的使用效率作为重点来抓。再加上交通参与者缺乏交通法规意识和现代交通意识，使得已形成的道路交通网系统没有发挥其应有的运输效率，不仅加重了城市交通堵塞，同时也是造成我国城市交通事故死亡率居高不下的重要原因。

第三节 解决城市交通问题的绿色转向

一、解决城市交通问题应有社会学思想

社会学是一种以独特而全新的视角和方法来研究和解决社会问题的学科。在经典社会学家的思想体系中，无论是迪尔凯姆关于社会团结与社会整合的论述，默顿关于越轨与失范的理论，或奥格本的文化失调说，还是科塞的冲突理论，都体现了社会学在社会问题研究领域的独到见解。

1. 迪尔凯姆的观点

埃米尔·迪尔凯姆（Emile Durkheim，1858～1917），是公认的西方社会学学科奠基者。他在其名著《社会学方法的规则》中，曾强调："科学地解释社会事实包括社会问题"是社会学"理论上论证的最重要的问题之一"，并且提出对于社会问题的说明"必须分别探索产生此一现象的有效原因与此一现象所发挥的功能"。在

① 周干峙等：《发展我国大城市交通的研究》，中国建筑工业出版社1997年版，第5页。

② 韩晓蓉：《专家称红绿灯设置不合理引发行人乱穿马路》，《东方早报》，2006年5月24日。

解释社会问题与社会现象原因的准则时,这位社会学家明确指出:"一切社会过程的最初起源都必须从社会内部环境的构成中去寻找。具体地说,构成这个'场'即社会环境的因素有两个:一种是人,另一种是事物。"①应当说,这些思想对于我们今天研究中国社会转型中的社会问题一点也没过时,甚至可说是真知灼见。

2. 科塞的冲突理论

传统的西方社会学观点,都视冲突为消极的现象。帕森斯就倾向于认为冲突具有反功能的后果,是一种"社会病态"。但刘易斯·科塞(Lewis Coser,1913 ~)却认为,冲突在社会系统中具有正面功能,即建设性的、有益的功能。为此,科塞提出了"安全阀"理论。科塞指出,安全阀"可以充当发泄敌对情绪的出口",没有这样一个出口,双方的关系就会被割断。正如德国社会学家菲尔坎特所指出的那样,这种出口等于为堵塞的河流提供了一条小河道,它使社会生活的其他部分免于毁灭性的影响。② 科塞的"安全阀"理论主要包括如下观点:(1)冲突可以起维护关系的作用;(2)有助于维护这个系统;(3)安全阀并不能解决问题,只能缓和矛盾;(4)没有安全阀制度或安全阀制度不完备的社会结构,是潜伏危机的社会结构。③

科塞的冲突理论,虽重点在于探讨冲突对于社会的正功能,但对于我们解决社会问题特别是城市交通问题亦具有启发性。其实,冲突因素的积累不仅在社会政治体系内存在,社会其他系统内也有冲突因素的积累。自然地,城市交通系统作为城市社会大系统中的一个重要的子系统也不例外,其内部也同样存在潜在的或现实的冲突因素,并且这些潜在的交通冲突因素一旦从少量、分散与临时性发展到大量、集中与持久性,就会迎来城市交通问题的高涨期或城市危机的爆发期,从而有导致大城市交通瘫痪的危险。④

中国正经历着由传统向现代化发展的重大社会历史变革,伴随着转型期所涌现的一系列社会问题越来越引起社会学界的关注。由于社会问题在历史与现实社会中的巨大影响和它在社会学中的独特地位,决定了描述、解释与解决社会问

---

① [法]埃米尔·迪尔凯姆:《社会学方法的规则》,华夏出版社 1999 年版,第 93 页。

② [美]L·A. 科塞:《社会冲突的功能》,华夏出版社 1989 年版,第 26 页。

③ 宋林飞:《西方社会学理论》,南京大学出版社 1997 年版,第 336 - 337 页。

④ 何玉宏:《城市交通:一道跨世纪的难题》,《新东方》2000 年第 1 期,第 53 - 58 页。

题是社会学工作者应做的最有价值的事情。当然研究城市交通问题也不例外。这就要求我们对其研究从经验的现象描述到实证分析，都应具有科学的可操作性，从而为最终解决城市交通问题提供及时的预测和对策方案。事实上，应用社会学所遵循的研究取向，即不断积累对现实问题从制度上解决的经验，并由此形成理论，正是社会问题研究的主旨与核心内容。因此，研究或解决城市交通问题也应有社会学思想，而严格遵循研究社会问题的"四步递进法"（即描述、解释、预测和规范），对于我们解决社会问题包括城市交通问题具有积极的意义。

二、解决城市交通问题需要生态学思想

从本质上说，城市问题的产生有两个根本原因。一是由于城市是一个高度集聚与高度稀缺的统一体。城市中高度集聚的各种功能及其运转是在一个相对狭小的空间区域内（以及资源、能源等较大程度的缺乏的背景下）进行的，这就使得各种城市问题的出现成为一种必然。二是由于人们对自然环境（包括城市环境）的错误认识。

城市是社会生产力发展到一定阶段后的产物，是人类文明的集中表现。现代城市更是人类科学、技术和文化发展的最高体现，是社会政治活动和经济活动最集中的地方，又是地球上人口最密集的区域。在城市这个只占地球面积0.3%的地区内，居住着世界全部人口的40%以上；在这里，城市系统的各个组成部分以及城市运动的各个要素高度汇集，并经过处理后产生巨大的能量，对城市和周围地区以及整个人类社会的发展产生重大的影响。但城市在自然环境方面的稀缺性也是极其明显的，如城市中能源、土地、生物（除人类以外）、清洁空气等均呈不同程度的稀缺状态。此外，城市生态系统中分解者组成的稀缺以及部分代替者职能处理设施的不足，更使得城市运转过程中产生的废物难以像自然生态系统中那样得到有效的分解，相反，那些废物（如汽车的大气污染）却积淀和滞留在城市及附近地域，给城市带来了极大的负面作用。

更重要的是，自工业革命以来，人们越来越热衷于对自然界的征服，为着不断出现的各种发明物（如小汽车）而自鸣得意，很少有人认识到人类赖以生存的环境正随着这种文明的进程逐渐恶化。或者说，人类过分忙于征服自然，却很少考虑到去调节由于人类在生态系统中的双重身份——操纵者和栖居者而产生的矛盾。

但事实已经证明,机动化和小汽车的发展会对交通系统、社会系统和生态环境系统造成巨大的冲击,甚至产生难以估量的后果。因此,这些错误认识导致了人们在城市建设、城市管理、城市发展等方面的失误,使得城市问题愈演愈烈。

城市问题,实际是人、城市与自然生态系统相互作用过程中呈现出来的不平衡、不协调现象。从城市发展的全过程看,城市交通问题既具有不可避免性,又完全具有可被调控、限制在一个微小幅度之内的可能性。生态学思想及其观点的介入,使这一可能性更加明显。要解决城市交通问题,完全可以亦应当从协调城市社会经济发展与自然环境及自然生态系统的关系角度入手。

20 世纪 90 年代以来,国内外学者开始研究如何将生态学原理应用到城市规划与建设中去,认为建立生态城市是人类解决环境危机、摆脱城市困境的根本途径,并在此基础上提出了建立生态交通的口号。而生态交通的建立,首先必须按照生态学和城市科学原理,将住宅、交通、基础设施及消费过程与自然生态系统融为一体,通过科学合理的交通规划,利用生态工程、环境工程和社会工程等手段,合理开发和利用土地等自然资源,提高人类对城市生态系统的自我调控能力,促进城市经济和环境的协调发展。因此,用全面系统的生态学观点指导交通规划和建设,是解决城市交通问题、促进城市交通可持续发展的重要途径之一。

三、绿色转向是城市交通发展的理性选择

从 20 世纪 90 年代初世界环境发展会议诞生《21 世纪议程》以来,为了解决日趋严重的城市环境危机,呼唤"绿色交通"就成了全人类共同的呼声。"绿色交通"是世界发展对 21 世纪交通提出的一种更高的要求,是解决长期以来一直困扰我们的交通发展与交通对环境污染日趋严重矛盾的重要途径。为了保护人们赖以生存的地球,专家们提出了"环境革命"的新概念,认为 21 世纪是"环保世纪",也是"环境革命"的世纪,人类应从以耗费大量化石资源创造财富的资源经济转向无污染的知识经济,从大自然的掠夺者变为保护大自然的亲密朋友。"绿色交通"正是这一理念在交通方面的具体化。

绿色交通是一种新的理念和目标,与可持续发展密切相连,它因符合可持续发展而具有生命力,而可持续发展又通过它的实施得以实现。只有健康的城市交通系统才会有健康发展的城市,才会有健康的人类社会。绿色交通是实现健康

的、可持续发展的城市交通系统的必由之路。“绿色交通”的核心是资源、环境和系统的可扩展性,它是从发展战略的高度去认识交通系统的发展与资源和环境的关系。因此,绿色交通一方面包括交通系统内部的优化问题;另一方面涵盖交通系统与外部系统的协调、共生问题。

作为一种新的理念,绿色交通包括三个方面的完整统一,即通达、有序;安全、舒适;低能耗、低污染。而绿色交通更深层次上的含义是和谐的交通,它又包括如下含义:

(1)交通与(生态的、心理的)环境和谐;

(2)交通与资源的和谐(以最小的代价或最小的资源维持交通需求);

(3)交通与社会的和谐(安全、以人为本);

(4)交通与未来的和谐(适宜于未来的发展)。

这样,“绿色交通”的理念就形象地体现了以人为本的交通运输宗旨,丰富了以人为本的交通运输的内涵。在绿色交通的理念的指导下,提倡步行、自行车与公共交通方式,尽量减少私人汽车的使用,以此改善城市交通拥堵与空气污染的状况。从21世纪作为环保世纪看,环境问题是新时期城市发展的首要问题,城市交通发展必须遵循这一原则,把发展无污染的“绿色交通”作为基本政策和目标,因此完全可以说,提倡“以人为本”的行为准则是实施“绿色交通”的必由之路。

人类生活的终极目标在于追求健康舒适的生活环境,社会经济发展的根本目的是改善人的生活质量,扩大人的发展机会,提高人的发展能力。从这方面说,城市交通亦应当如此,即以人为本,以人为中心。具体地说,在人的方面,城市交通的根本目标是:在安全、经济、高效、舒适、选择性好的条件下,充分保证全体市民拥有最低的可达能力,即向市民提供能够到达市内任何地方的可达能力。显然,这一交通权利不可能指望普及私人小汽车来实现,而只能建立在公共交通通达城市的各个街区,且其费用又能被各阶层市民所接受的基础上。我们认为,公共交通是中国城市交通的治本之路,而快速轨道交通则是中国城市交通的交通安全阀,而以人为本、以人为中心的交通发展方式才是中国城市交通发展的核心。

城市交通是一道世纪难题。要解决城市交通问题必须从城市整个系统出发,以社会学、生态学、伦理学、工程学等多种学科理论为依据,并借鉴国外解决城市交通问题的经验和教训,制定出与我国城市交通发展实践相符合的、切实可行的战略与对策。

21世纪是属于城市的世纪。展望21世纪，面对汽车化的严峻挑战，城市的社会经济活动方式在改变，城市的功能结构在改变，新的交通形态正在悄悄孕育。我们不只是为今天建造城市，更是为明天、为21世纪建造城市。城市交通的规划、建设、决策必须能预见这些变化，适应这些变化，以便更好地保障城市社会与经济的健康可持续发展。

第四章

与环境和谐:从“心”开始回归生态理性

城市交通对城市的总体形象,特别是城市环境有着重要影响。在过去几十年,城市环境随着经济的发展、交通的进步已经暴露出许多问题。因此,交通环境问题已经成为现代社会严重的社会性问题,越来越引起公众的关注。不过,要研究城市交通环境问题必须把自然生态经济和社会作为一个有机整体综合考虑,不仅要研究狭义的自然环境要素的变化,而且应把社会、文化、生态、居民等作为统一范畴,从人类经济活动、社会活动同环境相互作用的角度研究问题。

第一节 城市交通环境的社会特性与功能

一、城市交通环境的内涵

交通环境有广义和狭义之分,广义的交通环境包括交通规划设计时考虑的原生自然环境、交通建设施工时的施工环境、交通建成后的运营环境等。狭义的交通环境主要是指交通建成后的运营环境。一般认为,城市道路交通环境的构成包括步行道、车行道、绿化带、道路附属设施及交通型集散广场等物质要素。不过,这种定义主要考虑承载交通功能的空间领域及物质载体,却忽视了其中处于运动与各种生活状态的不同人群与个体。而城市建成环境的意义是由生活于其中的使用者——市民所建构的,认识道路交通环境的内涵必须理解人们日常出行的心理与行为模式,尤其应关注社会普通市民对交通环境的感受与认知。因此,交通环境不仅应包括道路和道路上的附属交通设施等工程上物的一面,还应包括人文和社会性交通环境非物的一面。由人、车、路、交通环境构成的道路交通系统,虽然人、车、路是系统的核心要素,但交通环境的作用不可忽略。人、车、路三要素只有与交通环境相协调,才能使构成道路交通系统的各要素相互协调,相得益彰,才能充分发挥道路系统各部分的作用,达到系统整体最优。并且在一定程度上,这种以人为主体性的对道路交通环境内涵的探索,有利于我们摆脱将城市道路视为纯粹交通性工程实体的局限。

道路交通环境除了提供社会生活出行的空间载体,事实上作为大量异质人群聚集和直接面对面的场所,它还直接或间接诱发大量社会互动的产生。从美国社会学家路易斯·沃斯研究描述的人口数量、密度、群体的异质性这三个衡量城市特性的指标来看,①道路交通环境无疑具有显著的城市性(urbanism),因而对道路交通环境的功能分析应拓展至社会学领域,对其社会功能与社会意义进行探讨。

二、城市交通环境的社会特性

城市交通环境作为城市环境的一个重要组成部分,不应停留在为解决城市交通运输功能的低水平的状态,而应从为创造城市高素质的生活环境、再塑城市新景观的高度纳入可持续发展的范畴。那么,一个健康的城市交通环境应当具有怎样的特性呢?

一个好的城市道路交通环境应当具备安全性、可达性、愉悦性与可持续性。

1. 安全性

安全是人类从事交通活动的最重要条件之一,一个好的健康的交通环境首先应该保证是安全的。然而,路面交通的安全性在各种交通方式中比较起来,是最不安全的。因为除了汽车行驶之外,各种人员均可自由使用道路,很容易造成交通秩序的混乱。由于司机的道德修养,加之各种车辆的技术、速度、道路标准不同等,很易造成交通事故。特别是随着汽车使用量的增加,交通事故已经成为当今世界的一个严重社会问题。当然,安全因素还包括如抢劫、骚扰等街头犯罪等。"如果一个城市的街道很安全,不受野蛮行为和恐惧行为的侵扰,那么这个城市在安全上就不用为上述行为担忧。当人们认为一个城市或它的某些地方危险或者

① [美]路易斯·沃斯:《阅读城市:作为一种生活方式的都市生活》,上海三联书店2007年版,第4-7页。

混乱,那么他们主要觉得人行道不安全。”“城市的街道不仅要防备那些干坏事的陌生人,也必须保护众多不会惹是生非,心地善良的陌生人,他们是街道的使用者,他们往来于街道的同时也给它带来了安全的保证。没有人可以在一个与世隔绝的人为环境里度过一生,即使是孩子也不行。每个人都需要使用街道。”①

2. 舒适性

交通环境应当是适宜人们活动的。人们在交通活动中产生的舒适性,主要包括:(1)通过视觉产生的舒适;(2)通过运动产生的舒适;(3)通过时间变化产生的舒适。因此,在发展交通设施时,对人的关心就应当放在首要位置,以人为主来安排各种交通设施为人服务。为了形成良好的道路交通环境,凡是对人有利的事情,都应当作为设计指导方针确定下来,使交通的发展有良好的秩序。

作为坚定的城市环境决定论者,美国规划学者 Whyte. W. H 对城市空间的社会功能比较关注,他认为公共空间的设计会极大地影响在其中相遇的人们的相互交往,会产生愉悦或相反的感觉。交通环境作为一种典型的城市公共空间,但又并不是一个纯粹的功能性的空间实体,它也体现了城市的艺术与文化。一个安全舒适、有吸引力的步行、骑车环境可以使出行成为一种愉悦美好的城市体验。②这反映了道路交通环境的规划理念从单纯功能模式向人本模式的转变。人对物质环境的要求已不仅仅满足于基本物质功能需求,而转向了对空间品质的更高要求,因而更加注重精神体验。

确切地说,对于道路交通环境愉悦性的探寻实际是建构环境使用者和环境客体二者之间的意义关系。“愉悦性”并非单纯来自环境的空间美好程度,而是源于环境的“场所感”“集体记忆”等有“意义”的环境深层结构。胡塞尔的现象学将人和人生活的环境视为一个关联的整体,关注二者之间产生的“意义”。胡塞尔认为,“所有世界性的东西、所有时空的存在,对我来说是存在的,因为我经验着它们,感知着它们,回忆着它们,以某种方式思考着它们……”③因此,愉悦性实质源

① [加]简·雅各布斯:《美国大城市的死与生》,金衡山译,译林出版社 2005 年版,第 29 页、36 页。

② Hugh Barton. Design for movement. Clara Greed &Marion Roberts. *Introducing Urban Design*. Pearson Education Limited,1998.

③ 倪梁康:《胡塞尔现象学概念通释》,生活·读书·新知三联书店 1999 年版。

于环境使用者——人在环境中的行为、感受与体验。交通环境不是独立于人体验之外的绝对物质客体,根据胡塞尔的现象学观点,可以将之作为一种文本让市民阅读和再创造,让愉悦性的获取变成人与环境的互动过程及对场所意义的探寻。

当前中国城市建设实践仍是一种技术理性价值取向下的物本范式,而强调人对环境意义的获取、对愉悦性的追寻,则要求建设实践转向以人为本的人本范式。中国传统的社会发展观以物质增长、效率提高为核心,然而当前社会已越来越深刻地认识到经济社会的发展不仅是物质财富的积累,更重要的是人的价值实现和自由发展。因此,应将以人为本、强调对人的整体性关照这一社会发展观作为指导交通环境建设的核心思想。作为人们生活环境的重要组成部分,城市交通环境的改善及其与人友好性的增强将使市民对所生活的城市产生热爱之情和自豪感,同时也将促使市民更加珍惜维护良好的道路交通环境,积极参与城市的营建。人们与城市环境的关系更为亲密,城市生活更为和谐,因而具有愉悦性的道路交通环境对于提高市民的城市生活品质具有重要的社会意义。

3. 可达性

第二次世界大战以后,西方发达国家城市交通的发展历程,实则是一部小汽车不断满足人们对机动化需求的历史;而在发展中国家,近年来机动性也成为市长们追求的目标。一时,机动性(mobility)成了统领20世纪后半叶城市交通的主题词。为了提高机动性,不断地加大道路设施的供给,以容纳更多的车辆通行、运送更多的人和物。然而,城市的存在并非是为了汽车与交通而存在的,机动性、人和物的移动本身并不是目的,而只是实现人在城市生活的手段。这样,可达性或易达性(accessibility)才逐渐被人们重新认识。一些学者进而提出了以可达性为核心的城市交通发展观念。

一般来说,可达性是指交通参与者能容易地到达他要去的地方,也即他能以很短的时间,花很少的钱,舒适地、安全地到达他想要参加活动的地方。它强调以城市的社会发展和城市的人及其活动场所作为问题的中心,把城市交通仅仅作为城市的辅助物;要求通过提高交通系统的总体效率,实现城市与交通的均衡发展。然而,不容忽视的是,对于同一目的地,不同出行者所获得的易达性可能完全不同。这包含两方面的问题:一是出行者对公交、步行、驾车、骑车等出行模式的选择与他本人的经济条件、身体机能、心理意愿等多种因素有关;二是通向目的地的道路交通环境客观状况是否支持或满足某一类出行者选择的交通模式(如有无公交、骑车是否方便、步行是否安全等),或者在都支持的情况下,交通环境的设计优先偏向于何种模式(如限制机动车速、鼓励骑车步行或相反)。显然,社会不同阶层群体到达某地的易达性并不相同。由于弱势群体出行模式的选择性相对较小,因而在“不友好”的道路交通环境下他们获得的易达性权利将受到更多的制约。在社会学领域,可达性也是一个重要的社会权利议题,它被视为每个社会居民的基本生存权利之一,是保证居民合法获取其他生存发展权利(如居住、就业、社交、休闲等)的必要前提。

最近十年,新城市主义的一些重要代表人物如卡尔索普、凯兹等,充分认识了私人汽车为主、提高机动性为中心的发展对社区建设带来的毁灭性破坏,认识到城市特别是市区易达程度提高和公共交通导向发展的重要。他们认为,易达程度不仅是对交通条件的评价,更涉及城市社区的建设。一方面,提高易达程度是街区人气旺盛、社区价值回归的前提;另一方面,不同群体在易达程度上的差别可以导致社会排他(social exclusion)现象的恶化。它反映一个城市社区的社会包容程度(social inclusion),是城市可持续发展中社会公平进步的可衡量指标之一。① 当人们的收入水平提高,汽车制造商把汽车文化氛围造足的时候,支持使用更多私人汽车的规划者又把停车位的数量加入所谓的改善城市通达条件的指标体系,而提倡城市可持续发展的人把公交优先的成功程度(公交服务比重)以及一些环保指标加入指标体系。虽然后者似乎使得该体系更“绿色”,但在本质上,这个体系仍然是一个“机动性计划”,其核心强调的是“通”而非“达”。

4. 可持续性或公益性

当前学界普遍认为,以公交为主导、鼓励步行与骑车、减少对小汽车的依赖是可持续的城市交通发展策略。我们不希望将来的道路交通环境被小汽车主宰,见物(车)不见人的环境使人的自由发展受到限制,尤其对于非驾车的弱势群体有失公允,因而我们应寻求支持一个可持续发展的城市交通环境。随着中国社会的变迁,导致传统的社会交往与社会互动被市场经济中工具化的人际关系所替代,中国城市的社会资本淡化已是不争的事实。城市交通环境作为市民使用的公共资

① 王缉宪:《易达规划:问题、理论、实践》,《城市规划》2004 年第 7 期,第 70 – 74 页。

源,可以通过对其的有效利用,促进城市精神的形成,增强社会融合,进而成为城市文化的载体。交通环境在城市生活中不仅担负着基本的交通功能,还往往成为约会、休闲、购物、展览等社会活动的复合场所。环境功能的复合化可产生大量面对面的社会互动机会。高品质的交通环境可为社会公众创造一个良好的社交情境,比如人们在此谈谈天气,说说见闻,轻松地交谈可能没什么实际意义,然而从社会学角度来看,正是这种轻松愉悦的交谈行为具有重要的社会沟通作用。创造具有适宜情境的道路交通环境,有利于鼓励不同社会阶层、个体充分展示自己的个性与才能,有利于社会和谐,使其成为一种社会资本的积累过程。

虽然这种社会互动在小汽车使用者身上也时有发生,如在停车场或加油站等环境中。但更多的只会发生在步行、骑车和乘公交者的身上,因此,城市道路、广场提供的步行或骑车环境、公交停靠站是否"友好",设计是否人性化、是否有吸引力、是否适于人际交往等将起着重要的作用。某种程度上,道路交通环境所提供的舒适、美感、愉悦都是试图营造一种潜在的适宜情境,这种情境将直接影响社会互动的频率、深度与效果,如缺乏休息设施的步行道或缺乏遮阳挡雨设施的公交停靠站显然不适合人际交往,同样地,缺乏绿化和美感的道路广场使人无心驻留,更不利于社会交往。环境品质的优劣在很大程度上促进或阻碍了社会互动的潜在可能,西方大量实证性研究文献证明了这一点:扬·盖尔研究了公共空间与社会交往的环境行为关系①;Whyte. W. H 以其著名的"街道生活项目"研究了交通空间的社会功能,对其中的社会活动进行了大量的实证研究。这种基于社会现实场景的实证分析应是中国道路交通环境研究的努力方向。

三、城市交通环境的社会功能

城市交通环境作为市民社会生活潜在事件发生的重要场所之一,构成了现代都市人的生存环境和生活空间,因而呈现出强烈的城市性和城市活力,它至少体现了如下几方面的社会功能。

(一)城市社会活动的组织纽带

城市生活中,人们多元化的出行动机与复杂的交通行为方式源于城市高度发

---

① [丹麦]扬·盖尔:《交往与空间》,何人可译,中国建筑工业出版社 2002 年版。

达与分化的各类社会活动（商务、居住、教育、医疗、购物休闲等）的不同区域分布。城市信息化与交通技术的提升则进一步加剧了这些社会活动的离散化特征（空间分离是其具体表现），而道路交通环境系统不应被动地适应这些离散化的社会活动，相反，它可作为一种联系纽带，客观上担负起更有效地组织城市社会活动的职责。尽管道路交通环境的规划设计会影响到城市不同功能的发挥，城市交通对城市空间发展布局的影响也越来越明显。①

美国城市学家凯文·林奇指出：“道路是观察者习惯、偶然或是潜在的移动通道，它可能是机动车道、步行道、长途干线、隧道或是铁路线，对许多人来说，它是意象中的主导元素。人们正是在道路上移动的同时观察着城市，其他的环境元素也是沿着道路展开布局，因此与之密切相关的。”②根据林奇的定义，我们可以看到，在城市规划者的眼里，道路在城市整体环境中具有最基础、最重要的地位。首先，是城市布局得以展开的主要线索；其次，承载了交通，承载着人的运动。正是在这个环境中，运动中的人在有意无意地、不断地进行着对城市的观察和体验。

如果说城市学家的评价过于专业而略嫌单调的话，那么，社会学家从社会治安、阶层关系、人的生存条件和精神环境等多种角度出发，也在关注和思考着街道的功能、建设和发展。

当我们被问到“人与街道的关系”这样的问题时，也许头脑中的第一个反应就是——通行。无论是步行还是乘车，街道对于我们来说，似乎只是一段距离，一个过程，其作用就在于将我们引向目的地。而当我们这么想的时候，我们实际上已经忽略了：当我们穿行在街道之中的时候，我们也在以种种细微、隐秘而确实存在的方式，与认识的或不认识的人们接触着、交流着。③

---

① 卓健：《速度·城市性·城市规划》，《城市规划》2004 年第 1 期。

② ［美］凯文·林奇：《城市意象》，方益萍、何晓军译，华夏出版社 2001 年版，第 35 页。

③ 左衡：《都市中的街景感悟》，《城市文化评论》第一卷，上海三联书店 2006 年，第 116 页。

2. 市民日常生活的载体

城市交通环境是最具活力的城市环境之一，是城市景观的重要组成部分。人们终日行走在城市内部四通八达而又风景各异的大小街道上。这些道路不仅是人们所依赖的交通线，同时也是都市生活的载体，为人们提供了主要的交往、休闲和消费场所。从这个意义上来说，道路实实在在地存在于每一个都市人的生活中。但是，当日常生活中的街道被人们有意识地加以观察、感受和描述，甚至被作为城市的风格标志和审美对象加以读解和体验的时候，街道就不再是原来那个实在的生活中的街道本身，而形成某种都市文化景观。某种程度上，它不仅是人们借以感知城市意象的重要元素和渠道，具有组织城市整体景观与局部景观的作用，具有认知功能；它更是市民重要的社会生活场所，具有延续社会文化的功能。如果缺乏必要的出行能力，再加上"不友好"的道路交通环境，可能会导致某些社会人群，尤其是社会经济条件较差的弱势群体获取工作的机会和享用公共服务设施的困难。为了增加机动车容量的任何城市道路扩建都可能导致步行道与自行车道空间的压缩或挤占，进而使得步行环境单调乏味甚至恶化，从而影响人们日常生活中对出行方式的选择，改变人们就业、居住、购物、休闲等日常生活的规律。道路交通环境质量的优劣将直接影响人们的城市生活品质。愉悦、舒适、安全的交通环境是广大市民所渴求的，也是衡量一个城市可居性（livability）的重要指标。

3. 城市社会可持续、健康、良性运行与发展的保障

"在城市里，除了承载交通外，街道还有许多别的用途。城市中的人行道——街道中行人走路的部分——除了承载行人走路外，也有其他很多用途。这些用途是与交通循环紧密相关的，但是并不能互相替代，就其本质来说，这些用途和交通循环系统一样，是城市正常运转机制的基本要素。……街道及其人行道，城市中的主要公共区域，是一个城市的最重要的器官。……如果一个城市的街道很安全，不受野蛮行为和恐惧行为的侵扰，那么这个城市在安全上就不用为上述行为担忧。当人们认为一个城市或它的某些地方危险或者混乱，那么他们主要觉得人行道不安全。"①

因此，交通环境的改善不仅关系到不同社会阶层的可达性权利问题，更关系

① [加]简·雅各布斯：《美国大城市的死与生》，金衡山译，译林出版社2005年版，第29页。

到整个城市社会安全系统正常而有效的运行。另外,一个愉悦的出行过程作为美的城市体验,有助于增强市民对于城市的归属感与自豪感,有助于强化市民心理上对所居住城市的认同感。再者,良好的道路交通环境作为重要的城市公共空间,可促进异质人群潜在的社会交往,有利于缓解社会分化,促进社会融合与社会的可持续发展。在一个友善的城市交通环境里,“每一双眼睛后面的脑袋里应该有一种潜在的关注街道的意识”,乃至于“在长时间的过程里,人行道上会发生众多微不足道的公共接触,正是这些微小行为构成了城市街道上的信任。很显然,大多数事情都完全是小事一桩,但是小事情集在一起不再是小事——其总和是人们对公共身份的一种感觉,是公共尊重和信任的一张网络,是在个人或街区需要时能做出贡献的一种资源。缺少这样的一种信任对城市的街道来说是个灾难。对于这种信任的培养是不能依靠机构来进行的”。①

总之,无论是作为城市运行与交通的生命线,还是作为城市居民交往的公共空间,抑或是作为现代都市人消费休闲的时尚场所,交通环境都承担着实际的社会功能,实实在在地在我们的日常生活中存在着,并对我们的生活发挥着巨大作用。

第二节 城市交通对环境的影响

人类的环境分为自然环境和社会环境。自然环境包括大气环境、水环境、生态环境、地质和土壤环境以及其他自然环境;社会环境包括居住环境、生产环境、交通环境、文化环境以及其他社会环境。环境作为一种资源,其不可替代性及一定限度的不可更新性使得它与飞速增长的需求形成冲突,造成经济性与物质性双重稀缺。这种稀缺对社会发展的各个方面都会产生重要影响。

城市交通环境作为城市环境的重要组成部分,随着经济的发展、交通的进步出现许多问题,这些问题反过来也制约着经济、运输的进一步发展。世界上的城市发展经验表明,迅速发展的城市,其交通系统造成的污染往往也是世界上最严

① [加]简·雅各布斯:《美国大城市的死与生》,金衡山译,译林出版社2005年版,第59页。

重的。这主要是由于交通道路的空间比例低,车辆平均使用时间较长,维护水平低及缺少有效缓解污染的措施。许多发达国家道路交通的社会耗费可以占到国民生产总值的5%,这项费用主要用于道路网络上机动车造成的空气及噪声污染和交通事故的治理。而交通堵塞迅速成为影响城市区域最为严重的问题。因此交通环境问题已经成为现代社会严重的社会性问题,越来越引起公众的关注。基于上述价值观念,要研究城市交通环境问题必须把自然生态经济和社会作为一个有机整体综合考虑,不仅要研究狭义的自然环境要素的变化,而且应把社会、文化、生态、居民等作为统一范畴,而且从人类经济活动、社会活动同环境的相互作用的关系角度出发研究问题。

从历史的观点看,城市交通的发展是一个动态的过程,它对环境的影响不仅波及当代人的生存和生活,而且远及数代。为此,其对环境的影响不应只考虑自然环境要素的变化,而更应把社会、文化、生态、市民等作为统一范畴。

一、城市交通对自然环境的影响

城市交通对自然环境的影响,包括汽车尾气污染和交通噪音、振动等。目前城市交通系统已成为一个主要的空气污染源;在有些城市中,机动车排污量甚至已占整个污染源的90%,交通噪音与交通振动已成为污染居民生活环境和学校、机关、医院等敏感场所的突出因素。

机动车尾气是城市大气的主要污染源。汽车有害排放物主要有一氧化碳(CO)、碳氢化合物(HC)、氮氧化物(NOx)、臭气、微粒及光化学烟雾等6大类,物质成分达140多种,除了各有20%的碳氢化合物(HC)分别从化油器式发动机的供油系统和曲轴箱排出外,其余的从发动机排气管排放。据欧美发达国家大中城市的检测数据,城市中各类主要污染物如一氧化碳(CO)、二氧化碳(CO_2)、臭氧(O_3)、碳氢化合物(HC)、一氧化氮(NO)、二氧化氮(NO_2)、二氧化硫(SO_2)、铜微粒和悬浮粒子的40% ~90%来自机动车尾气。据美国11个城市区域的调查,大气中67%以上的CO、92%以上的碳氢化合物均来自汽车排放。

汽车尾气排放的污染物如一氧化碳、氢氧化物、碳氢化合物、醛及含铅颗粒物等,在一定程度上对人及动植物产生不良影响。由于小汽车具有分散和流动的特点,它造成的污染比工业污染更难治理,因而成为世界上最难解决的一个顽症。

美国环境保护署(USEPA)的数据显示,6000 万美国居民所呼吸的城市空气未达到联邦空气质量标准。著名的汽车依赖城市洛杉矶的情况最遭,平均每年有 130 天低于联邦空气质量标准。1988 年这样的情况更是达到 226 天,创下空气质量未达标的历史最高纪录。欧洲的情况也差不多,在那些以汽车为主要交通工具的城市中,人们同样呼吸着质量非常糟糕的空气。如有“雾都”之称的伦敦,由于家用型煤的使用而不必再遭受 50 年代因硫黄造成的“黄色浓雾”(pea - souper fogs),然而目前由于汽车的使用又增加了多种污染,如光化学型烟雾等。据估计,1991 年冬天的大雾中苯浓度高达日常水平的 6 倍,并造成约 160 人死亡。①

根据统计数据表明,汽车带来的污染与心脏病的发病有一定关系。根据英国的一项研究显示,每 50 位心脏病发作的患者中就有一位是与空气污染有很大的关系,尤其是跟 CO_2 含量有关,而这些 CO_2 大多是来自于机动车辆的尾气排放。

城市交通除了带来大气污染外,噪声和振动也是城市交通中不可忽视的污染问题。机动车引起的噪声和振动主要有以下原因:机动车动力系统引起的噪声和振动、机动车的车厢和货物及配件在行驶中的碰撞和摩擦、轮胎与路面接触噪声、机动车的喇叭声。

由于汽车噪声源中没有一个是完全密封的,有的仅是部分密封,因此每个车体都是一个不可忽视的噪声源。加之汽车数量的迅速增加,噪声的总能量已达到危害环境的地步,并且成了一种普遍性的污染。据国外资料,机动车辆包括的总功率,比飞机、船舶、电站等其他各种动力的总和大 20 倍以上。机动车辆所辐射的噪声能量约占整个环境噪声总能量的 75%。另据一些国家的调查,城市环境噪声中,车辆噪声占 60%,工业噪声占 9.8%,扩音器噪声占 7.2%,儿童噪声占 7.2%。各种调查和测量结果表明,城市交通噪声是目前城市环境噪声最主要的噪声源。

交通噪声可以从多方面影响人类的健康状况。这种影响可根据其使人感到难受的程度分成三级:(1)精神上的影响:噪声令人焦虑、易怒、精神紊乱;(2)功能上的影响:噪声在 60 分贝以上时,即会干扰人的正常活动,影响人们的谈话、学习、睡眠等,使工作和学习效率下降;(3)生理上的影响:人若暴露在 75 分贝以上

① ［英］玛夫·史密斯、约翰·怀特莱格、尼克·威廉姆斯:《绿色可持续人工环境》,中国环境科学出版社 2005 年版,第 153 页。

的环境中,至少暂时听觉疲劳和紊乱,若处在85分贝的噪声环境中5年以上,则有耳聋的危险。一般说来,汽车噪声除了具有损伤听力等直接影响外,还会通过增加压力、扰乱睡眠等途径给人们带来更多非听觉方面的间接影响,如血压升高、易患心血管疾病等。据观察,噪声水平高的地区精神紊乱发病率也较高。

二、城市交通对生态环境的影响

城市交通对生态环境的影响包括土地、绿化和水质等。其中道路建设对生态造成的影响主要通过两条途径:一是施工活动对自然环境的造成的非污染性破坏,使环境发生物理变化而对生物产生影响;二是由于排放的污染物通过大气、水体、土壤等环境介质,进入生物体产生危害。另外还有对开放空间和湿地的破坏。

铺筑道路是重新塑造行星表层的巨大工程。这种重塑过程以及由此形成的绵延无尽的道路,对人类居住的星球无疑会产生深远影响。它所造成的生态与环境代价是极其巨大的,丝毫不逊于车辆的尾气和噪声造成的危害。

道路的最大危害在于它大量地蚕食人类宝贵而有限的耕地。在自然界,有肥力的土壤的形成,往往要经过几万年甚至百万年的漫长时间,而一条道路却可以在短短几年甚至几个月内建成,也就是说,人类目前毁坏耕地的能力高于自然界生成能力的无数倍。对于道路过多过快地吞噬土地的现象,美国轿车批评家J·济慈早在20世纪50年代就有警觉,他曾不无忧虑地指出:“……假设道路以过去58年的相同速度继续铺筑下去,那么用简单的算术就能算出陆地上最后一寸土地变成道路的准确时间。”

更令人焦虑的是,地表的铺筑过程,是将有机世界变为无机世界的不可逆过程,即便将来道路被废弃,也不再可能变回耕地了,至少在人类目前的技术条件下是如此。这就是说,如果现在不珍惜土地,不收敛盲目铺筑的行为,未来科学家面对的难题将不是如何高速地建设道路,而是怎样在水泥和沥青路面上种植作物。

在城市生态系统中,道路交通对城市绿地的影响也越来越大,具体表现为:一是影响城市绿化的整体水平;二是影响城市绿化的布局。由于道路正在占据越来越多的空间,人们的活动场所和绿地迅速减少。在美国,道路、停车场和其他用于轿车的空间占据了城市空间的一半甚至更多。在洛杉矶中心,交通所占空间甚至达到70%(其中27%是机动车道路,11%是人行道,32%是停车场)。相比之下,公园和绿地的面积却少得可怜。比如在加利福尼亚的另一个现代化城市伯克利,每个市民平均只有2.8平方米的公园,而每辆轿车占有96平方米的道路。①

道路还是个强大的入侵者。它打破了自然界的和谐与宁静,使已经受到干扰的生态系统变得更加脆弱,使有生命的动物和植物变得虚弱以至最终消亡,使提供可饮用水的地下蓄水层遭到毁坏。道路穿越的湖泊和池塘等湿地变成了死水一潭,有些干脆消亡。道路取代了绿地、森林,取代了沼泽和农田。它彻底改变了原来的植物群落,使适应快的物种成了入侵者,滋生出异种和生态上有害的杂草。道路两旁的动物则处于危险境地:它们由于栖息地被修路者挖掘而遭到虐杀。

三、城市交通对社会、人文景观的影响

城市交通对社会环境的影响包括社区传统、社会公平、地区发展、中心区活力等。社会影响中一个主要考虑便是“人”,包括交通工程的建设、运行对人的影响,主要涉及道路使用者对道路沿线居民的生理上的损害和心理上的干扰,其影响的程度、范围与道路建设规模、路线经过的区域密切相关。一般说来,交通工程的建设与运行会引起社区分割、社区传统的改变及生活氛围与质量的变化等,从而造成空间分隔,阻碍社会交往,使周围居民的生活、文化、教育及经济上的联系受到阻隔。

在一些发达国家里,至少像北美、英国、澳大利亚等国家,由于城市规划是为车而非为人设计的,这就对人类健康产生一系列严重后果,直接影响就是空气污染导致的疾病蔓延,以及由于公路交通事故导致的伤亡增多。汽车对城市模式和社区的间接影响也同样不容忽视。汽车的尾气排放毒害人们的健康;汽车事故往往对人们身体造成无法挽回的伤害;汽车在增加了人们之间距离感的同时,也增大了人们的精神压力;此外汽车还会对社会凝聚力和人们对社会的感受具有破坏作用。②

汽车还通过构建城市模式与人们的生活方式,引发一系列更为隐秘的影响,特别是对已建成的环境中人们社会感的影响。汽车使得城市分布得散落稀疏,钢铁和玻璃墙以及速度使人们分离。在每个工作日上下班的时候,人们坐在车里对

① 王蒲生:《轿车交通批判》,清华大学出版社2001年版,第64页。

② 丁良川、金勇:《城市道路交通环境的社会学分析》,《城市问题》2005年第2期。

着拥堵的交通所产生的那种挫折感,容易引起一些与精神紧张有关的疾病。这样一来,汽车从社会凝聚力角度对城市结构的瓦解破坏,也使整个社会的健康遭到了影响。

城市交通对文化的影响包括历史遗迹、人文背景等,对景观影响包括自然景观与人文景观。每个城市都有其自身的特点与定位,特别对于一些历史文化名城与古都,怎样结合交通建设与历史遗迹、自然景观的保护与利用,既促进交通设施的建设又不妨碍历史遗迹、自然景观的特色与总体风貌,很值得城市规划者与建设者深思。

然而现实却是,中国城市空间正被道路用地大规模地蚕食,富有历史和文化价值的旧街区、旧建筑甚至属于国家重点保护文物的历史建筑正在遭受道路建设暴力的破坏。道路两旁耸立的巨型广告牌破坏了自然景观的协调,让原有的自然风貌在短短十几年里变得面目全非。在许多城市,修建道路的推土机可以在一夜间将前辈留下的文化遗产铲成平地。很多有特色的城市街道和建筑因修建道路而毁于一旦。如汽车化的首都北京,为了扩建白颐路,仅仅几天就砍掉了曾经枝繁叶茂、遮天蔽日的3000多棵大树。① 宽阔的大路是否真能补偿其摧毁的自然景观和文化遗存?这一问题该引起我们审慎的考虑。道路无限制的扩展不仅造成对自然景观和人文景观的破坏,更改变着中国的城市面貌。

第三节 宽马路与高架桥:中国特色的城市交通建设

美国作家雷纳·班厄姆(Reyner Banham)在对洛杉矶建筑的阐述中,引发了一种对整体城市的基本景观进行描述的方式。他不受城市学家专业术语和交流的限制,将洛杉矶分成三个主要的形态区域或"建筑生态学区"。在三个主要形态地区之上的是第四个"生态"实体——高速公路系统的建成环境。班厄姆认为,高速公路系统从物质体量和功能的重要性方面来讲都非常重要,可以算作"一个单

---

① 《感伤白颐路》,http://bbs.bato.cn/thread-689643-1-1.html。

一的综合地方,一个思想的连贯说明,一种生活的完整方式,洛杉矶人的第四生态"①,乃至这个城市最大的特点是一个"车托邦"(autopia)。②

事实上,自20世纪90年代初肇始,中国的城市交通建设运动在许多方面都与几十年前发生在大洋彼岸的美国的城市改造运动有着惊人相似之处,且中国的造城运动无论在规模和形式上都有过之而无不及,一定程度上,以宽马路与高架桥为特征的城市交通环境已成了今日中国最具有特色的城市生态或称"最大生态"。

一、中国城市的宽马路与高架桥建设

"二战"后美国为汽车而造城,一时大马路所向披靡。波士顿也闻风而动,并于1959年建成了它的中央干道。当干道刚投入使用时,日均通行量为7.5万车次,人们并未感到它会惹来什么麻烦,后来通行量增长两倍多,成为美国最拥挤的高速路,事故发生率是全美城市洲际高速路平均水平的4倍。麻省高速路管理局的官方文件称,波士顿有着世界级的交通问题,祸因就是高速路横贯市中心。当初修建中央干道,人们希望缓解汽车入城的拥堵,结果适得其反,高速路引来更多的交通,导致更大的拥堵。于是从20世纪70年代开始,波士顿的规划师就梦想着如何将这条道路埋入地下——中央干道修好不久他们就后悔了。就这样,拥有两所世界著名大学哈佛与麻省理工学院的波士顿为它的一着不慎付出昂贵的代价。

然而事情至此远未结束。要将一条高架中央干道悉数拆除,把交通引入地下隧道并修复地面城市肌理谈何容易。这项总投资146亿美元的"大开挖"工程(The Big Dig)在20世纪80年代初开始初步设计,80年代末最终设计完成,1991年动工兴建。工程建设费尽周折,工期一拖再拖。有评论称:"波士顿有两所世界著名的大学,还有那么多顶尖的科学家和经济管理专家,他们怎么也不出来帮帮政府,尽快把这个世界罕见的马拉松工程结束掉?"整整历时15年,"大开挖"的主

---

① Banham R. Los Angeles: The Architecture of Four Ecologies. Penguin. Harmond sworth, 1973.

② 米米·谢勒尔(Mimi Sheller)、约翰·厄里(John Urry):《城市与汽车》汪民安、陈永国、马海良主编:《城市文化读本》,北京大学出版社2008年版,第223页。

体工程2006年1月终于完工。

波士顿的遭遇是美国城市改造运动的缩影，当年由联邦政府发起的这个运动意在推动对美国老城市的大规模改造，高架路、立交桥纵横于城市之中，其情形颇似现在的中国。遗憾的是，当美国人已意识到他们的错误并试图回到从前时，我们中国人却并没有吸取他们的教训。

自20世纪90年代至今，无论是北方大都市还是南方小城，无论是三峡库区迁址新建的小镇还是具有数千年历史的古都，许多城市都为建设纪念性和展示性的"景观大道"——宽马路而大兴土木，就在"大开挖"工程实施的15年间，中国城市的高架路、立交桥如雨后春笋般涌现，并被当地官员和民众视为城市现代化的标志。据CCTV报道，江西省吉安市是一个经济欠发达以自然经济为主的中等城市，人口30多万。按照国家有关规定，这类城市的主干道宽度最多不得超过55米，然而当地却要兴建一条136米宽的主干道。据调查，这条城市主干道名为"世纪大道"，长约5公里，双向8车道。由于大道要穿过原有市中心的一部分，一些刚刚兴建的住宅楼也被划入拆迁之列。据了解，这种宽马路的建设情况在全国相当普遍。如吉安市在建的17条路和计划建设的8条路，都超过了国家规定的标准。①

由于一味追求道路的宽阔和交通的通畅，结果产生了一种史无前例的尺度与模式：城市的空间都是由汽车占主导的交通格局所决定，宽广的街道也是以便于汽车通行为目的而修建，建筑及其间距和进出秩序均取决于汽车的需求。传统城市所有的物质前提都消失了：连续的人行道系统，一个充分规范、适合居住的公共区域和适合的房屋与街道上的建筑细部的集合。城市环境设计只关注汽车的行驶和停放，而很少考虑人的行走。即便遇到具有人文价值的狭窄道路和胡同时也采用这种方式来处理。做法是把旧城区的老街一律拓宽，让这些街道"现代化"，便于汽车通行，而且在拓宽的同时就把许多古建筑拆除。北京平安大道的改造就是一个典型的例子。为了在古城中拓宽一条十车道的宽马路，为了让路在视觉上看起来笔直畅通，北京的平安大道在建设中大量地破坏了旧城的古建筑和古文物。而建好的道路因为仅仅考虑了汽车的通行，路边人行道非常狭窄，而且道路

① 央视国际频道，2004年04月27日。

两边几乎没有空间可以供人们停留,导致本来一条非常热闹的道路几近没有人迹。① 旅美北京籍作家娜斯在一篇题为《痛恨宽马路》的文章中,在介绍了纽约街区划分的合理和道路设计的人性化之后评价说:"在城市改建规划上,到目前为止,北京似是最失败的。"②

二、宽马路与高架桥作为城市景观表征弊端

当中国的官员还没有来得及为建了全球最宽阔的道路而沾沾自喜时,宽马路与高架桥就充分显示了其种种弊端而让国人怨声载道。列数这种最具中国特色的城市景观(或称之为"怪物"更确切些)有如下九大弊端。

第一,它天生或刻意让行人过路、过桥困难。由于宽马路与高架桥作为景观并不仅仅为彰显官员的政绩供上级参观之用,往往同时作为一个城市的车流干道来设计,因此,对步行的人来说是一道危险的屏障,要过宽马路不免惊慌失措,觉得自己万分渺小,心理上缺乏那种小街小巷的亲和力与亲切感。

第二,这种轴线性的城市快速路,不仅作为一种新的都市街道占有了许多空间,并且把公园、购物、居住区分割开来,粗暴地划破了原有城市有机体的交流网络和纤细的肌理,隔断道路两侧的交通,从而使城市发生结构性破坏,造成功能性的混乱。

第三,这样的大道,由于其纪念性的要求,两侧往往要求布置大体量公共和文化性建筑,否则,无论从比例、尺度上还是道路的视觉效果上,都很难达到规划设想。这些建筑很难在短时间内形成,往往要拆迁大量居民,将传统风貌丢弃,同时破坏城市社区的社会结构,导致场所性与认同感的丧失。

第四,穿越城市会把城市原来完整的环境景观切割得七零八落,破坏了城市景观。大量的汽车及与之配套的停车场、加油站等对城市美好环境的损害比其他因素都要严重,它会破坏城市的特点,使所有的城市看起来都差不多,导致"千城一面"。尤其是露天停车场,对城市景观的破坏是灾难性的。在一个由高楼大厦、地下停车场和繁忙的机动交通构成的城市里,常常只见房屋和汽车而很少见人,

---

① 梁梅:《中国当代城市环境设计的美学分析与批判》,中国建筑工业出版社2008年版。

② 娜斯:《痛恨宽马路》,http://blog. sina. com. cn/s/blog_48850043010005gq. html [2008/2/5]。

因为步行交通很困难,而且建筑物附近公共空间供户外活动的条件太差,室外空间大而无当,失去了人的尺度,户外经历也变得索然无味。

第五,道路宽了,车道就多了,行驶过程中并线变换车道的机会就增加了,有的司机频繁并线,既影响了顺畅的行驶,又增加了事故几率,使行车的安全性大大降低。

第六,高架桥体现的是"车本位"的指导思想。城市高架桥主要为分担道路交通压力而建,桥上桥下都可行车,不能行车的路下空间又往往被设计为停车场,处处体现了以车为主导的设计思想,忽视了地面行人及两侧居民的空间使用要求与视觉感受。①

第七,高架桥并非是最佳的通行方式。它一方面把车流做了立体分流,另一方面像一个漩涡吸引了更多的车流。随着城市汽车拥有量的增加高架桥的通行能力必定受到阻碍,一旦出现小的碰撞就会导致大面积的交通堵塞。

第八,高架桥更破坏了城市景观。高架道路巨大的尺度往往与城市特色保护要求相冲突,使传统城市风貌的传承面临更大压力。由于城市大体量、大规模建筑对街道空间的影响,让城市街道变成了没有情趣的通道,不再属于与人共存的街区,而高架道路的修建无疑使这一问题雪上加霜。高架桥还严重破坏了原有的城市格局,无情地割断了城市的文脉,使城市失去了蔚蓝的天空。

第九,高架桥会给人造成极大的心理障碍。且不说它的出现会让行人感到压迫,人在高架桥的面前有陌生感或恐惧感,会茫然不知所措,单就高架桥附近的居民而言,夜间汽车呼啸的噪音和震动无疑是一种灾难。住户们常年被高架桥噪声干扰,桥上堵车时上百辆汽车同时散发出的浓重的汽油味,常令他们感到胸闷、气喘,严重者则会产生心理障碍。因此,高架桥严重影响了人的生活环境、房地产业乃至周围的土地价值,进而影响了城市的环境。

作为一种城市景观构成元素,高架桥(这里特指城市高架道路)自诞生之日起就以其巨大的体量急剧地改变着城市环境,深刻地影响着城市风貌。与此同时,人们对这种改变和影响历来褒贬不一,争论从未停止。正面观点认为高架道路系统体现了城市的刚劲活力、宏伟流畅的动态景观,是"城市现代化"的象征;负面观

---

① 何贤芬、邱建:《城市高架道路景观尺度的层级控制探讨》,《规划师》2008 年第 7 期,第 83 页。

点则认为它体量庞大，尺度超常，破坏了宜人的城市景观感受。事实上，高架桥是否代表着城市现代化，或者高架桥能否解决城市的交通问题，国外许多城市的实践已给予了明确的回答①。应当说，高架桥非但不利于城市的生活，而且，对一个城市而言，简直就是一种非常粗暴的行为。高架桥（路）犹如巨大的鞭子抽在城市的身上，留下的是累累伤痕。当汽车在高架路上飞驰的时候，无疑是在伤口上撒盐。

三、中国特色城市交通环境现状的症结

随着中国城市社会向小康社会的目标迈进，人们在物质生活水平提高的同时，对生活质量及精神生活水平也提出了更高的标准。在这种意识背景下，提高汽车交通效率的发展观和城市政府对于现代化城市形象的片面理解②，催生了以宽马路与高架桥为特征的这种最具中国特色的城市生态称“怪态”。

以小汽车交通效率为导向的发展观作为城市交通环境规划建设的主导思想，忽略了中国绝大多数非驾车弱势群体（相对于驾车者而言）对出行安全、便捷的基本需求，进而导致普通市民对交通环境作为一种城市公共资源（物品）分配公平性的质疑。罗尔斯认为，一个社会，当它不仅被设计得旨在推进它的成员的利益，而且也有效地受着一种公开的正义观管理时，它就是组织良好的社会。③ 今天在我们的城市中，人们经常见到的却是与之截然不同的交通场景：小汽车与自行车、行人争先恐后地争夺交通优先权（多数交通事故正是因此而发生）；步行道与自行车道的空间受到挤占，老人、小孩及孕妇过人行横道时战战兢兢、如履薄冰，心理压力与不安全感乃至恐惧显而易见。由此，城市公共领域分解成“暴政式车辆交通的混乱舞台”，正如森尼特在《公共人的没落》中所指出的，人们“把不受限制的个

---

① 世界城市发展的趋势和重点，美国波士顿“大开挖”工程（The Big Dig）中对中心快速路的地埋，2000 年的韩国汉城（即现在的首尔）清溪川项目对市中心高架交通干道的拆除和原有河流的恢复，均反映了将地面空间让与公共空间这一普遍趋势。

② 在中国，有相当一部分城市政府将自行车看成落后的交通工具而偏爱小汽车。世界银行曾指出：出于对国家形象的考虑，因为非机动交通运输常与贫穷联系在一起，这种不良印象常使得国家政府不但不支持自行车交通，反而有计划地淘汰它们，引自世界银行《可持续发展的交通运输——政策改革之优先课题》，中国建筑工业出版社 2002 年版，第 107 页。

③ ［美］罗尔斯：《正义论》，何怀宏等译，中国社会科学出版社 1988 年版，第 5 页。

体运动视为绝对权利,而私家车(笔者认为,这个表述用在中国似有失偏颇,准确的表述应是小汽车——由于国情不同我们还存在着大量的公车)是行使那一权利的合乎逻辑的工具,结果是公共空间,尤其是城市街道的空间,变得毫无意义,甚至令人疯狂"①。尽管城市公共空间的这种解体和人造环境的引进反映了"国家官僚体制的策略",但这些现象也更反映出当前中国城市道路交通环境的规划建设没有满足不同社会阶层相对公平的可达性权利的要求,对此,城市政策制定者与城市规划工作者都难辞其咎。

在"经营城市"的理念下,许多城市政府意识到道路交通环境的景观形象价值,并投入巨大的财力对城市道路交通环境进行"美化",但对交通环境中市民的实际生理、心理需求与感受的考虑十分有限。可以说,正是为汽车之便而建设的城市环境"拆散"了那些历史上曾经紧密结合的家居、工作、公务和休闲之间的边界。让人们被封闭在一个物质资源超常消耗的、私人化的、层层包裹的移动环境中,陷于拥挤、交通阻塞、时间不定和危害健康的城市环境中。同时,还把那些非汽车驾驶者(儿童、视力受损者、没有汽车的人)的日常居住地变成充满危险和无法通行的地区,把他们变成残废。城市的风景、声音、味道、温度以及气味被简化为透过汽车挡风玻璃所见的二维图案,并且随着汽车对几乎整个环境,每个人都被被迫通过保护性的挡风玻璃来体验这些环境,放弃城市街道和广场而栖息在轮子上的牢笼里。② 由于环境设计欠缺人性化,交通空间品质不高,如道路休息设施缺乏,无障碍设施不足,汽车噪音与空气污染对行人的排斥,使得步行和骑车交通行为也缺乏生活情趣。道路交通环境人本向度的放弃意味着城市公共空间意义的失落。这种状况显然不能有效地促进社会联系与社会互动,进而使城市物质环境缺乏社会可持续性。

对于这样一场中国式的铺天盖地的"城市美化运动",北京大学景观设计研究院院长、博士生导师俞孔坚教授是最早批评且批评最多的专家之一。在他撰著的《城市景观之路》一书中,他旗帜鲜明地将这场运动斥为对当代中国"暴发户与小

---

① 米米·谢勒尔(Mimi Sheller)、约翰·厄里(John Urry):《城市与汽车》,汪民安、陈永国、马海良主编:《城市文化读本》,北京大学出版社 2008 年版,第 214 页。

② 米米·谢勒尔(Mimi Sheller)、约翰·厄里(John Urry):《城市与汽车》,见汪民安、陈永国、马海良主编:《城市文化读本》,北京大学出版社 2008 年版,第 216 ~ 220 页。

农意识下的城市化妆运动",并一针见血地揭示了其本质根源:一是由于文化的积垢而产生的封建专制意识;二是由于时代的局限产生的暴发户意识和小农意识。① 尽管俞孔坚是针对整个城市景观美化做出的全方位批评,但笔者认为,这一批评用于中国城市交通环境现状的症结也是恰如其分的。

第四节　创建一个健康的人本化绿色交通环境

城市发展至今,人们从来就没有放弃对美好生活环境的追求。进入21世纪,城市交通环境的建设不应停留在为解决城市交通运输功能的低水平的状态,而应从为创造城市高素质的生活环境的高度把它纳入可持续发展的范畴。一个舒适、愉悦和安全的交通出行环境,应该让人不受交通困扰,自由自在往来;应该让多种个体交通相融互补,不论何时人们都能方便到达城市各处;应该改善交通场所的质量,让每一个人掌握交通的主动权。近年来,我国城市交通事业迅速发展,人们的出行条件已经得到极大改善。然而,问题还是显而易见。现在我们关心的不应仅仅是速度,而是整个交通空间环境质量,使人们每天的出行都成为一种令人兴奋和激动的愉悦体验。

城市的魅力不仅在于优美的居住环境、现代化的办公楼宇以及高档的娱乐设施,而且也在于宜人的交通空间,即人们在出行过程中同样能够享受高品质的生活。城市交通要以人的出行需求为基本的出发点,优化乘车环境,改善换乘条件,保护步行空间,倡导使用环保型交通工具,注重交通设施与周边环境的协调。城市交通发展应兼顾社会各个阶层的需要,无论贫富、老幼,无论是小汽车拥有者还是公交乘客、骑车人和步行者,都能平等地共享有限的交通空间。在共享的交通空间中,公众的交通利益将得到优先保障,不仅要满足一般市民的交通利益,而且要为老人、儿童和残疾人等社会弱势群体提供特殊的交通服务。在共享的交通空间中,个人所采用的交通方式,不论是公共交通、小汽车、自行车抑或是步行,都不允许对其他人的生活与出行造成负面影响,通过规划、控制和收费等管理手段实

① 俞孔坚、李迪华:《城市景观之路——与市长们交流》,中国建筑工业出版社2003年版,第61–75页。

现社会公平。在共享的交通空间中,各种交通方式将紧密衔接,充分发挥多种交通方式的组合优势。将建设换乘枢纽作为城市交通发展的关键举措,构筑舒适、开阔和紧凑的换乘空间,促使轨道交通与地面公交、公共交通与个体交通、市内交通与对外交通等轻松地实现转换。

仔细考察我们可以发现,现在的城市交通环境存在很多问题,创建一个健康的人本化的绿色交通环境还有许多工作要做。

一、通过道路空间创造,形塑交通环境"新生态"

首先是创造"步行友好"的城市道路空间。随着可持续理论的不断发展,城市交通系统中对于在机动化潮流中处于弱势地位的步行交通的关注越来越多,人们逐渐认识到通过"人车分流"、划定步行区的空间隔离或保护手段来满足步行交通的方法已经不能满足现实的需要,而且在现实中也无法将步行交通与机动交通在空间上完全隔离开来,城市交通环境整体上对于行人越来越不利,步行交通的空间不断被蚕食,行人过街的距离越来越长,最终可能导致步行街区成为城市中机动交通大潮中的孤岛。必须整合所有的交通空间,使每一个交通空间或多或少考虑到步行交通的需求,在最大程度上减少机动交通对步行交通的威胁和干扰。

应当充分认识到,城市道路不仅是交通空间,更是城市公共交往空间的主要部分。人们每天的公共活动实际上均是在城市道路空间进行的,就像人们利用公园、广场、集中绿地进行休憩,人们同样可以利用良好的道路设施进行休憩;充满活力、独具特色的街道景观是城市特色的重要反映,成为流动的风景线。根据这一观念的启发,20 世纪 80 年代以来,"道路空间共享"成为西方城市交通规划和设计的一项新课题,步行与机动车辆之争发生了本质变化,人和车辆平等共存的概念逐渐取代了人车分离的概念。人们试图寻求一种合理的规划设计管理措施,为所有的道路使用者改善道路环境,使街道中步行者和机动车平等共存,各类交通和谐相处,减少步行者、骑车者和机动车之间的冲突,从而恢复目前受交通支配的道路的人的尺度而无需将交通限制到不能接受的水平。

理性的城市规划应当承认并正视、利用人车共存的道路空间,而不是将两者隔离开来,所要做的仅仅是尽量创造舒适、安全的步行环境,并使机动交通便捷地为步行活动服务,这就是"步行友好"的城市道路空间的本质含义。

其次是创造公共交通友好的道路空间。街道空间（Street Space）作为公共空间的重要组成部分，除了提供交通通行空间以外，在提升街区活力、促进人际交往、创造更适合人们居住的空间环境方面都具有重要作用。但是长久以来，由于机动交通的优势地位，街道空间理应具备的多重属性被人为弱化了，除了容纳更多的机动车辆外似乎并无他用，噪声、废气、汹涌的车流与急匆匆的人流构成了人们避之不及的恶劣环境，本来可以进行的漫步、会友、逛街等活动难觅踪迹。随着机动车不断增加，环境逐渐恶化。从 20 世纪 70 年代开始，这一问题开始引起注意，各国开展了旨在改变"不平衡利用"的道路空间的一系列研究和实践。尤其是在欧洲，诸如英国、德国、荷兰以及斯堪的纳维亚半岛国家均展开了大量的研究和实践工作，各国的观点趋于一致，正如丹麦交通大臣所指出的："社区的塑造不会也不应该遵从于汽车交通的要求"。①

近年来，针对道路空间严重忽视人的需求和活动这一现象，国外提出了"公共交通友好街道"这一概念，明确指出，"任何不是周全考虑道路空间内所有活动需求的手段对道路两侧经济活动的健康发展和整个街道的活力都是有害的"，"公共交通友好街道"关注道路空间内所有行为和活动，同时"细致、均衡地"划分道路空间，重点满足行人的使用需求，创造活跃的、生机勃勃的街道生活景观，保证公共交通对道路空间的需求，同时考虑停车、自行车及其他车辆通行等对道路空间的需求。

均衡的道路空间应当为所有使用者着想。在重视公共交通的同时也不能忽视其他类型的交通，这一工作是一个渐进的过程，应当适时作适当的修正、调整，并不是一定要采取大规模的建设活动才能取得实质性的结果。

再次是形塑环境景观的"新人文"与"新生态"。"新人文"是以人的感受作为行动的基本出发点，尊重人、关心人、满足人的多种需求，创造一个"人的场所"。城市道路景观的设计应不断从传统的景观规划和设计思想中迸发灵感，与现代生活特征相结合，以具有地方特色、重视历史文化传统、令居民具有强烈归属感的道路取代毫无亲和性的"大道"。让"以人为本"的理念不仅仅停留在口号上，而是深入到道路景观设计的每一个细节中，强调建成景观的宜人性以及对人类社会生

① 转引自马强：《从"小汽车城市"到"公共交通城市"》，中国建筑工业出版社 2007 年版，第 218－219 页。

活的支持性。

人性化的道路景观设计从道路景观要素来讲,应充分体现对生态各要素的关心和对城市生态系统平衡的追求。这种“新生态”观融合了现代生态学生物演进的规律,虽然城市不断地变化,为人们提供各种各样实验和探索的机会和场地,但其变化应有一条健康的主线。应当把一个城市的文脉、历史、文化、建筑、邻里和社区的物质形态当作一个活的生命来对待,当作一种生命的形式、一种生命体系来对待,要根据它的“生命”历史和生存状态来维护它、保持它、发展它和更新它,糅合到道路景观的设计中,丰富其建成的语境,创造流动的人性化绿色道路景观。

二、通过环境法律治理,完善城市交通软环境建设

所谓软环境主要包括城市交通主体的安全意识、道德意识和对交通规则的遵守等,这些对于维护弱势群体的利益、交通环境的保护与法律治理至关重要。

一个严重不合理的规则会对弱势群体的利益形成更大的伤害。除了行人自己要加强安全意识、注意自我保护之外,限制机动车的强制性措施同样必要,毕竟机动车相比于行人具有绝对的优势,本着平等的原则,有必要对行人这一弱势群体加以特殊的保护。社会学的深层理念就是促进社会进步,创造健康的社会,无疑关注弱势群体并积极维护他们的利益正是题中应有之义。一个健康的社会不应该有歧视弱者的现象,同样,要创建一个健康完善的城市交通体系,很重要的一点就是要积极维护交通弱势群体的利益,不仅要让他们能够平等参与到城市交通中来,而且要依靠他们逐步消除城市交通系统中不平等的现象,以创造一个美好、和谐、理想的城市社会。

从社会公平与社会正义角度来看,政策制定者与城市规划工作者有义务改善道路交通环境条件,优先照顾弱势群体的出行模式(如限制车速、设置路障、减少机动车道),增加他们对易达性的获取可能。中国当前无车的弱势群体是多数,他们的基本生存与发展权利理应受到保障,因为易达性缺失意味着接近各种机会的缺乏。美国著名的伦理学者约翰·罗尔斯认为,正义就意味着制度要遵循这样的原则:使所有社会成员面临的机会都是公正平等的,天生不利者与有利者同等地利用各种机会,在分配社会合作产生的利益方面始终从最少受惠者的立场来考虑问题。① 据此，城市交通环境应被视为全社会拥有的公共资源（属于社会合作产生的公共利益范畴），理应给予处于劣势的非驾车群体以某种合理的补偿。城市交通政策应偏袒弱势群体，赋予他们更多的易达性权利而不是刚好相反（如中国当前以小汽车交通为导向的道路交通环境规划建设）。

不仅如此，在交通环境的治理中，还要充分地考虑人与自然环境之间的各种权利与义务，以及人与人之间的权利与义务关系。就人与自然环境的关系而言，人在改造自然的同时，必须承担对自然环境进行保护的责任，人有责任有义务尊重自然和其他物种存在的权利，因为人与其他物种都是宇宙生物链中不可缺少的组成部分，享用自然并非人类的特权，而是一切物种共有的权利。要使人和自然共同迈向未来，人类要在维护生态平衡的基础上合理地开发自然，把人类的生产方式和生活方式规范在生态系统所能承受的范围内，在热爱自然、尊重自然、保护自然和维护生态平衡的基础上，积极能动地改造和利用自然。

三、完善“慢行系统”，恢复对步行的热爱

在欧美一些发达国家，城市快慢道路建设科学规范，社会文明程度较高，走路、单车出行早已是常见的出行方式，官员骑自行车上下班也是极为普遍的现象。在我国，由于城市的快速发展，机动车数量增长速度迅猛，机动车占道行驶、乱停乱放等行为，剥夺了自行车和步行者的路权。在构建和谐宜居城市和倡导绿色环保出行的今天，实行专用“慢行系统”车道，真正让城市交通规划从“车性”向“人性”回归，不仅是在缓解交通压力、改善生态环境，更是在鼓励都市人群回归自然，学会享受“慢生活”带给人们的健康和文明。城市“慢行系统”不仅是环保的交通模式，更是一个城市现代文明的标志。一个城市的“慢行系统”是否发达，布局是否合理，规划是否完善，直接能体现出这个城市的人文精神。一个没有“慢行系统”、只重视“速度”的城市，居民会缺乏幸福感和归属感。城市“慢行系统”是一种文化符号，是生活品质的体现、城市宜居的反映。实施专用“慢行系统”，并不是真正让城市的发展减慢，而是让城市发展更加和谐，城市管理更加规范，市民生活更加舒适。从这个意义上说，人们只有充分学会享受城市“慢生活”，“慢行系统”

① ［美］约翰·罗尔斯：《正义论》，何怀宏等译，中国社会科学出版社 1988 年版，第 24 页。

才能释放出城市的现代文明精神。实施“慢行系统”专用道路建设,必须重新建立非机动车道、人行道和慢行过街系统等“慢行系统”的相关标准,并严格按照“标准化”建设要求,在硬件设施、软件投入上实施严格的准入和考核机制,让顺畅的道路、完善的配套设施和方便的公交、步行、骑行接驳,吸引更多市民选择慢行交通方式,确保人们出行的交通安全。

然而,步行作为人类几百万年的历史里最基本的行为,其生物学事实在今天的城市中似乎越来越被人们所忽视。城市从根本上来说需要步行这种古老而又基本的交通方式,也必须拥有步行的环境。当一个城市鼓励所有移动都将是门到门的汽车出行时,那么它就创造了一个不再表达人类本质的生物历史和城市历史的环境。汽车城市有许多固有的问题,但问题的根源都是缺乏步行的能力。门到门的汽车出行非常方便,但是对于我们的健康、我们的家庭、我们的社区以及我们的城市都是有害的。如果我们不把步行方式引入我们的日常生活和城市基础设施中,那么我们创建的城市就是一个不健康的城市,或者也可以说是一个坏的城市。①

研究表明,如果提供良好的人行道和自行车专用道路,以及两者比较好的连接,人们会更切实地选择走路或骑自行车。这种变化也将减少交通阻塞并且提高空气质量,而且可以减少行人的伤亡率。对久坐的生活方式、空气质量和行人的安全三方面的批评和改进可以大大提高公众的健康。② 具有充分自由选择权的交通系统,必须给骑车者、步行者留有足够的空间。凡是试图通过公交优先原则解决交通拥堵的大城市,不可能不考虑自行车道和人行道路网的建设。因为它们在功能上是相互依赖、相互补充、相互协调的,它们可以令城市更人性化、更经济、也更可持续。③ 步行性和社会性价值是街道作为城市重要公共空间的属性所在。“步行上班,每天走上1英里,在大多数节季中是一剂滋补药,特别是对那些经常

---

① [澳]Peter Newman:《历史上、国际社会和当代环境中的步行》,见[英]罗德尼·托利:《可持续的交通:城市交通与绿色出行》,孙文财等译,机械工业出版社2013年版,第37页。

② [美]新都市主义协会:《新都市主义宪章》,杨北帆、张萍、郭莹译,天津科学技术出版社2004年版,第61页。

③ 王颖:《城市社会学》,上海三联书店2005年版,第421页。

坐着的职工"。① 这里需要重视的是,街道的公共空间属性意味着应该从人本尺度和人的空间感知而非车速、容量、交通安全的车本尺度出发,需要运用城市设计手段而不仅仅是交通工程手段来对待城市街道空间的设计。建立在步行性和社会性价值基础上的城市街道空间形式,应该是人本尺度的界面连续的、安全友好的、能够鼓励步行和支持不同程度社会交往和街道生活的高品质城市街道空间。

四、低碳出行,从"心"出发回归生态理性

人类赖以生存和发展的环境是一个大系统,它既为人类提供空间和载体,又为人类提供资源并容纳废弃物。对于人类活动来说,环境系统的价值在于它能对人类社会生存发展活动的需要提供支持。由于环境系统的组成物质在数量上有一定的比例关系,在空间上具有一定的分布规律,所以它对人类活动的支持能力有一定的限度。当人类社会经济活动对环境的影响超过了环境所能支持的极限,即外界的刺激超过了环境系统维护其动态平衡与抗干扰的能力,也就是人类社会行动对环境的作用力超过了环境承载力。

生态学家和生态哲学家一直在呼吁人类的生态理性。生态理性是根据生态系统的整体要求去做出选择的理性,概括地讲,生态理性体现为遵循利奥波德提出的行为准则:"当一件事物趋向于保护生物共同体的和谐性、稳定性与美感的时候,就是正确的。反之就是错误的。"经济理性则指个人追求自我利益最大化的计算能力,即在面临多种选择时,人们总是会选择给自己带来最大满足的选项。现代汽车文明是迎合经济理性的文明。它把经济理性抬升到高于生态理性地位,并体现着国家政治特征的过程。认为一个特殊的理性概念之所以超越其他可能而取得支配地位与合法性,首先是因为它是社会权力的一种功能,这种功能服务于能够从相应结果中获益的强权社会集团的利益并不是认识论具有内在优越性的结果。② 而根据生态理性,鼓励汽车消费就是错误的。因为私家车的迅速增加势必导致环境的进一步恶化,势必挤占更多的空间,从而挤占更多的野生动植物栖

① [美]刘易斯·芒福德:《城市发展史——起源、演变和前景》,宋俊岭等译,中国建筑工业出版社2005年版,第562页。

② [英]简·汉考克:《环境人权:权力伦理与法律》,李隼译,重庆出版社2007年版,第23页。

息地,所以会破坏生态系统的完整、稳定和美丽。① 因汽车越多,绿色越少。

根据生态环境的承受限度确定允许使用的机动车车辆总数,并进而规定每个居民的尾气排放权,这是生态理性的体现。要汽车,还是要绿色?经济理性人会毫不犹豫地要汽车,生态理性人会毫不犹豫地要绿色。

当前中国处于社会转型的加速时期,社会分层趋势正逐步加大,但我们必须承认,具有良好场所意义的道路交通环境应考虑环境使用者——人的主体性和多重生理、心理需求。功能、尺度和细部友好的道路交通环境会给市民充分的愉悦感和美的城市体验。好的城市设计为道路交通环境创造适宜的社会互动情境。作为人们社会生活的重要公共空间,适宜的道路交通环境积极支持多样化社会交往事件的发生,从而促进社会融合和社会资本积累。成功的关键是一个正确的价值观的普及和广为接受,绝不仅是拓宽道路、革新技术那么简单。我们需要让越来越多的人感受到交通拥堵以及相伴而生的环境污染、生态破坏对人们不断警示和惩罚的后果。前进的第一步并不复杂,只是让城市出行者认识到我们正在造成的损害以及怎样避免它。新价值观从不抽象地到来,它们往往与具体的情况、崭新的现实以及新的世界理解一起到来。实际上,道德只存在于实践中,存在于日常微小事情的决策上,正如亚里士多德所说:“在道德方面,决策依赖观念。”当大多数人看到一辆大汽车并且首先想到它所导致的空气污染而不是它所象征的社会地位的时候,环境道德就到来了。② 可以说,在当前中国城市交通问题已经成为一个难解之痛时,树立一种健康的、人本化的绿色交通理念应是当务之急。这一理念强调的是城市交通的“绿色性”,即减轻交通拥挤,减少环境污染,促进社会公平。其本质是建立维持城市可持续发展的交通体系,以满足人们的交通需求。绿色交通的理念,有待我们从“心”开始,并从我们的“脚下”实践,它不仅应该表现在交通政策的制定中,更要融入到人们生活方式的选择中去。

---

① 卢风:《绿色与汽车》,《群言》2005 年第 4 期,第 34 - 35 页。

② [美]艾伦·杜宁:《多少算够——消费社会与地球的未来》,毕聿译,吉林人民出版社 1997 年版,第 102 页。

第五章

与资源和谐:以最小的代价维持交通需求

资源是城市交通可持续发展的物质基础。中国是一个人口众多而人均资源却极其有限的国家。要解决中国的城市交通问题,使城市交通逐步走上健康发展的轨道,必须立足于当代中国"直接碰到的、既定的、从过去承继下来的条件"①,即必须从中国的"国情"出发,从而采取切实可行的战略与措施。本章首先考察中国国情现实及其对城市交通发展的制约因素,重点阐述能源与土地资源的双重挑战;然后剖析"轿车进入家庭"承受的经济与社会代价,指出"轿车进入家庭"的政策并不适合中国国情;最后探讨为何只有公共交通才是最有效的资源利用方式,将自行车纳入城市公交体系,更体现了绿色交通的要义。

第一节　中国国情及其对城市交通发展的制约

一、国情现实:地大物博抑或资源匮乏

长期以来,"地大物博,人口众多"成了我国妇孺皆知的对国情最恰当的概括。说中国"人口众多",一点儿也不假。全国人口总数 1953 年为 6 亿,1964 年为 7 亿,1969 年为 8 亿,1974 年为 9 亿,1982 年为 10 亿,1989 年为 11 亿,1995 年 2 月 15 日达到 12 亿,一直居世界各国之首。② 根据国家统计局 2008 年 2 月 28 日发布的《2007 年国民经济和社会发展统计公报》,2007 年年末全国总人口已达 132129

---

① 马克思、恩格斯:《马克思恩格斯选集》(第 1 卷),人民出版社 1995 年版,第 603 页。

② 童星:《中国现代化热点审视》,南京出版社 1998 年版,第 2 页。

万人。

说我国“地大物博”，则要看从什么角度而言。从绝对量即总量上来分析，我国国土面积960万平方公里①，仅次于俄罗斯和加拿大，位居世界第3位；耕地面积、林地面积、草地面积等主要可更新资源的拥有量也都名列前茅。如1996年我国生产的一次性能源，包括原煤、原油、天然气、水电（不包括农家用的薪柴、沼气、风力等类能源）折合标准煤12.6亿吨，居世界前列。② 根据地矿部门第27个“世界地球日”宣传活动中提供的数据，我国已发现的矿种达162种，有148种探明了储量，其中煤、钒、钛、铅、锌等25种重要矿产的探明储量居世界前列。在探明的矿产储量中，已有150多种矿产被开放利用，矿产总开采量居世界三大矿业国之一。如此看来，我国的确“地大物博”。

但是，由于我国人口众多，因而从相对量即人均占有量上来分析，我国的资源就显得非常匮乏，“地”既不“大”，“物”也不“博”。我国国土资源、耕地资源、林地资源、草地资源等可更新资源的人均占有量，居世界第120位，是7个资源大国中资源人均占有量最低的国家③。我国人均国土面积不足世界平均水平的1/3；人均每年消耗的能源折合标准煤为1.14吨，远低于世界平均水平。从人均拥有的矿产资源量看，我国名列世界第80位，是一个资源相对不足的“小国”。从现有的资源情况看，我国现在大约有1/4的资源紧张，到2000年有一半矿产资源紧张，到2020年可以保证需求的仅有6种，占13%，将出现矿产资源全面紧张的严重局面。④

目前制约我国走向汽车社会进程的最严重的资源问题，当数能源与土地资源的缺乏。从政府来讲，不从这个国情出发不现实。因为小汽车交通作为居民提高生活质量的消费选择，它必须建立在可持续的基础上。这样我们就不得不面对能

---

① 新中国成立后，共进行了四次国土面积测量工作。1956年进行首次测量工作，量算出国土面积为959万平方公里；1963年量算为953万平方公里；1984年第四次测量得到的结果为1045万平方公里。目前仍沿用960万平方公里的说法。

② 李鹏：《中国的能源政策》，《求是》1997年第11期。

③ 这7个资源大国中的另6个国家人均占有资源量的排序为：澳大利亚（第3位）、加拿大（第5位）、巴西（第15位）、苏联（第20位）、美国（第27位）、印度（第110位），参见中国科学院国情分析研究小组编著：《开源与节约——中国自然资源与人力资源的潜力与对策》，科学出版社1992年版，第156页。

④ 边艳菊：《中国资产新闻报》，1997年4月23日。

源与土地资源的双重挑战。①

(一)能源挑战

由于我国的石油储藏量和开采量有限,石油需求将越来越多地依赖进口。汽车拥有量的增加,引发了强劲的石油需求,进而对能源供给提出了严峻的挑战。从1993年开始,中国就进入了石油净进口国的行列,而且进口量与日俱增。1996年中国成为继美国、日本之后的世界第三大石油消费国。2000年,我国机动车消耗的石油为6560万吨,约占全世界石油消费的1/3。到2003年则成为世界第二大石油进口国,当年进口石油9000万吨,并且,石油进口快速增加的趋势仍将持续下去②。2004年1月中国的石油进口量达1030万吨,估算全年的石油总需求量将超过3亿吨,而国内供给仅为1.8亿吨,有1.2亿吨的缺口需要进口来弥补③。综观国际能源组织和国内十几个中期战略规划的预测结果:中国原油产量到2020年至多能达2.0亿吨的规模。这样,保守估计2010年和2020年中国原油则进口量将分别超过1.5和2.0亿吨④。

我国的能源储备也远低于世界平均水平。如过分依赖进口,将严重危及国家石油安全。目前中国的石油安全问题已经凸显出来。有关机构预测,如果国内石油生产和消费能力维持现有水平,到2010年,中国国内对石油需求的保证程度将不到60%,到2020年对进口石油的依赖程度将提高到60%。无疑,正是汽车产业的迅速发展和汽车进入千家万户加速了这一趋势。2000年我国机动车所消耗的石油约占全国总石油消费的1/3,据预测,2010年和2020年我国机动车的燃油需求将直线上升,分别达到当年全国石油总需求的43%和57%。因此,石油的高对

① 何玉宏:《挑战、冲突与代价:中国走向汽车社会的忧思》,《中国软科学》。2005年第12期,第67-75页。

② 周大地:《2020中国可持续能源情景》,中国环境科学出版社2003年版。

③ 关于中国石油需求的预测有多种版本。周大地等的预测是,中国2010年对石油的需求约为2.9亿吨,到2020年则高达3.8亿吨(周大地等,2002,第33页);陈清泰在一次讲演中提到的预测是,2010年和2020年机动车的燃油需求分别为1.38亿吨和2.56亿吨,占当年石油需求的43%和57%。据美国能源部发布的《国际能源展望》预测:中国在未来20年的石油进口量将达到日均740万桶,相当于整个欧洲的日进口量;中石油预测结论为:2010年、2015年和2020年中国原油需求分别为3.1、3.5、4.0亿吨;中石化的预测结果则分别为3.2、3.8、4.3亿吨。

④ 隋舵:《国际石油资源博弈与中国的石油外交战略》,《学习与探索》2005年第3期,第27页。

外依存度已经成为中国一个十分重要的战略问题。

如果中国的汽车人均拥有量达到每 10 人一辆的世界平均水平,全世界的石油出口量也不能满足要求;如果中国的轿车发展达到美国那样的水平,而全世界的石油产量也没有这么多。正如美国 INFORM 公司 1998 年提供的一份报告中指出的,"如果中国达到美国人均汽车的水平,那么中国的公路上将有 9 亿多辆汽车,比目前全世界汽车的总和还多 40%。中国的石油需求将超过目前全球石油生产总量的 18%。朝着这个方向发展,无疑将给中国和全世界带来可怕的后果"。

(二)土地资源挑战

先看耕地。以占世界 7% 的耕地养活占世界 22% 的人口,这既是我国人民创造的一项惊人奇迹,也是中华民族背负的一个沉重包袱。我们曾有过人均拥有众多耕地的历史,遗憾的是这已一去不复返。表 5-1 给出了我国历代耕地面积的变化情况。

表 5-1 我国历代耕地面积的变化情况①

朝代	历史纪年	公元纪年	人口数(人)	耕地数(亩)	户均耕地(亩)	人均耕地(亩)
西汉	平帝元始二年	2	59 594 978	827 053 600	67.61	13.88
东汉	安帝延光四年	125	48 690 789	694 289 213	79.25	13.7.0
唐	天宝十四年	755	52 917 309	1 430 386 213	160.46	27.03
宋	天禧五年	1021	19 930 220	524 758 432	60.47	26.33
明	太祖洪武十四年	1381	59 873 306	366 771 549	34.426.13	

值得注意的是,我国现在人均占有耕地面积仅为 1.3 亩,不足世界水平(人均 4.8 亩)的 1/3,而且我国耕地总量以及人均占有量减少的趋势仍然十分明显。现在我国每年大约增加 1500~1700 万新生人口,同时也大约减少 1500~1700 万亩耕地。可以毫不夸张地说,耕地已成为中华民族赖以生存和发展的生命线。

首先,汽车不同于家电产品,它的消费需要一系列外部配套条件才能实现,除了能源耗费外,还需要道路、停车场等基础设施。"汽车所到之处,铺筑的地面就

① 童星:《中国现代化热点审视》,南京出版社 1998 年版,第 5 页。

扫荡了这里的土地——田地变成了停车场,森林变成了汽车道"①。就人均拥有土地资源而言,我国是世界上最为贫乏的国家之一。由于农业结构调整和灾害损毁耕地、非农业(如开发区与大学城)建设占用耕地的原因,我国人均耕地面积由1986年的1.37亩迅速下降到1995年的1.18亩,约为联合国规定的人均耕地最低标准的1/3,耕地资源短缺问题日益突出②。而汽车数量的迅速增长必然导致对耕地资源需求的增加。目前,中国家用轿车的保有量为489万辆,据估计,到2010年和2020年这一数字将分别增加到1466万辆和7200万辆,届时全国汽车保有量将高达1.3亿辆。如高峰时段出车率为40%,则这些汽车直接用地就为50万公顷,更为严重的是这将刺激城市居民住宅郊区化,使城区面积大幅度增加。根据西方国家的发展情况,这个增加值是直接用地量的几十倍③。这还不包括未来我国多达8亿农村人口拥有小汽车所带来的耕地浪费。而耕地资源属于"生存资源",即人类生存最不可缺少的因素。若我国汽车产业政策盲目鼓励产业增长,不充分考虑该产业发展与耕地资源的关系,我国必将面临生存问题的严重挑战。

其次,中国的人口集中在富饶的沿海地区和中心区域,这样用于道路和停车场建设的土地数量又受到很大限制。在轿车保有量较高、人口密度较大的工业化社会(如德国、英国和日本),每辆汽车平均占有200平方米的土地。尽管中国国土面积同美国相近,但其13亿人口中的绝大多数集中在仅占国土面积1/3的东南部沿海地带,并且这些地区是中国耕地的主要分布区域。如果中国在未来的汽车保有量达到日本的水平(每两人拥有一辆汽车),那么中国的汽车保有量将达到6.4亿辆(目前只有2300万辆)。再假定中国像欧洲和日本一样,每辆汽车平均占用200平方米的土地,那么6.4亿辆的汽车保有量意味着要占用1300万公顷左右的土地,其中多数土地属于耕地。这个数字占中国可耕地面积的10%,占中国2300万公顷水稻种植面积的一半还多④。当中国的农民为了汽车用地而失去1公顷水稻田后,大米的生产将受到两倍于土地面积的冲击。即使中国的汽车保有

① [美]艾伦·杜宁:《多少算够——消费社会与地球的未来》,毕聿译,吉林人民出版社2000年版,第56页。

② 魏后凯:《走可持续协调发展》,广东经济出版社2001年版。

③ 迈克尔·P.达罗:《经济发展》,中国经济出版社1999年版。

④ 潘家华、胡怀国:《中国汽车行业的发展:加入WTO及其环境影响分析》,叶汝求、David Runnalls主编:《中国加入WTO环境影响研究》,中国环境科学出版社2004年版。

率只有日本的一半,即每4人拥有一辆汽车,它仍将占用相当多的耕地①。此外,为了给汽车的沥青空间让位,国人所牺牲的空间恐怕不仅仅是"自然",不仅仅是本来就已经匮乏的耕地,而且也必定包括每个人的生存空间:每个人在其中居住、生活、行走、呼吸的空间,日渐缩小的土壤绿地和日渐消失的行动自由。在这个意义上,对"舒适自由"的轿车空间的梦想与人们对真实的生存空间和生活质量的需求,可以说是完全背道而驰②。因此,中国作为一个人口大国,不允许将养命活口的土地大量用来修建道路或停车场。否则,美国地球政策研究所所长莱斯特·布朗博士1994年提出的"谁来养活中国"问题就不再是预测而是现实。③

二、现实国情对城市交通承载力的制约

所谓城市交通承载力,通常是指"在城市空间范围内、在给定的交通设施条件、交通环境容量和交通服务水平下,城市整体所能提供的人和物的空间位移的最大能力"。根据研究目的、范围、对象的不同,城市交通承载力可以有不同的分类。

按照交通系统的外部条件,城市交通承载力可以分为:交通土地承载力、交通能源承载力和交通环境承载力。这里着重就土地承载力进行分析。

(一)我国城市道路面积情景预测总况④

根据《中国城市统计年鉴》2004年和2005年统计资料,2003年城市市辖区非农业人口20 778.40万人,2004年城市市辖区非农业人口21 282.69万人,年平均增长率为2.43%。结合我国城市化进程步骤加快,按照年平均增长率3%计算,到2010年,我国城市市辖区非农业人口达到25 412.64万人,2020年我国城市市辖区非农业人口达到34152.47万人。

到2004年底,我国城市人均道路面积达到8平方米,已经进入7~15平方米

---

① Brown L. 2001 World Automobile Production. World - watch Institute, Washington DC.

② 孟悦:《轿车梦酣——"平等"而"发达"的沥青幻境》,《视野》第三辑,河北教育出版社2001年版,第58-72页。

③ [美]莱斯特·R. 布朗:《生态经济:有利于地球的经济构想》,林自新等译,东方出版社2002年版。

④ 中国科学协会:《中国城市承载力及其危机管理研究报告》,中国科学技术出版社2008年版,第172-183页。

的道路规范区间，我国城市铺装道路面积达到1702.6平方千米。人均道路面积分别取10、12、15平方米作为情景条件，对我国城市道路面积进行远景分析。见表5－2。

表5－2　未来年道路面积情景值

人均道路面积（平方米）	2010年道路面积（平方千米）	比2004年增加面积（平方千米）	2020年道路面（平方千米）	比2004年增加面积（平方千米）
10	2 541.26	839.16	3 415.25	1 712.65
12	3 049.52	1 347.42	4 098.30	2 395.70
15	3 811.90	2 109.80	5 122.87	3 420.27

根据统计，西方国家道路面积占市区面积一般都超过20%，例如：巴黎占20%，华盛顿占25.5%。如果仅仅通过扩大道路面积在新城区比重，按照10%和20%的比例计算，2010年和2020年新增城市建设用地见表5－3。计算结果表明，如果以15平方米为单位，到2020年，我国的城市建设用地将翻一番，这与国家土地资源开发利用要求很不相称。

表5－3　未来年城市建设用地情景值

人均道路面积（平方米）	2010年比2004年新增城市用地面积（10%）（平方千米）	2010年比2004年新增城市用地面积（20%）（平方千米）	2020年比2004年新增城市用地面积（10%）（平方千米）	2020年比2004年新增城市用地面积（20%）（平方千米）
10	8 391.64	4 195.82	17 126.47	8 563.23
12	13 474.17	6 737.09	23 956.96	11 978.48

续表

人均道路面积（平方米）	2010年比2004年新增城市用地面积（10%）（平方千米）	2010年比2004年新增城市用地面积（20%）（平方千米）	2020年比2004年新增城市用地面积（10%）（平方千米）	2020年比2004年新增城市用地面积（20%）（平方千米）
15	21 097.97	10 548.98	34 202.70	17 101.35

人均道路面积是衡量城市交通承载力的一个重要指标，直接反映了城市所能提供的道路设施供给能力。通过增加道路面积来提升城市交通承载力是一个有效途径，但是结合我国国情，城市化水平较低，土地资源有限，因此必须严格控制人均道路面积，通过发展适合国情的公共交通以及通过科学的交通组织与管理来提升城市交通承载力。

（二）城市未来年交通承载需求情景模拟

对2010年和2020年北京、上海、重庆、广州和郑州5个城市进行交通承载需求情景模拟，预测在给定的城市化水平下，各类交通承载力指标的需求量。对于人均指标，根据两个时间点城市人口总数以及相应的规范标准，计算获得人均指标的未来量。对于总量指标则直接根据相关规范和经验值，计算总量指标的未来量。

未来年的城市GDP总量，以2005年GDP总量为基准，以2005年GDP增长率为增长速度来计算。根据交通基础设施投资比重占GDP总量的3%，公交投资占交通基础设施投资总量的14%，获得未来年两者的需求量。

根据《上海市城市总体规划（1999—2020年）》，《郑州市城市总体规划（2006—2020年）》《重庆市城市总体规划（2005—2020年）》《北京国民经济和社会发展第十一个五年规划建议》《北京市城市总体规划（2004—2020年）》《广州市城市总体规划（2001—2010年）》等规划报告中的2010年和2020年人口预测，根据《2005年中国城市统计年鉴》中的GDP及增长率，对未来年交通设施承载值预测（见表5-4）。人均道路面积2010年取8.2平方米，2020年人均道路面积取8.5平方米。

表5-4　5个城市总体规划人口与GDP总量

城市	2010年人口（万人）	2020年人口（万人）	2020年GDP总量（亿元）	2005年GDP总量（亿元）
北京	1 600	1 800	10 485	6 814.5
上海	1 900	2 000	15 000	9 125
郑州	400	500	3 040	1 649.8
广州	1 090	1 200	9 500	5 115.77
重庆	660	880	5 000	3 069.1

(1)2010年情景需求,见表5-5。

表5-5　5个城市2010年交通资源需求

城市	道路面积（平方千米）	公交车(辆)	交通基础设施投资(亿元)	公交基础设施投资(亿元)
北京	131.2	16 000	314.6	44
上海	155.8	19 000	450	63
郑州	32.8	4 000	91.2	12.8
广州	89.38	10 900	285	39.9
重庆	74.4	6 600	150	21

(2)2020年情景需求,见表5-6。

表5-6　5个城市2020年交通资源需求

城市	道路面积(平方千米)	公交车(辆)
北京	153	18 000
上海	170	20 000
郑州	42.5	5 000
广州	102	12 000
重庆	79.05	8 800

随着城市建设速度的加快，城市土地越来越昂贵，很多城市已是寸土寸金，用大量的土地资源来满足停车位的需求是不现实的，如北京市现有停车位缺口29万个，每年新增的轿车在20万辆以上，按每个停车位需地面积5平方米计算，除解决欠债需停车位面积145万平方米，每年新增停车位需面积100万平方米；上海市停车位缺口85万个，需停车面积425万平方米，每年新增车辆10万辆，需新增停车位面积50万平方米；广州市停车位缺口42万个，需停车面积210万平方米，每年新增轿车10万辆，需新增停车位面积50万平方米，要用如此大的土地面积来建停车场，肯定是不可取的。我国城市人口多，人均土地面积小，不像欧美国家，人少土地多。城市停车位的短缺，已经成为一个十分严重的交通问题，摆在了我国的各个城市尤其是大城市的面前。

近年来我国汽车拥有量增长迅速，超过同期经济增长速度。从1980年到2005年，我国机动车保有量以年均18.7%左右的高速率增长，到2005年底，全国机动车保有量已经超过1.3亿辆，预计这个增长趋势仍将继续，城市交通系统将会面临持久的挑战。其中私人汽车的发展尤其迅速，私人汽车由1985年的28.49万辆增加到2004年底的1 481.66万辆，增加了52.0倍，年平均增长率为23.11%，远远高于同期民用汽车的平均增长率13.54%，远远高于同期国内生产总值的平均增长率15.4%。一般认为，当人均国内生产总值（GDP）超过3 000美元，或者小汽车平均价格接近人均国内生产总值的2倍至3倍时，就是批量进入家庭的门槛。据国家统计局数据，2004年，我国人均GDP约10 500元。在三个区域中心城市中，上海市人均生产总值42 800元，广州市37 400元，北京市29 000元。据统计，全国有35个地级以上市国内生产总值超过25 000元（3 000美元）。这表明，在我国部分大城市中，经济发展水平已经具备支撑小汽车进入家庭、私人购车持续增长的重要条件。私人小汽车发展缺乏引导，导致城市交通结构进一步恶化。因此，如何加快公共交通的发展，使个体交通工具的利用者转向公共交通，使城市综合交通体系的交通结构趋于合理，是摆在我们面前的严峻课题。

第二节 “轿车进入家庭”与中国国情

“轿车进入家庭”已成为当今大多数城市中的一个热门话题。曾有人说，拥有一辆小汽车的人是皇帝:他愿意到哪里去就到哪里去,愿意在哪里停就在哪里停;这个机器好像一个补充设施,它扩大了被机械化缩小了的自我。确实,作为一种现代交通工具,小汽车有它的许多优点:舒适、快速,更是一种身份的表象征等等。况且,扩大内需,促进经济发展,也需要而且必须拉动小汽车消费,“轿车进入家庭”似乎顺理成章,不容置疑。但对于城市发展而言,“轿车进入家庭”也带来了一定的负面效应,乃至有人预言,“扩散的城市与其必不可少的汽车将最终威胁我们社会的生存”。

一、轿车的生态包袱与生态足迹①

(一)轿车的生态包袱计算

生态包袱是指提供单位产品或服务的物质消耗。它是一种可用于测量任何产品的环境压力强度的尺度,即“每单位服务的物质消耗(material imput per service unit,MIPS)”。它对应产品的整个生命周期,要求“从摇篮到摇篮”计算每单位的服务或功能的物质消耗。②

在最近的20年,环境政策的主要目标之一是控制已知污染物进入环境的数量,并广泛清除产生的污染。然而由重型机械和大型建筑造成的“兆吨”量级的物质流动可能造成的生态影响并没有引起多少政治上的重视。因此,我们不得不用严厉的眼光看待人类活动产生的物质流所导致的生态影响:我们在搬运的物质量正在日益增长,我们发动的物质流严重扰乱了生态系统的自然发展进程。为创造财富享受,人类不得不大量地开采砂子、碎石、水、空气、岩石、矿物、陶土、泥土和其他更多的东西以满足需求。如果地球上所有的人按照欧美人的方式生活,全世界每年将消耗6千多亿吨物质,相当于地球每年剥一层5毫米的皮。我们使用的每一件物品,给自己提供的每一项服务,都背负了大量为达到应用目的而移动或转化的物质“包袱”。包袱里的这些物质往往大大超过物品本身的质量。例如,为提炼1克铂,必须搬运和转化300千克化石。没有铂,也就没有汽车上的尾气排

① 参见何玉宏等:《轿车进入家庭的生态包袱与生态足迹》,《生态经济》2005年第12期,第57-60页。

② FSB:《人类需要多大世界 MIPS——生态经济的有效尺度》,吴晓东、翁端译,清华大学出版社2003年版,第61页。

放催化净化器。而为制造这样一个净化器，需要在优质钢、陶瓷等材料里加 2－3 克铂。因此，催化净化器的生态包袱，即为此移动的物质就大约需要 1 吨。这意味着为制造用于汽车排气净化的催化净化器所消耗的物质质量相当于一辆小汽车的自重。

20 世纪产生最大工业和社会影响的新产品是汽车。在 20 世纪初，世界上只有几千辆汽车（1900 年美国有 8000 辆，日本 1909 年只有 62 辆）。到 1930 年，美国就有了 2600 万辆汽车，美国的汽车拥有量大概每 20 年翻一番，到 20 世纪 70 年代中期便超过了 1.2 亿辆。在整个世界，小汽车和轻型卡车的拥有量从 1950 年的 5000 万辆，增加到 80 年代的 4 亿多辆。汽车生产现在比其他任何工业都要消耗更多的资源。汽车使用着世界钢产量的 20%，铝产量的 10%，锌产量的 35%，铅产量的 50%，所有天然橡胶产量的 60%，另外，世界全部石油的 1/3 以上为汽车交通工具所消费。①

那么，如何计算轿车的生态包袱呢？自然界拥有人类为创造物质财富所需采集的资源矿物、水、空气、生物等。除了本身进入生产过程的资源，还有大量的环境物质被转移以获取我们所要的资源，例如岩土堆、被抽走的水及其他类似的物质。像汽车这样的物品，其真正的生物学重量包括组成材料（金属、玻璃、塑料等）的重量加上材料提取和加工过程中所消耗或产生的土壤、岩石和废物重量等。

为得到汽车的物质消耗，第一步列出制造汽车所消耗的所有材料，并列出它们在总重中所占的比例。然后确定为提供必要数量的每一种必需材料，有多少物质和能量进入了物质流动。这样，我们得到生产汽车所消耗的各种材料自身的物质消耗——单种材料的生态包袱。每种材料的生态包袱的总和就是轿车的生态包袱，即制造轿车总的物质消耗量。

购买汽油和柴油的人可能不知道他在消耗石油产品。购买汽车的人也未必知道，他是在购买铁、锰、铬、铅、锌、铜、铝、橡胶、玻璃等许多原材料的复合体。通过表 5－7 我们可以大致了解轿车生产所需原材料的基本种类及其所需的数量。

（二）轿车的生态足迹计算

所谓“生态足迹”，通常是指为了维持某一地区人口的现有生活水平所需要的

① ［英］克莱夫·庞廷：《绿色世界史——环境与伟大文明的衰落》，王毅、张学广译，上海人民出版社 2002 年版，第 354－355 页。

一定面积的可生产的土地和水域。人类粗暴地攫取资源在支持了近几十年来经济的快速成长,并提升了工业化国家的物质标准,但却让地球的森林、土壤、水资源、空气品质和生物多样性加速恶化,当世界走到生态超荷的地步时,传统的经济发展也将造成自我毁灭不无可避免的贫困。许多学者相信,如果继续在同样的历史道路上发展会危害到我们仅有的生存,而与此同时,却几乎没有任何迹象预示目前的永续性手段可以扭转全球性的经济恶化。因此,更有效的永续手段是必要的,这些手段包括刺激更广泛的民众参与、评估策略及监控进度的工具。生态足迹分析于 1994 年由加拿大生态经济学家 Rees 和其博士生 Wackernagel 提出来,在转化容易分析概念后,生态足迹分析逐渐变成一个可测度的衡量工具。

表 5-7　美国一辆标准小轿车的材料消耗量(1984 年)①

普通碳素钢	1525 磅	塑料	204 磅
玻璃	85.5 磅	铅	24.5 磅
铁	481 磅	橡胶	138 磅
铜	28.5 磅	锌	17.5 磅
高强度钢	212 磅	铝	136.5 磅
不锈钢	28.5 磅	其他材料	341 磅

生态足迹概念很简单,但涵盖层面却相当广泛,它说明各种经济体要产生功能所需要的能源与物质之流通,并且将其转换成自然在维持这些流通上提供的陆地、水域面积;这个同时具有分析性及教育性的技术不仅可用来评估目前人类活动的永续性,在建立共识及协助决策上也很有效。

生态足迹重点是探讨人类持续依赖自然以及怎么做才能保障地球承受力,进而支持人类未来的生存。了解生态的限制可以使我们的永续性策略更有效且更有价值,使我们做出明智的抉择——一个以自然为依归的抉择。

由于每一种物质消费与废弃物产量皆需某特定土地或水域面积加以涵容,因此特定地区人口消费或处理废弃物所需的土地面积,即代表了这些人口产生的负荷。人类如其他物种一般,其基本需求及所需物品皆需依赖自然的供给,尽管科

① 王家枢:《矿产资源与国家安全》,地质出版社 2000 年版,第 5 页。

技、经济的成就非凡,人类消费行为所产生的物质都将以废弃物的形式回流至生物圈。

生态足迹的计算是基于以下两个基本事实:(1)人类可以确定自身消费的绝大多数资源及其产生的废弃物的数量;(2)这些资源和废弃物流能转换成相应的生物生产面积。

轿车的生态足迹分两部分,一部分是直接性土地占用,例如使用道路、停车场等,另一部分是间接性土地占用,即吸收轿车尾气污染所需的林地。轿车燃料在工作中排放三种有害气体:CO_2、CH_4 和 N_2O。以英国的汽车消费为例:英国小轿车每辆每公里平均排放 83.1 克的 CO_2,0.023 克 CH_4,0.020 克 N_2O 以及相当于 191.3 克 GWP(Global Warming Potential,全球暖化潜热)。小轿车在制造和维修过程中每辆每公里平均排放 83.1 克 CO_2,按照每吨 CO_2 需要 0.19ha 的林地折算,使用中每辆小车每公里需要 0.0000495gha 的林地①,制造与维修过程每公路需要 0.0000215gha 的林地。英国每辆小车平均载客 1.56 人,于是求得使用过程中每人每公里需要 0.00003173gha 的林地,制造与维修过程中每人每公里需 0.00001378 gha 的林地。英国共有公里面积 330379gha,道路的车辆占用率为 73%,英国小轿车的总里程为 350340552422 公里,平均每辆每公里占有路面 0.00000002gha。上述直接与间接占用加在一起,平均每辆每公里的生态足迹为 0.00007101gha,每人每公里的生态足迹为 0.00004552 gha。②

(三)轿车进入家庭对城市承载力的影响

人类赖以生存和发展的环境是一个大系统,它既为人类提供空间和载体,又为人类提供资源并容纳废弃物。对于人类活动来说,环境系统的价值在于它能对人类社会生存发展活动的需要提供支持。由于环境系统的组成物质在数量上有一定的比例关系,在空间上具有一定的分布规律,所以它对人类活动的支持能力有一定的限度。当人类社会经济活动对环境的影响超过了环境所能支持的极限,即外界的刺激超过了环境系统维护其动态平衡与抗干扰的能力,也就是人类社会

---

① 生态足迹的单位是“gha”(global hectare),即“全球性公顷”,并非通常的土地面积公顷(hectare),一个单位的“全球性公顷”,相当于 1 公顷具有全球平均产量的生产力空间。

② [奥地利]陶在朴:《生态包袱与生态足迹——可持续发展的重量及面积观念》,经济科学出版社 2003 年版,第 191 页。

行动对环境的作用力超过了环境承载力。

1994 年,我国政府决定发展以汽车为中心的交通运输系统,而且以汽车工业作为推动未来经济发展的一个动力。但是,中国如果真的建成了以汽车为中心的交通运输系统,而且按美国方式每个家庭有一至两辆汽车,每辆汽车的汽油消费量也与美国相当,那么,中国一天需要 8000 多万桶原油,比世界每日 7400 万桶的产量还要多①。显然,西方工业化发展的模式不适用于中国。道理很简单,因为世界上没有可供其使用的足够资源。也就是说,现行的以化石燃料为基础的能源经济,不能满足中国所需的能源。而且,如果中国的人均碳排放量达到美国水平,就将使全球排放量翻一番,加速大气层中二氧化碳水平的提高。

20 世纪 60 年代的西方发达国家,以及当前的泰国和墨西哥,小汽车不加控制地发展,大大超过环境的承受能力,带来了交通拥堵、空气污染等严重的社会问题。我们要吸取这些教训。中国人口多,人均资源少,国土面积占世界陆地面积的 7.07%,人口却占世界总人口的 22%,人均耕地不足 2.0 亩,不到世界平均水平的 1/2,是加拿大的 1/17,美国的 1/8,环境承载力相当有限。对此,一些专家已明确提出警告:汽车增长在直接考验道路"承载力"的同时,也对空气环境"承载力"提出了挑战。即便中国仅达到美国轿车拥有水平的一半,也需要移动物质流,需要极其多的道路、停车场、吸收尾气排放物的林地。

几年前,德国《世界报》的一篇文章写道:一个十多亿的民族开始大规模消费了。但是,中国人在通往富裕生活的长征途中不可以走老的工业化国家所走过的歧途,否则,世界的生态系统会完全乱套。轿车不能成为全民的消费,这是中国的国情决定的,是地球承载力有限决定的。

二、"轿车进入家庭"需承受的经济与社会代价

我们必须承认,汽车作为个人及家庭提供自己的空间和便利的移动手段,一定程度上也促进了人类文明的进步,但是汽车社会的巨大成本往往被掩盖在它的便利之下。可以说,汽车交通对于社会、自然乃至人本身也造成了巨大的负担或代价。

---

① [美]莱斯特·R. 布朗:《生态经济:有利于地球的经济构想》,林自新等译,东方出版社 2002 年版,第 17 - 18 页。

(一)经济代价

虽然轿车进入家庭可以拉动汽车工业的发展,提供大量的就业机会,增加相当大一部分居民的收入,并对促进国民经济的发展有着举足轻重的贡献。但过度的汽车依赖,同样会带来灾难性的后果。在中国的城市中,汽车社会迅猛到来远远超出了城市道路建设的速度。在几乎所有的中国大型城市,交通堵塞已经成为城市功能正常运转的重大障碍。汽车社会造成的交通堵塞严重地影响了城市经济动作,所造成的损失可谓惊人。仅以北京市公交车乘客的时间损失一项为例,每年的经济损失高达 792 亿元。更不用说还有大量的出租车和机动车出行的时间损失以及由此导致的燃料费用损失,环境污染引起的经济损失等。有人估算,全北京 200 多万辆机动车,因为拥堵,每月仅油费就至少多花 2 亿元。在上海市,由于交通拥挤所造成的直接经济损失占当年国民生产总值 10%;而由于交通保障不利,使企业中间投入增加生产率下降,间接损失约为直接损失的 45%。

中国社科院的报告显示,在全国 31 个百万人口以上的特大城市中,大部分交通负荷接近饱和,有些城市中心地带的交通已接近半瘫痪状况。因此可以说,交通堵塞如果长期困扰以汽车为交通骨骼的城市体系,会麻痹城市功能,从而严重阻碍城市的社会经济发展。

(二)社会代价

著名生态学家、巴西环保运动的奠基人何赛·卢岑贝格一针见血地指出:“正是因为进步,人类才变得贫穷。……对于汽车生产厂商来说,一个新的更为广阔的市场正在形成,例如中国,生活在那里的绝大多数人还没有汽车。在中国,人们已经在许多街道上限制自行车通行,因为自行车被视为落后的标志。……如果我们听任这种状态在全球继续蔓延,那么我们将来所拥有的将不仅仅是 5 亿辆汽车,而是 30 亿辆。大气将因此遭到严重破坏,我们的文明——这也是我们生活中最为重要的一部分,也将遭到毁灭。因此可以说,我们一直朝着一个错误的目标前进!”①

一是汽车社会正在造成新的不公平。汽车社会虽然给人们带来了极大的便利,但其便利的享受和成本的负担是不公平的。汽车的非拥有者和拥有者一样,

① [巴西]何赛·卢岑贝格:《自然不可改良》,黄凤祝译,生活·读书·新知三联书店 1999 年版,第 52 – 53 页。

必须承担汽车社会造成的环境污染、交通堵塞以及城市空间被道路分割所造成的不便。汽车的非拥有者还必须以税费形式负担道路建设和维护的成本。对那些由于没有汽车或不能开车的人们,尤其是社会弱者而言,汽车社会给他们的生活和工作造成了极大的不便。因为在一个公路网高度发达的小汽车社会,如果一个人没有车或不能够开车,他就会孤立于社会之外,这方面交通的任何改善都与他无关,从而造成社会发展的不公。

二是影响了人们的生活质量。为了提高生活质量,人们向往郊区的生活,但如今随着大规模的郊区化,一些曾经在城市中心出现的问题在郊区也同样出现。由高速公路引导发展的郊区化并非一定会带来高质量的生活。正如理查德·瑞杰斯特所言,“汽车是这个时代的恐龙。它们破坏了传统城市、城镇和乡村合理并且令人愉快的结构。一旦社区为汽车所左右,人们就不得不依赖于它。离开汽车的速度,蔓延的社区将丧失功能,这是一种结构上的沉溺,深深植入城市的物理结构中。汽车正在阻碍着人类现代文明进化的下一步历程。”①

三是导致交通参与者身心疾患。汽车的发明本来是为了提供一种更便捷、更有效的运输与代步工具来加速现代文明的前进步伐。但实际上,以汽车为中心的城市交通系统由于交通拥挤、阻塞造成的损失不仅仅是物质上的——加重了运输上的低效以及加大了时间、能源的损耗,而且是心理、精神上的。塞车、红灯前的漫长的等待时间是中国乃至世界各大城市日常失望情绪蔓延的根源之一,甚至会引发众所周知的“马路怒火”。此外以汽车为中心的城市会引发“柏油综合征”,心理学家认为人类天生就要接触自然,而汽车主宰下的城市文明剥夺了人类接触自然界的机会,这种剥夺会引发对人们心理的伤害,降低人类生活的幸福感。

事实已经证明,机动化和小汽车的发展会对交通系统、社会系统和生态环境系统造成巨大的冲击,甚至产生难以估量的后果:“整个汽车交通的基础设施——汽车、城市蔓延、高速公路和汽油——其产生的效应是极其恐怖的,它主宰了地球上的生命,它是资源耗竭、生境破坏、气候变化和物种灭绝的罪魁祸首”。②

---

① [美]理查德·瑞杰斯特:《生态城市——建设与自然平衡的人居环境》,王如松、胡聃译,社会科学文献出版社 2002 年版,第 3 页。

② [美]理查德·瑞杰斯特:《生态城市——建设与自然平衡的人居环境》,王如松、胡聃译,社会科学文献出版社 2002 年版,第 128 页。

三、可能趋向:“囚徒困境”抑或“公地悲剧”①

汽车化是社会经济发展的必然产物。对于不同的经济体制和发展水平的国家,汽车化的过程和趋势并无大的区别:汽车化水平随着收入的增长而提高。改革开放使我国突然面对着一个成熟的现代跨国汽车工业,无论中国是否发展民族汽车工业,汽车化都是不可避免的。因此,从工业化和现代化的角度看,我国选择小汽车作为新的主导产业的政策无疑是正确的。但如果作为大城市主要交通工具来发展,必将加剧我国能源、交通的紧张状况,也会对社会系统和生态系统造成巨大的冲击,甚至产生难以估量的后果。国外的交通实践证明,大量发展私人小汽车,并不是成功的里程碑,而是失败的记录。自备交通与公共交通相比,死亡率高,能源消耗大,破坏生态环境,社会效益与经济效益低,不应该成为现代大城市交通的发展方向。国外一些政府对此已有所认识,采取了许多方法优先发展城市公共交通,从而限制个体交通——小汽车的发展。但积重难返,习惯势力不可能一朝一夕根本改变,城市交通陷入了进退两难的境地。

况且,中国多数城市在机动化和汽车社会到来之前就已经形成了人口和各种建筑都高度密集的城市结构。而欧美发达国家的城市,在机动化和汽车社会到来之时的城市人口和建筑结构仍然是相当宽松的。这样,即便随着各种机动交通工具的不断增加,欧美城市政府也完全可以从容地以相对较低的成本来完善城市的交通路网。与之相反,中国城市是以一种高度密集的城市结构在改革开放后突然遭遇到了一个完全成熟的现代跨国汽车工业。在现有高人口和居住密度的城市格局下,无论是拓宽道路,提高道路密集度,还是建设地下、地面的轨道交通,我国的城市政府都面临着比欧美城市政府当年所支付的高得多的建设成本。中心区交通状况的每一次改善都会刺激和诱发新一轮的开发高潮。如此下去,便不可避免地陷入“水多了加面,面多了加水”这样一个恶性循环中,难以自拔。不仅如此,随着旧市区道路改造工程的不断进展,道路改造的难度很可能会不断上升。其结果是,道路改造的成本将以更快的速度增加,从而使城市政府面临一种资金短缺的困境。

---

① 参见何玉宏:《“轿车进入家庭”:“囚徒困境”抑或“公地悲剧”》,《社会科学家》2009 年第 2 期,第 43 - 46 页。

对于我国城市交通目前的这种状况与可能的发展趋向,用“囚徒困境”(Prison Dilemma)与“公地悲剧”(The Tragedy of the Commons)来概括在有些人看来或许是杞人忧天,但由于城市交通的强大“锁定”(Lock in)效应,一旦形成就很难改变。现在如果不从小汽车成长初期予以限制,待小汽车泛滥后再采取措施恐怕回天乏术。

“囚徒困境”来源于博弈论(game theory,亦有人译为对策论)的一个经典案例:两个嫌疑犯给警察抓了起来,但法官却因缺乏证据不能判罪。为了得到所需的口供,警察将这两名嫌疑犯分别关押以防止他们串供或结成攻守同盟,并设下“圈套”进行诱迫:如果两人都拒不认罪,则他们各判 1 年监禁;如果两人中一人认罪,则立即释放招供者,另一人将被重判 10 年监禁;如果两人都招,则他们将被各判 5 年监禁。这样,两个囚徒都面对相当艰难的选择:招还是不招。显然,招也难,不招也难,因为两人是彼此分开的,任何一方都不知道对方要选什么,不选什么。现在的问题是:囚徒 A 和囚徒 B 所博弈和追求的唯一目标就是要实现自身的最大得益,即被法官立即释放。A 和 B 为了这个目的,必然要选择招认。可是,最后的结果是什么呢? 两人都被判 5 年监禁。事实上,无论是对 A 和 B 两人总体来说,还是对他们个人来讲,最佳的结果都不是同时招认。然而,在现实中,A 和 B 都为了自己的利益选择了招认。①

多数学者认为,造成囚徒困境的真正根源是个人理性与集体理性的矛盾,或者个人理性行为与集体理性行为的矛盾。由于这种矛盾,造成虽然有许多个选择主体的理性组合最终却不能达到最佳预期结局。囚徒困境看似是一种“思想游戏”,而实际上,在现实生活中类似囚徒困境的事例比比皆是,像私人轿车的使用就恰好构成了一个典型的囚徒困境模式②:假设某人上下班面临两种选择:乘公共交通车辆和使用私人轿车。乘公共汽车在路上要花 2 小时,驾驶轿车只需要 1 小时。如果公共汽车票价是 1 元,使用轿车时的油费和其他费用一共是 5 元,他的时间价值是每小时 10 元,那么他使用公共汽车的总成本是 21 元,使用个人轿车的成本是 15 元。显然,他会选择使用轿车。与他时间成本相近的人,也会同他

---

① 潘天群:《博弈生存——社会现象的博弈论解读》,中央编译出版社 2002 年版,第 13 - 15 页。

② 王蒲生:《轿车交通批判》,清华大学出版社 2001 年版,第 26 页。

一样选择使用轿车。但当过多的人开车上下班时,道路上的车辆数便会超过最佳车流量,引起道路拥堵,车速减慢,结果开车上班的时间变为2小时,使用私人轿车的成本增加到25元,比乘公共汽车还高。使用私人轿车原是为了减少成本,结果适得其反。而公共车辆也受拥堵影响,运行需要3个小时,成本增至31元。这就使得所有交通者的利益都受到了损害。

造成囚徒困境的根本原因是个体理性与集体理性的矛盾。要消解囚徒困境,就必须解决这对矛盾。但就轿车交通方式来看,该矛盾的解决并非易事。因为,轿车交通是一种个人交通方式,在现实中,轿车使用者很难看到他们驾车出行的全部成本,也无从了解他人的出行成本;他们在使用轿车的时候,计算的仅是如何降低个人交通费用,而看不到他们加入了车流后引起这条车流中所有其他车辆减慢车速的事实。换句话说,一个车主加入车流的时候,他所看到的边际个人费用,低于该增加的车子加之于其他公路使用者的实际费用。正如美国著名社会学家丹尼尔·贝尔在《后工业社会的来临》中引用另一位学者的话说,在现代社会里,当我们购买了一辆汽车时,再不是意味着你仅买了一辆车所表示的物品,还意味着你购买了走进一个交通系统的入场费,这包括一辆车,还包括修路钱、养路钱、标志系统、安全系统、交通警察等等。① 但是我们的政府在这一点上偏偏帮了买车人的忙,他们通过税收的方式拿了全体公民的钱来修路。这样每一个上路的人就觉得非常上算,觉得自己只是买了一辆车就上了路,就可以开到各处。但这是一种障眼法,使他误以为上路真的是如此廉价,真的是买一辆车就行了。如果我们换一种方式,把所有的成本都作为账单放在他面前,上路的时间越长,修路费摊到他头上的就越多,很多人就觉得买不起或者不合算。② 况且,即使轿车使用者认识到了使用轿车可能引起的社会总成本的增高,也未必会相应地调整个人的活动。因人们往往倾向于认为自己的时间是最珍贵的,也总是在追求自身利益的最大化,只要他们认为行车所得到的额外私人利益多于支出,就会坚持使用轿车,而不会考虑由于加剧了道路拥堵而加在别的驾车人身上的费用。

囚徒困境的结局就表现在,当其他人的利益受到损害的时候,自己的利益反

---

① [美]丹尼尔·贝尔:《后工业社会的来临——对社会预测的一项探索》,新华出版社,1997年,第312页。

② 郑也夫:《城市社会学》,中国城市出版社,2002年版,第157页。

过来也受到损害,从而难以实现自己的最佳利益,且有可能导致"公地悲剧"(The Tragedy of the Commons)的出现。

"公地悲剧"说的是,在封建时代的英国,所有放牧者都可以任意到公地放牧,于是在自利心的刺激下,每个放牧者都尽其所能地增加放牧的牲畜数量,随着牛羊数量无节制地增加,牧场最终因过度放牧成了不毛之地,所有牲畜均饿死。① "公地悲剧"其实是公共资源的悲剧,这一困境或悲剧的根源来自于人的自私。如果放牧者A和放牧者B都能为对方着想一些,那么就完全是另一种情形。哈丁说,像公共草地这样的困境"没有技术的解决途径","但是我们必须选择,否则我们就等于认同了公共地的毁灭"。随着汽车走向中国家庭的步伐加快,就有可能导致买得起车却用不了的可怕局面或称"囚徒困境",最后则走向"公地悲剧"的结局。

对于城市中汽车过度消费的情形,一名多年关注美国纽约改造的新闻记者简·雅各布斯用了一个生动的比喻来形容:蚕食。在《美国大城市的死与生》一书中,雅各布斯形象地描述道:

> 汽车对城市的蚕食会造成一系列问题,一些人们太熟悉以致都不用解释的问题。蚕食这个过程是从老鼠那样一点一点地啃开始,但是最终这种啃会变成大口大口地吞。……在这整个过程中似乎任何一个单独的现象都并不至关紧要,但是这些问题积累起来后,就会产生严重后果。每一个现象似乎对整个变化过程影响不大,但实际上都加速了这个过程的发展。②

雅各布斯指出,在城市生活中,对私人车辆的过分依赖与对城市集中用途的依靠这二者是不能共存的。两者必有其一要做出让步:要么城市被汽车蚕食,要么城市对汽车限制。

每一辆汽车对城市的影响并不起眼,犹如一只老鼠的蚕食似乎对大厦无关紧要,但群鼠长期的一点一点蚕食,迟早会导致大厦的最终崩塌。因此,如何避免城市被汽车蚕食,或者说,如何避免"囚徒困境"或"公地悲剧"的发生,人类必须做出自己的抉择。

---

① [美]加勒特·哈丁:《公地的悲剧》,《科学》,1968年12月13日。

② [加]简·雅各布斯:《美国大城市的死与生》,金衡山译,译林出版社2005年版,第389页。

四、结论:"轿车进入家庭"并不适合中国国情

一个城市中的市民对交通工具的需求是一个定量,一种工具的膨胀必然意味着另一种工具的萎缩。由于城市交通的强大"锁定"(Lock in)效应,一旦形成就很难改变。如果不从小汽车成长初期予以限制,待小汽车泛滥后再采取措施恐怕回天乏术。因此,这就要求我们在城市交通发展上有战略眼光,广泛吸取国外城市发展的经验教训,未雨绸缪,少走弯路,不掉进过快发展小汽车的陷阱里去。

我国城市交通政策应该鼓励和推动城市公共交通的发展,对城市私人交通工具的发展实行调控与引导,特别是对于家用小汽车应采用"供应短缺"政策,如在城市的特别地段划定步行区或单行线,限定停车车位,实行限速行驶等,使城市居民减少对家用小汽车的依赖。此外,进一步改革和完善财政税收政策,根据家用小汽车的使用状况征收税费,建立"购买小汽车不只是购买了车辆这一物品,而是同时租用了城市道路系统"的概念,以燃油税、轮胎税等方式增收小汽车使用道路成本费或使用税,通过经济杠杆来调节家用小汽车的需求,使城市交通方式符合城市交通设施供应水平。我们必须转变观念,发展私车,攀比购买私车,于己于民于社会都不利。刺激私车消费并不是英明的策略,而是饮鸩止渴,慢性中毒,更是对可持续发展的一种破坏。

在汽车社会成熟的发达国家,一些明智的学者已意识到,汽车社会所造成的问题是"现代社会最大的噩梦"。他们主张"在使用汽车一个世纪之后,现在是从根本上重新考虑汽车的时候了"①。汽车制造的现代文明悖论及恶果促使他们清醒,并在努力地往回转,把汽车毁掉的东西和败坏的生活方式改良得更好一点。在中国,早在10年前,社会学家就对轿车文明进行了猛烈的批判:"轿车洪流的涌入没有加快交通速度,却污染、堵塞、毒化着城市。它的巨大的停车场侵吞了街心公园,它的无休止的道路扩建蚕食了城市的剧院、艺术馆、绿茵场,它打破了城市甚至郊区的宁静……如果汽车文明注定将成为夕阳文明,我们为什么要随它走入死亡的港湾。如果汽车所代表的功利哲学和黑色文明注定将融进绿色思潮中,我

---

① [美]莫什·萨夫迪:《后汽车时代的城市》,吴越译,人民文学出版社2001年版,第112页。

们为什么不及早为它谋划。”①难能可贵的是,终于有一位经济学家也发出了类似的声讨,“关于私家车泛滥的种种弊端,以我个人观察,简直是‘罄竹难书’。环境污染、交通混乱、马路杀手,债务危机,停车场战争……”②然而事实却是,中国正在以惊人的速度不顾一切地冲向汽车社会。因此对于中国而言,首当其冲的是,要及时地、充分地意识到汽车社会的巨大成本,要在政策制度和规划上努力克服和减轻汽车社会所带来的成本,并充分地讨论汽车社会成本担负的公平性,制定出符合中国特色、具有公平性的汽车社会成本负担机制。否则,“汽车公害”会日复一日地累积,能源、土地和道路将被汽车消耗,效率、环境和生活节奏都将毁于汽车。正如一位曾倡导“和新生活一起兜风去”的记者所言,汽车还是要开的,但我们千万别重蹈西方汽车社会的覆辙。③ 我们认为,如何在中国国情下建立一种资源约束型的、适度汽车消费的、可持续发展的经济发展模式和生活方式,即所谓的绿色文明或绿色生活方式,从而构建一个和谐社会,是我们急需解决的重大问题。

第三节　公共交通方式是最有效的资源利用方式

城市交通可分为公共交通和个人(私人)交通两大类。公共交通是指以大多数交通利用者为对象,采用大规模交通手段的交通。它主要是一种面向公众的营业性的交通,但也包括公用的非营业性的交通。前者如常规的公共电汽车、小型公共汽车、各类出租车旅游车、地铁轻轨及各类快速轨道交通等,后者如机关企事业单位供职工上下班的通勤车等。

一、公共交通在城市交通系统中的地位与优势

公共交通在城市交通系统中占有非常重要的地位,是城市交通的骨干和支柱。首先,城市公交系统是城市生产和生活所必需的社会公共基础设施。城市作

① 郑也夫等:《轿车文明批判》,经济科学出版社 1996 年版。

② 汪丁丁:《中国的汽车文明与中国人的汽车文化》,《读书》2003 年第 8 期。

③ 何树青:《我们的生活将会毁于汽车吗》,《新周刊》2004 年第 6 期。

为工业生产、商业贸易、文体服务等设施集中的场所，其经济的发展和商业的繁荣都要通过人的活动来实现，这就意味着作为生产劳动、文化需求主体的人只有凭借一定的交通工具才能进入生产过程进行商贸、文娱活动。城市公交系统正是基于这一需要而产生、发展起来的，所以说城市的公交运输是城市生产和生活的必要环节。

其次，城市公共交通的结构合理程度、运输效率影响着城市的劳动生产率。便捷、舒适、安全的公交系统能迅速地输送客流，尽可能地减少乘客的出行时间和换乘次数，使进入社会生产活动的人能够精力充沛地投入工作，有利于提高整个城市的劳动生产率；反之，则不然。据统计，我国大、中城市的平均出行时间在50分钟左右，而国外同等规模的城市约为30分钟左右。

再次，城市公共交通还是一个城市文明程度的重要窗口。一般说来，城市公共交通应是全国综合客运交通网络的枢纽，城市对外交通的空港、车站、码头与城市公共交通系统相连接，进出城市须首先进入城市的公交系统。因此，在一定程度上，城市的公交系统是城市对外关系的一个重要窗口，透过这个窗口，人们能够看到这个城市的文明程度及其社会经济发展程度。

城市公共交通主要特点是具有较强的公共属性。众所周知，交通运输属于公共性较大的产业部门，而其中城市公共交通的公共属性则更为明显，具体表现在城市公共交通的服务对象是广大的市民，而不是针对某一些团体或对象而设立的；城市公共交通是城市运转必不可少的公共基础部门，与工商企业、机关团体、学校医院的活动及人民的生活息息相关，一旦短缺或停止运行将给城市生活带来极大的困难与损失。通常，城市公共交通要占有较多的城市公共基础设施，如车站、道路、停车场等。

在经济大发展、交通需求大幅度增长的情况下，如何适应大客流量快捷运输的要求，公共交通与小汽车、自行车等为代表的城市个体交通工具相比，具有以下明显的优势：

（1）公共交通建设用地少，运输成本低，环境破坏性小，是城市最有效的资源利用方式。

城市交通方式固然有很多，但有些交通方式不属于经济型方式，在城市交通中难以发挥较大的作用。公共交通由于运量大、集中运输，可以大幅度减少占地

(与自行车与小汽车相比);运输成本低,一般城市的出租车运费往往是公共交通车费的几十倍;公共交通的能耗也较低,美国科学家的研究表明,45 个座位的公共汽车每人公里消耗能量 690 热量单位,而小汽车单人乘坐时每人公里消耗能量 4580 热量单位。自行车虽然节省能源,但由于影响机动车的速度和行驶,直接造成机动车能耗增大,因此我国自行车所导致的间接能耗并不少。另外公共汽车与私人小汽车相比对环境的破坏性较小,表 5 – 8 便是各种车辆排放废气量的比较情况,表 5 – 9 是各种城市交通方式的占地比较。

表 5 – 8 各种车辆排放废气量比较

交通工具	碳氢化合物	一氧化碳(g/100 人千米)	氮氧化物
快速铁路	0.2	1	30
公共汽车	12	189	95
私人小汽车	130	934	128

表 5 – 9 各种城市交通方式的占地比较

交通方式	步行	自行车	小汽车	摩托车	轨道交通	快速公交	常规公交
动态人均时空消耗(m^2/h)	0.167	0.833	2.094	1.389	–	0.076	0.102
动态人均占地面积(m^2)	0.75	6.5	20	16	3.75	3.15	2.81

(2)城市公共交通是大规模的高效率的运输方式,比较适合城市交通的特点和要求。

城市交通不仅要求规模庞大,而且定时、定点要求也很高。在这种情况下,城市交通必然对那些运量大、网络多、频率高、速度快的交通系统产生很大的依赖性,公共交通恰好能满足这方面的要求。显然,城市公共交通在运输效率上要优于自行车和私人小汽车等交通工具。城市公共汽车车内每平方米站立人数一般为 9 人,高峰时可达 12 ~ 16 人,每辆车少则可以运载几十名乘客,多则达到上百人。而从静态上看,一辆自行车装载人员所占面积是一辆公共汽车所占面积的 8

倍;从动态上看,4 辆自行车所占道路面积就相当于一辆公共汽车所占的道路面积(见图 5 - 1)。

图 5 - 1 运送同样数量乘客所需的空间:小汽车、自行车和公交车

以平均运载一个人所占的道路面积来看,公共交通工具所占的道路面积最小。若把一般的中型公共汽车定员为 80 人,小汽车定员为 5 人,每人平均占用的道路面积,小汽车是公共汽车的 5 倍。但小汽车的实际运载人员(在国外包括驾驶员,在国内不包括驾驶人员)平均为 1.3 人,则小汽车按人均道路面积是公共汽车的近 36 倍。况且公共汽车大部分时间是在道路上行驶,所需要的停车空间比小汽车累积所需要的停车空间要小得多;而自行车不仅自身效率较低,且还会影响到公交车辆的效率。这样,发达、便捷的公共交通将宝贵的城市中心空间更多地留给商务商业活动、各种市民活动和行人,是保持或恢复城市中心活力、形成良好城市环境与景观的必要条件。

(3)公共交通确保了城市居民,尤其是低收入阶层的出行。

虽然拥有自行车的经济门槛同样较低,但其出行距离受到限制,况且有些老人、儿童、伤残者不具备使用的能力。因此,对于无力购买小汽车或身体、精神状态不适合开车、骑自行车的穷人、老人、残疾人等,公共交通极大地方便了他们的出行。在市场经济环境下,公共交通不仅是一种交通方式,更重要的是一种市民最低生活需求的保障。

二、轨道交通:一种最绿色、安全、环保的交通方式

轨道交通作为城市交通中最绿色、最安全,低能耗、污染少的一种交通方式,

是由其自身的特点决定的。

1. 轨道交通客运量大、速度快

城市轨道交通客运量大,已被世界上许多国家的大城市交通发展经验所证实。在国外许多大城市,轨道交通承担的客运量已占到整个城市客运量的50%以上,有的甚至超过80%(见表5-10)。近几年我国地铁建设得到了突飞猛进的发展。资料显示,在几百万和千万人口以上的大都市里,已经拥有或正在建设地铁的城市分别是北京、上海、天津、广州、大连、深圳、武汉、南京、重庆和长春等。据统计,截至2013年6月,国内共有轨道交通运营城市16个、总计运营线路68条、运营总里程2060公里。此外,截至2013年9月,已有37个城市获准建设轨道交通,未来3年内或将有超过10个城市获批准。① 但与世界各国相比,我国的地铁建设是慢的。如纽约、伦敦、巴黎、东京、莫斯科等城市,其地铁拥有量总长都在200至400公里左右。这些城市地铁的年客运量高达几十亿人次,平均每日载客量有几百万人次,有的达千万人次以上。在德国,凡市区人口超过100万的城市,在考虑交通问题时,都将修建地铁作为解决市区交通问题的最切实的方法和主要措施。

表5-10 世界主要大城市地铁客运概况

城市	城市人口（万人）	线路长度（公里）	年客运量（百万人次）	客运分担率
纽约	708.6	443.2	1130	52.8%
巴黎	216.8	316.5	1530	36.6%
伦敦	240	408	765	38%
柏林	313	113	359.2	60%
莫斯科	788.5	243.6	3180	40%
东京	1160	231.3	2650	21.6%

① 晨曦:《我国地铁建设走上快车道》,《城市导报》,2013年11月22日。

续表

城市	城市人口（万人）	线路长度（公里）	年客运量（百万人次）	客运分担率
首尔	891.6	216.5	1390	28.8%

在运行速度上，由于轨道交通封闭运行，不受地面人、车和道路干扰以及气候条件的影响，运行速度快。地铁的最高时速可达80公里，平均运行速度35公里/小时，轻轨的时速也可达20公里至40公里/小时。而目前公共电汽车的时速仅为10至20公里，北京、上海等特大城市仅10公里左右。可以说，城市轨道交通所具有的运量大、速度快的优势是任何其他公共交通无法相比的。

2. 轨道交通低能耗、少污染

城市客运轨道交通不仅具有大容量、高速度的特点，且具有低能耗、少污染的优势。能源消耗量与污染物排放量成正比，汽车不仅消耗了大量的燃料油，也是导致城市环境日益恶化的主要污染源。此外，汽车的噪声是对城市环境造成严重破坏的另一个重要因素。据环保监测部门调查，由汽车所产生的交通噪声占城市噪声的70%以上。相比之下，城市轨道交通就是高效利用能源、低污染的城市交通工具。特别是地铁，在合理利用空间资源、节约能源和保护环境等方面具有无可比拟的优势。有资料表明，轨道交通单位运输量的一氧化碳排放量仅为小汽车的10%、公共汽车的25%左右；单位能耗仅是公共汽车的45%、小汽车的17%。

3. 轨道交通安全性能好、准点率高

安全与健康是现代人愈来愈关心的重大问题。在法国，有三分之一的事故性死亡（在美国是一半）由交通事故造成，每年死亡1万多人。一半交通事故是发生在城市里。交通事故涉及最多的是年轻司机、老人、步行者及骑自行车的人（有三分之一死亡）。我国的情况更为严重。据统计，近年来我国道路交通事故呈逐年上升趋势，道路交通安全形势不断恶化。中国汽车保有量占世界的1/50，但道路交通事故死亡人数却占世界的1/3。地铁由于在城市地下，其运行不受城市地面交通影响，即便是地面或高架轻轨，也行驶在专用的轨道上，因而轨道交通具有安全性能好、舒适、准时的优点，更利于城市居民安全便捷地出行。

4. 轨道交通占地面积少

中国是一个人多地少的国家,珍惜和保护每一寸土地,对于实现社会经济可持续发展有着重大意义。在城市各种交通工具中,轨道交通占地面积最少,土地使用效率最高。修建一条6车道、单向每小时客运能力为1万至2万人次的城市快速道路需占地8万平方米,而修建一条单向每小时客运能力为4万至6万人次的地面铁路仅占地1万平方米。铁路占地仅为城市快速路的15%左右,每运送一名乘客所占的土地面积轨道交通的优势更为明显,所占土地仅为城市快速干道的5%。地铁除了出口外,全部在地下,用地极少。这对于我国大城市人均道路面积的指标普遍偏低的情况极为有利,特别是城市商务中心区(CBD)用地十分紧张,随着汽车数量的增长,道路和停车场不足的矛盾愈加突出,但要大幅度增加道路用地面积也是不符合现实的。因此,发展轨道交通既解决了大运量的客运问题,又缓解了城市道路与停车场不足的矛盾。

快速轨道交通是彻底解决大城市客运交通问题的唯一出路,已经被世界上许多发达国家的大城市交通发展经验所证实。对于中国这样一个人口大国,要使城市交通系统运行走上健康发展的轨道,选择并发展快速轨道交通乃必然趋势。

三、快速公交:开创城市公共交通新潮流

如前所述,轨道交通在城市交通中具有许多优势,但是,由于轨道交通投资巨大,而且建设周期长,施工难度大,运营成本高,不仅"远水解不了近渴",而且对许多城市来说,可能也是"喝不起的水"。而在传统的公交系统中,即便是设立了公交专用道,行动迟缓笨拙的公共汽车在小汽车的汪洋中也难以行驶自如,"公交优先"的措施在"路权"没有有效保障的情况下收效也十分有限。因此,构建以公共交通为主导的交通结构,特别是在交通走廊上构建大容量的快速公交系统①,不仅是缓解当前交通压力的需要,也是在和时间赛跑,争取能在私人交通方式发展

① 快速公交系统(Bus Rapid Transit,BRT),是一种介于快速轨道交通(Rapid Rail Transit,RRT)与常规公交(Normal Bus Transit,NBT)之间的新型公共客运系统,是一种大运量交通方式,通常也被人称作"地面上的地铁系统"。它是利用现代化公交技术配合智能交通和运营管理,开辟公交专用道路和建造新式公交车站,实现轨道交通运营服务,达到轻轨服务水准的一种独特的城市客运系统。

到不可逆转之前把交通结构调整好、稳固住，为城市的可持续发展奠定坚实的交通保障。

1. 与传统公交系统相比BRT的优势

BRT的主要特征包括封闭式的专用公交道路、专用公交车辆、车站、信号等。与传统的公交系统相比，BRT有专用路权，运量大，速度快，运行稳定，在运营过程中容易实现收支平衡等，因而具有许多独特优势（见表5-11）。也正是BRT的这些优势使其成为建设大容量快速公共交通走廊的理想选择之一。目前全球各地的许多城市都在积极建设自己的BRT系统。

表5-11　与传统公交系统相比BRT的优势①

特征	典型的公共汽车交通系统	快速公交系统
平均交通速度	5～15公里/小时，日行程100～300公里	20～25公里/小时，日行程高达500公里
服务效率	通常为20分钟或更长时间间隔等候发车	通常小于10分钟或更短间隔发车
乘客舒适性	交通车拥挤、座椅质量差、车内温度高	设计良好的大容量汽车交通，座椅质量好，便于上下车，带空调
终点站和时刻表信息	线路和时刻表常常不清楚，也不准时	频繁的服务减少对时刻表的关注，在车站能显示实时消息，有改进的路线图，车上有显示并提供实时车站信息
换乘市区范围	交通路线通常没有整合好，车票也不能换乘其他公共交通，很难达到市区边缘范围	系统完全、整合完备，一票适用所有公共汽车交通车，协调一致的服务可减少换乘时间，辅助交通路线可使巴士快速公交干线接驳支线
安全性和美感	公共汽车交通和车站都很普通，包括安全与保安、清洁、雇员的训练和职业道德	通常对车站等区域进行本质改善，车下售票站和售货亭可以保证旅客不会感到孤独

① 国际能源署：《面向未来的公共汽车交通系统——实现可持续交通模式》，人民交通出版社2003年版，第18页。

2. 国外快速公交发展的成功经验

快速公交系统起源于巴西的库里提巴市。20 世纪 70 年代随着经济的高速发展、城市人口的迅速递增和私人汽车拥有量的提高,伴随而来的是城市交通的拥堵状况日益恶化。为了缓解城市交通拥堵状况,则于缺乏足够的资金来建设轨道交通,决策者及城市规划人员大胆开发并实施了一种新兴的公共交通方式。其宗旨是采用只有建设轨道交通 1/10 的造价来建设具有轨道交通运营特性的公共交通方式,因此一个运行在公交专用车道上的地上"地铁"系统——快速公交系统应运而生。拉美快速公交系统的开发者敏锐地指出,系统的最终目的是快捷、有效、经济地运输人,而非汽车。从 20 世纪 60 年代起,人们就在做这种探索,试验一种既具轨道交通容量大、快速等优点,又具常规公交灵活尤其是造价低廉等优点的新型现代化交通系统。库里提巴市在这方面给我们做出了表率。

库市创建于 1693 年,是巴西一个历史悠久的城市。由于处于阿图巴和拜莱姆河之间的战略要地,库里提巴逐渐发展,于 1842 年成为州政府所在地。直到 20 世纪 60 年代人口爆炸前,该市人口增长始终维持在相当低的水平。但从那以后库市的人口翻了两番,随之而来的是失业率的增长、贫民区的产生、交通阻塞、环境污染等一系列的典型城市问题。库市的公共交通在 1887 年随马车的引进而兴起。在 1912 年,电动公交车进入库市,由此导致两种交通模式的冲突,最终电动公交车获胜。在 1928 年出现了第一家公交公司。那时社会车辆与公交车之间的竞争日趋激烈,但最终还是公交车占了领先地位。公营和私人汽车公司争取公交乘客的竞争也是日益加剧。公共交通系统中经常发生司机、工会、公交公司和市政府之间的劳资纠纷,最终导致 1960 年的大罢工,使该市的公共交通系统瘫痪超过了一个星期。

库市不是试图去寻找一些理想的解决方法,而是从实际出发,他们决定充分利用已经存在的道路系统以及公共汽车。他们与十家私人公共汽车公司签订了合同,并将他们的运营保留下来。新的公共交通系统是在 1974 年开始实施的。库市的规划者没有把交通作为一个独立的整体与城市生活的其他方面割裂开来。他们并没有把街道仅仅看作铺装的路面,而是把它作为道路网络中的一个要素,对每条道路进行功能分类。库市的规划更侧重于空间和人与货物流通的关系,它强调城市活动的动态特征,并尽可能合理安排城市交通改善项目的投资计划。

通过30年时间的完善，库里提巴市的快速公交系统已日趋成熟。虽然该市的机动车拥有量高于巴西其他城市，但70%的通勤客流采用公共交通系统。库市由于实施了成功的快速公交系统，成为国际上公认的城市公共交通模范城市。联合国和世界银行专家都一致评价它所倡导并坚持推广的快速公交系统是“当今世界最好和最实际的城市交通系统”，是“实现城市可持续发展的典范”①。

库里提巴市的实践已引起全世界对快速公交系统概念的关注。库里提巴的成功经验吸引了世界各地城市公共交通规划者来访，并引发了无数关于城市公共交通规划应该做和不应该做的事情的研究。特别是在拉丁美洲，以“库里提巴型”为基础的其他综合快速公交系统已经开发或正在开发中。北美几个城市也采纳了这些概念并正在“跨越式”发展，改进的先进公共汽车交通系统已在大都市扩展开来。与此同时，世界上许多城市通过仿效库里提巴市的经验或是开发改良建设了不同类型的快速公交系统。目前世界上许多城市，特别是美国、加拿大、澳大利亚与欧洲的一些城市的决策者和规划人员已将快速公交系统作为一种新的公共交通方式，与轨道交通相提并论。

3. BRT对中国城市交通建设的启示

国外大城市交通发展历程都表明，一个城市的交通方式一旦形成，几乎是不可逆转的。特别是以私人机动车出行为主体的交通方式，具有极强的自适应性，一旦形成，改变起来将非常困难。如同环境保护一样，一旦形成污染，治理起来的成本会成倍增加。我国大中城市在发展城市交通中面临的各种挑战，虽然具有突出的“中国特色”和“地方特色”，但是，从总体上看并没有超出世界各国在经济快速起飞过程中城市交通发展的普遍历程和基本模式。事实上，作为“先行者”，国外的许多城市已经为我们积累了许多宝贵的经验和教训。在发展城市交通的过程中，如果我们能够充分认真地研究学习国外的经验教训，我国大中城市的交通建设就可以避免走许多弯路。②

对BRT的认识和研究过程，实际上就是一个典型案例。

---

① 郭继孚、徐康明等译著：《国内外快速公交系统发展实践》，中国建筑工业出版社2008年版，第4页。

② 郭继孚、徐康明等译著：《国内外快速公交系统发展实践》，中国建筑工业出版社2008年版，第34页。

在过去一二十年间,我国的城市交通建设普遍经历了“大规模修路——大力发展公交——着手发展轨道交通——综合治理”等几个阶段。在改革开放初期,随着经济的发展,各地城市普遍进行了大规模的城市路网改造和建设。市区环线、立交桥和高架路就是这个时期的标志性成果。然而,随着“汽车时代”的到来,大家很快发现,修路的速度根本赶不上汽车保有量增长的速度,而且在城市的许多地区也没有地方可以用来增加道路面积。这时提出了“公交优先”的口号,并着手加大对公交系统的改造和投入,包括改革机制,增加、更新车辆,开辟新的公交线路,在繁华地段开辟公交专用车道等。但是,很快又出现了两个问题:其一,快速增长的私人小汽车使城市道路拥堵不堪,公交车在通过交叉路口或转弯时还是会受到小汽车的严重干扰,公交专用车道也不能保证公交电汽车畅行无堵;其二,在重要的交通走廊上,现有的公交车辆根本无法承担高峰期的客运量。

由于路况不好,公交车很难“正点”,长时间等候便成了家常便饭。由于车少人多,于是车来了以后,大家便像打仗一样地拼命往上挤,乘车秩序乱作一团。在这种情况下,公交系统的吸引力越来越低,而越来越多的人开始购买小汽车,选择了“私人的”交通方式。这反过来又给城市交通形成了新的压力。

于是许多城市不得不开始认真考虑建设“大容量快速公交系统”。这时,轨道交通又一次进入城市规划建设部门的视野。许多城市纷纷开始提出建设“地铁”的规划或设想,北京、上海、广州等超大型城市加快了地铁、轻轨建设的步伐。

然而,无论地铁还是轻轨,工程造价都非常高,工程难度大,施工周期长,建成后的运营成本也很大,维修养护的要求也高。这样,修建轨道交通不仅对当地财政或投融资体系是一个巨大考验,而且也有点“远水不解近渴”。2004 年底,全国建成 13 条轨道交通线,总长度达 300 公里,建设资金为 770 亿,每公里平均建设成本 2. 6 亿元。如此巨大的投入,再加上建设周期太长,运营养护费用很高,建设部最后不得不出面干预全国出现的“地铁热”,对城市地铁立项做了严格的限制。

正是在这种大背景下,BRT 才真正开始进入人们的视野。BRT 是介于传统公交和轨道交通之间的一种交通系统,正好吸收了传统公交和地铁的优点,弥补了各自的缺陷,具有轨道交通不可比拟的可操作性,同时其效率又接近轨道交通,非常适合中国的国情。

可是,国外的 BRT 已经有了 30 多年的发展历史了。如果我们在 5 年前、10

年前就着手建设 BRT，今天的城市交通，及至城市发展，可能就会是一个不同的局面。如果我们在 10 年前、20 年前就认真研究 BRT，我们当时的规划思想和交通发展战略可能就会有很大的不同，城市交通建设的成效可能就会更大。

城市交通是一种宝贵资源，已经得到普遍认同。同样，大家也应普遍认同，在大城市建立以公共交通为主导的城市交通，是充分利用城市资源，实现大城市可持续发展的最佳途径。然而，国内大城市在过去十年普遍经历了私人小汽车保有量的快速增长，以及城市道路交通状况的恶化，而公共交通在居民出行中所占的比例却在逐步下滑。应当说，造成这种结果的原因很多，但从城市交通建设和管理的角度看，执行“公交优先”不够坚决、公共交通发展速度相对滞后，是重要原因之一，尽管我国的许多大城市也在 15 - 20 年前就明确提出了“公交优先”的城市交通发展战略。库里提巴被全世界誉为城市交通建设和管理的典范，他们能够取得今天的成就，并不仅仅是由于他们有先进的理念和科学的规划，更重要的是他们能够三十年如一日地坚定不移地贯彻执行当年的城市总体规划，三十年如一日地不断完善自己的公共交通体系。

亡羊补牢，犹未晚矣。2008 年的第一天，常州快速公交（BRT）1 号线正式开通，这是江苏省内首条快速公交线路；2008 年 7 月，继 2005 年 12 月中国第一条快速公交线路——北京南中轴路大容量快速公交全线投入运营之后，北京又开通 2 条 BRT 新线，北京由此成为全国 BRT 线路最长的城市。目前，全国已有北京、杭州、重庆、常州、济南、大连、厦门、广州等多个城市开通运营 BRT。当然，BRT 并不是在每个城市以及城市的大部分道路都适用。但是，BRT 所体现出来的综合优势，值得在国内大城市结合旧城改造和土地开发来积极推广。

四、以公共交通为主体的运输体系最适合中国国情

早在著名的《马丘比丘宪章》中，就有对城市公共交通的精辟论述：“44 年（指从《雅典宪章》颁布以来）来的经验证明，道路分类、增加车行道和设计各种交叉口方案等方面根本不存在最理想的解决方法，所以将来城区交通的政策思想当然是使私人汽车从属于公共运输系统的发展”。公共交通作为城市客运交通的主体，在城市发展与居民日常出行中有着极其重要的现实意义。首先，发展城市公共交通有利于提高公交吸引力与城市居民公交出行所占比例，从而提高道路面积的利

用率,在目前道路建设缓慢的情况下可起到缓解城市交通压力的作用。从目前的道路利用率看,动态情况下自行车与小汽车比公共汽车占用的道路面积大得多,而快速轨道交通又比公共电汽车的利用率高得多。无疑,公共交通系统的优先发展,乘车时效性、舒适性以及安全性改善必将会吸引大批客流,道路利用率的提高在一定程度上会缓解城市交通的压力。

其次,优先发展城市公共交通可提高城市客运的综合利益,有助于推动城市结构与城市布局的改善和新的土地利用开发。可以说,公共交通在城市客运结构中处于举足轻重的地位,其便捷条件得以改善,会大幅度减少其他交通方式的客流,从而使城市客运系统的综合效益提高。公共交通的改善与发展又会迅速改善土地的投资开发环境,吸引大量人流,不仅使公共交通系统自身得以发展,而且会促进城市功能布局的改善。

再次,大力发展公共交通是实施城市交通可持续发展战略的关键。城市交通发展的持续性强调在推进交通系统建设与发展的同时,重视对城市生态环境的保护和资源的合理开发利用;在交通路网扩张的同时,注意对交通系统的监督,尤其是交通需求的管理和交通行为的修正;交通系统供给在满足近期运输需求的同时,又要符合城市社会经济生态系统长期持续发展的整体需要。同时,在城市生态环境的改善、建设用地、运输成本、运输效率、燃料消耗等方面,公共交通比其他城市交通方式具有更大优势。

我国是发展中国家,经济发展水平低、人均占有资源(包括土地资源、能源等)少,城市形态密集是我国大部分城市的现实状况。这种情况尤其适合发展公共交通,但事实上,新中国成立后很长一段时期内虽然奉行了限制私人小汽车发展的政策,但遗憾的是公共交通并没有得到足够的重视和发展,以至于自行车成为城市交通的主要方式,并落入自行车增长——公共汽车速度降低——自行车进一步增长的怪圈。这种情况不但实际上缩短了居民出行的空间距离,同时还导致城市用地密集、连续扩张这种“摊大饼”的城市形态。这种状况自 20 世纪 90 年代后期开始得到缓和,但随着中国加入 WTO 而引发的汽车价格与世界水平的接近及我国城市居民人均可支配收入的增加,使得经济因素越来越不能成为私人小汽车发展的制约因素。因此,对照泰国等发展中国家城市交通拥堵的先例,在小汽车普遍进入家庭之前,建立便捷、安全、经济、舒适、高效的城市公共交通系统的任务已迫在眉睫。因为城市居民驾驶私人小汽车出行一旦形成习惯,发展公共交通的环境将进一步恶化。

为缓解城市交通紧张状况,合理有效地利用城市交通资源,管理日益增长的城市交通需求,成为今后相当长的一个时期内,各级政府不得不面对和必须解决的实际问题。唯一可行和有效的办法只有优先和重点发展公共交通。这种做法不仅已被国外发达城市的实践所证明,而且也充分体现了党和政府为老百姓谋福利的根本宗旨,符合我们已经确立的走可持续发展道路的国策。因此,在解决城市交通紧张问题上,我们必须尽快落实"优先发展公共交通"这一基本政策。必须澄清,发展公共交通并不意味着一定要限制我国汽车工业的发展。只要我们采取适当措施和正确步骤,发展公共交通只会促进我国的汽车工业,最终实现公共交通与汽车工业协调发展的理想局面。这是因为:大力发展高效、方便的城市公共交通可以促进自行车交通向公共交通的转化,减少混合交通对城市机动车交通的影响,把大量的交通出行吸引到公共交通上来,可以为城市其他机动车交通提供更多的交通设施资源,当然也为私人小汽车的有序发展提供了必要的条件。

中国不同于汽车轮子上的美国,美国地广人稀,经济高度发达,中国是"人多地少"的发展中国家,经济实力和人均土地面积远远低于美国。解决中国大都市的交通问题必须以用地紧缺、人口密集的国情为约束,应建立"花钱少,容量大"为主的交通方式。因此,建立公共交通为主体的运输体系是解决中国城市交通唯一可行的出路。另外,从社会公正的角度看,中国80%的存款集中在2.5%的少数富有者手中,如果放任小汽车进入已经很拥挤的城市道路,满足的是拥有汽车的少数富有者,牺牲的是大部分个体出行者和公共交通用户的利益。① 小汽车对社会造成的成本远远大于其使用者个人付出的成本,驾车人根本无视由于他们加入车流而使这条车流中所有车速减慢的事实和以噪声、空气污染、尘埃、视觉损害等形式加之于非乘车人的环境和舒适上的负担。② 而公共交通带来的空气污染和噪声问题比起私人汽车主给社会造成的负担要小得多。

总之,无论从我国国情出发还是从城市的可持续发展来看,大力发展城市公

---

① 管驰明、崔功豪:《公共交通导向的中国大城市空间结构模式探析》,《城市规划》2003年第10期,第39-43页。

② [英]K·J. 巴顿:《城市经济学理论和政策》,商务印书馆1984年版。

共交通势在必行。

第四节　绿色交通要义:将自行车纳入城市公交体系

自行车作为人类的交通工具与城市交通方式之一,首先在西欧、北美的一些国家和城市得到应用和发展。我国的自行车交通起步较慢,但却后来居上,以至于最终成为一个名副其实的“自行车王国”。然而,令人痛心的是,目前多个城市在交通建设上出现了将非机动车道缩减或改建为机动车道的现象。这种将现有的自行车道让位于机动车道的趋势,与国外兴起发展人行道、自行车道为主的绿色交通模式背道而驰。因此,城市复兴自行车,除了能解决短距离交通接驳问题之外,还是一种生活质量的回归,也是交通本质的回归。重要的是,我们不仅要明确自行车交通在城市交通中的不可替代性,更应该明确自行车在今天城市公共交通体系中的定位——在成熟的机动化公共交通体系下,使自行车形成一个交通网络,这才是切合实际的,才是绿色交通的真正要义。

一、自行车交通在城市交通中的不可替代性

自行车如下特点或优势决定了它在城市交通中的不可替代性。

1. 具有短途出行的优势

自行车交通作为城市交通的一种方式,有其合理的使用范围,悠闲地、短途地从一个步行中心到另一个不太远的步行中心,自行车是最好的交通工具。东南大学王炜教授等人根据大量交通调查得出的结论是:自行车适应时空区域的合理范围为0~30分钟或6公里以内,其主导时空区域范围应为0~20分钟或4公里以内。[①] 他们认为,在大城市和特大城市,自行车应是公共交通的补充,而不应是主导出行方式,自行车应和公共交通有机结合,协调发展。在中小城市,由于建成区面积小,适合自行车出行,自行车交通将成为客运交通的主体。我们认为,这种见解是符合实际的,因而也是科学的。它是短距离出行的主要交通方式。其合适的

① 王炜等:《城市交通规划理论及其应用》,东南大学出版社2002年版,第112页。

出行距离小于4公里,出行时间在15分钟以内。自行车一般在5公里以内的距离,比公共交通工具有优势,可以直接门到门,并节省行程时间。特别在城市小区内部,道路多为支路,不利于机动车通行,同时为了创造居民小区良好的居住环境,也不可能允许机动车自由出入,只有自行车交通以灵活性、低公害等优点作为自由进出小区的交通工具才是合理的。同时,我国城市内拥有大量的支路、胡同,开辟这些道路为自行车专用道,便可减轻主、次干道的混行交通压力。

2. 满足衔接公交的需要

优先发展城市公共交通是解决城市拥堵的出路,也是城市交通发展的必然趋势。即便将来地铁和公共交通比较发达了,人们也不可能一出门就立即能够乘坐公交车,必然要利用自行车衔接地铁和公共交通。自行车能提供门到门服务。在城市中,许多出行使用公交并不方便,这就为自行车使用保留了机会,公交与自行车的联运为解决公交服务水平较低的地区提供了手段。因此,自行车交通可以弥补公交车的不足。

公共交通工具与自行车相比,是一种不连续的交通工具,不能“门”到“门”、“户”到“户”。目前,我国城市居民居住地和公交站点之间距离较大,居民从家到公交站点一般都有一定路程,且有相当部分居民的出行路程时间较长。当步行时间大于5分钟时,则出行者更倾向于交通工具。居民从家骑自行车到公交站点存放好自行车后,再乘公交车去上班。

3. 有利于环境保护

快节奏和高效率的城市生活对交通现代化提出了新的要求,高速、舒适、安全和低公害成为新的标准。汽车在给人类带来便捷、舒适的同时,也带来了一个致命的危害——污染。现在城市环境的大气污染主要是机动车尾气排放。如北京城区74%的碳氧化合物、63%的一氧化碳、37%的氮氧化合物皆源于机动车尾气。同时,机动车噪声也是不容忽视的污染。近年来,人们的环保意识增强,在全球掀起了强劲的“绿色旋风”。人们强烈呼吁将绿色还给地球,将优美的生存环境和优质的能源留给子孙后代。人们盼望着那种低耗能、少污染的绿色交通工具。世界观察研究所所长指出,城市交通工具不是以小汽车为中心,而是采用高技术的轻轨交通系统,再加上自行车和步行,即所谓的绿色交通。由此可见,自行车正是以它特有的人力驱动,无废气排放(零排放)、噪声小的环保优势,成为世人所关注的环保型交通工具。

4. 有益健康

从医学角度看,自行车确是理想健身车。骑自行车时,人体上身如同滑雪一般弯腰弓背、双手扶把;脚踩车蹬,前后运动,又如同跑步。特别是对缺少运动的城市居民来讲,每天出行骑自行车是一次理想的健身运动。这已从科学家的研究中得到证实。美国一项研究发现:居住在城市里的人比住在郊区的人瘦,部分原因是他们走路的机会较多,不会一出门就开车。① 瘦或者说不胖在一定程度上就是健康的代名词。肥胖是今日社会最严重的问题之一,其原因并非缺乏运动的空间与时间,而是习惯久坐的生活形态再加美食使然。从这个角度讲,"融入生活之中的生活单车,会是最完美的运动。不需要多余开销、不需要另外排出时间,整个城市的人都能够自然健康。"②让城市居民自身认识到使用自行车对促进和保持健康有很好的效果,从而树立"蹬自行车比服药还好"的意识,将大大有利于降低国民的医疗费用。据某地方公共团体对使用自行车在多大程度上有助于降低国民医疗费的调查,已证明了它的切实效果。

5. 适合城市快递

近年来,自行车快递正悄然兴起,而且正向着专业化方向发展。自行车快递具有许多优点。首先是速度快。城市道路已拥挤不堪,而且这种拥挤还在加剧,往往骑自行车比乘汽车要快,尤其是在上下班高峰期间,骑车几乎比任何汽车都快。其次是成本低。一件信函、一件礼品或材料,货主自己跑一趟,一般需要用1-2 小时,而且打的费用不会低,不如交快递公司合算、可靠。最后是城市绿色文明的需要,将会鼓励和保护自行车成为城市交通之一。由此可以预见,自行车快递是未来城市生活和经济发展的一种重要的补充形式。③

---

① [美]杰夫·梅普司:《铁马革命:如何用自行车打造好城市》,王惟芬译,行人文化实验室 2010 年版,第 32 页。

② [美]杰夫·梅普司:《铁马革命:如何用自行车打造好城市》,王惟芬译,行人文化实验室 2010 年版,第 343 页。

③ 顾尚华:《自行车在未来城市交通中的地位和作用》,《交通与运输》2008 年第 4 期,第 15-16 页。

二、中、西方国家自行车交通发展的动向

(一)我国城市自行车交通的发展状况

自1897年上海从英国引进第一辆自行车至今,我国的城市自行车交通已走过了一百多年的历史。解放以后一直到改革开放以前,我国自行车的增长一直较平缓,人均拥有率不高。改革开放以后的1979年至1988年,是我国自行车拥有水平提高最快的十年。至1988年,我国自行车年生产量突破4000万辆,相当于1978年全世界的自行车总产量,年平均增长16.8%,拥有量达到3.4亿辆,使得自行车产量和拥有量都跃居世界首位,成为名副其实的"自行车王国"。目前全国自行车总量约为5.4亿辆,平均2.5人就有一辆自行车,许多大城市几乎每人拥有一辆自行车。①

自行车作为代步交通工具是从20世纪50年代开始普及的。那时,一个人很重要的成年符号是学会骑自行车。在20世纪70年代以前,拥有一辆自行车是一件荣耀的事情,自行车也成为父母厚爱孩子、定情做亲、改善生活最为珍贵的礼品。与此相应,凤凰、永久、飞鸽等自行车名牌也成为中国最有名的产品品牌与企业品牌。但这个时代似乎过去了。一方面,人们对自行车的消费热情逐年降低,另一方面,自行车在许多城市的交通规划中,越来越处于尴尬的地位。在有些城市,许多马路的自行车道甚至已经消失,以至在滚滚的车流中,骑车人穿梭其中,有如飘零的叶子;或者自行车道成了收费停车点,自行车的生存空间被大幅压缩。一位专家甚至建议中国最大的城市上海,用5~10年时间逐步取消市区自行车,并呼吁,上海应成为第一个无自行车的城市,上海人不能骑着自行车进入21世纪。② 在21世纪的中国,自行车在某些人的眼里,似乎已不再代表什么身份或者特殊价值,而在一定程度上成为中下层社会的生活符号,或者说似乎已经成为落

① 石忆邵等:《我国大城市自行车道发展的困境及其政策取向》,《现代城市研究》2006年第10期。

② 潘熙磷:《中国不能骑着自行车进入21世纪》,《改革纵横》1995年第11期。

伍的代名词,因而出现政协委员骑车参会被拒会场外的闹剧①。

(二)国外自行车交通的发展状况

有人深为世界银行的专家们对中国自行车交通情有独钟、力主保留不解,总以为这是洋人坐在轿车里却要我们中国人讲环保而为他们留下一方干净的天空。其实不然。因发展自行车交通实在是西方国家在经历了私人小汽车大发展之后所悟出的经验。事实上,许多西方人甚至我们中国人更爱自行车交通。

"自行车王国"的头衔似应戴在荷兰的头上。中国的自行车生产、消费和出口都居世界第一,然而人均拥有量却落后于荷兰。上个世纪末中国人均2.6人拥有一辆自行车,而荷兰全国人口1600万,自行车的拥有量高达1700万。荷兰政府大力倡导以自行车为交通工具和制定相关政策,专门的自行车道遍布全国,对专道的修建交通部还制定了统一标准;自行车较机动车甚至机动脚踏两用车有绝对的道路优先使用权;公共交通与自行车交通设施连接;领导身体力行带头骑自行车,骑车人平时在交税时还有一定减免;有专门的自行车维修点供人免费使用。荷兰1976年就已建有3万公里的自行车专用路,占当时全国道路总长度的30.6%。在荷兰1990年通过的"第二次交通结构规划"中,以提高生活质量、推动经济发展为目标,勾画了1990年到2010年的交通政策。该政策明确指出,今后荷兰城市交通发展的方向是限制小汽车,发展公交,鼓励自行车交通,要求公交把自行车作为终端工具。在1992年议会通过的《自行车系统规划》政策备忘录中,提出的目标是:到2010年,自行车人千米数比1986年增长30%,交通事故中骑自行车死亡的人数比1986年减少50%,受伤人数减少40%。为实现这一目标,自行车总体规划工作组自1990年以来对120个研究项目、革新试验和样板工程提供了财政支持并进行推广,这些工作包括从汽车到自行车的转换、骑自行车人的安全、从汽车到公交和自行车联运、自行车停车设施等。

一些发达国家的自行车交通也同样发达。据20世纪90年代初期的统计,日本建有2万多公里的自行车专用道路,自行车拥有量和机动车拥有量基本持平。

① 江苏省政协委员、南京大学朱晓东教授一直以自行车作为交通工具,带头做好环保。有一次,他骑自行车到双门楼宾馆参加政协会议,门卫就是不让进。朱晓东愤怒地说,"宾馆酒店不让自行车进在全国是一个普遍的现象,这是一种社会病态的反映,是一种歧视。"参见:《江苏政协委员骑车参会被拒会场外》,《共产党员》2008年第5期。

法国交通部和环保部联手,为提倡自行车不遗余力。在1995年夏天,法国交通部长宣布了10项以推广自行车为重点的城市交通和市政建设计划,要求全国各省在修建公路和城市建设中优先考虑安排自行车专用道路。在巴黎市内,随着人们对环保的重视,提倡以自行车作为一种保护环境的交通工具的呼声越来越高。巴黎全市设有1450个租车点,每隔200多米就有一个联网租赁站,租赁后可在任一站归还。租车人可在自行车出租点用卡租用自行车,如果使用时间不超过半个小时可享受免费骑车待遇。为方便顾客,租车点24小时开放。丹麦人钟爱骑自行车,在首都哥本哈根,1/3的上班族使用自行车。市中心大约有150处专为免费自行车设置的停车点,实施免费的市区自行车出租,全部由私人商家出钱。

英国自行车租赁业务也很发达,许多外国游客使用自行车环游英国。如果家庭或者团体租车还可享受特殊优惠。首都伦敦更是推出了一项便捷租车业务——通过短信来实现租车服务。通过服务中心发送给注册用户的短信开锁密码,用户可在市内任何一个租车停放处自行取车。据报道,在过去的5年中,伦敦骑自行车的人数翻了一番,而交通事故中被撞死或者严重受伤的比例下降了40%。伦敦目标在2010年前建成560英里的自行车道。2008年2月11日,伦敦市长利文斯推出他酝酿已久的自行车出租服务计划,预计耗资5亿英镑。第一批投放自行车数量约为6000多辆。为了说服市民,市长率先垂范骑单车上班①。

在大学城剑桥,“为了对付严重的交通拥挤,在市中心只允许自行车通行,不难看到有人骑自行车到高级饭店前,在停车场系上领带去就餐”②。英国政府还决定在未来3年内投入3000万英镑,对10万名孩子进行自行车技能培训,并扩展通往中小学的自行车道。英国交通大臣道格拉斯·亚历山大表示,要让更多人脱离汽车,培养出“骑自行车的下一代”。

三是小汽车王国美国的表现。美国大力推广自行车友好社区(BFC)的理念,

① 参见:《伦敦市长骑单车上班》,http://www.qingdaonews.com/gb/content/2008-05/10/content_7848433.htm2008-05-10。

② 张钦楠:《城市应当如何开发?》,《读书》2007年第12期。

并且有具体的评估内容。[1] BFC 为骑自行车提供安全和便利,鼓励居民将自行车用于交通、健身和娱乐,制定对自行车友好的政策,同时积极推广自行车的使用。联盟根据社区在自行车发展方面所做出的成绩对其进行评审。美国参议院通过法案,用税收优惠鼓励雇主给骑自行车上班的雇员每月 40 美元到 100 美元补贴。由美国国会拨款并由交通部完成的一项研究报告包括如下内容:制定增加自行车和步行出行比例并确保安全的计划;确定在城市市区和郊区倡导使用自行车和步行交通方式的全部费用和效益;审评世界范围内采用这两种交通方式的成功之处以供借鉴;提交实施可行方案的行动日程表等等。报告完成后,国会随即指示联邦公路总署成立相关的管理机构,专门负责行动计划的落实。美国的世界观察研究所在一份报告中公开宣称:"在交通拥挤、污染和债务问题同时威胁着工业化国家和发展中国家的情况下,未来的交通工具是自行车和其他机动交通工具共存的结合体,自行车在 21 世纪是绝对不会消亡的。"自行车的风行还带动了美国部分城市型新服务业的兴起,比如有些城市开始设立自行车服务站,提供存车、维修、淋浴和更衣等服务,缴纳一定会费即可使用。美国西海岸被认为是骑自行车的黄金地带,在这里可以全年把自行车作为交通工具。美国拥有近 1 亿辆自行车,有 15.5 万公里自行车专用道路,每天有 1400 多万辆自行车上班、上学。

三、自行车纳入公交体系是一种生活品质重建

随着城市扩张与经济发展,自行车在今天中国城市中的地位日渐衰退,精神上,它不再是承载人们生息朝夕的主流交通工具;生活诉求上,似乎拥有私家车才是现代人生活品质的追求;环境上,道路再拓宽、设置再多的场地,也仍不能满足数量庞大的机动车行驶与停放空间需要……跻身于相对发达的公共交通骨架夹缝处,自行车未来的生存价值为何?

近年来,国内一些城市重新提倡自行车,而且变得更有针对性,不仅提出将自行车纳入公共交通系统,还对准了市民日常的短程交通接驳,提倡以公共自行车

---

① BFC 是(Bicycle Friendly Community 自行车友好社区)的简称,也是美国骑自行车者联盟(League of American Bicyclists)对积极支持自行车发展的城市市政当局进行认证的奖励项目。参见:苏建忠、魏清泉、游细斌:《美国的自行车友好社区及其启示》,《国外城市规划》2006 年第 3 期。

的租赁方式,解决“公交最后一公里”的问题。作为参与公共交通的一种尝试,自行车租赁在北京、杭州等地已初见规模。杭州从2008年5月1日起,全面推广的公共环保自行车服务点几乎遍布全市。市民只需要拥有一张交通卡,就能通过预缴费方式在市内61个服务点租到一辆红色、橙色外观的自行车,1~2小时的租车费用一般只需1~2元甚至免费。在服务点设置原则上,相关部门在公交车站、游客集中的西湖周边各景点设置了自行车出租站,并采取就近归还自行车规定。据悉,公共自行车租赁点刚推出几个月,杭州市内不少老人干脆花一两元就近租车去附近市场买菜,比乘坐公交车还省方便;城西的上班一族逐渐形成了“自行车—公交车—自行车”的上班习惯。继杭州推出免费自行车以后,北京全部社区将建设自行车免费租赁点。各租赁点将提供4万到5万辆自行车供市民免费租骑,以缓解交通压力,方便市民。在自行车仍然是百姓重要出行工具的语境下,如果自行车的功能被忽略了,实际上就是公众交通工具选择权被侵犯与政府工作不到位。[①] 因此,北京、杭州市政府的做法不仅具有绿色交通导向意义,而且值得期待与推广。

然而,自行车租赁服务却在上海、郑州等城市遭到冷遇。布点不足、租还不便、空间缺乏、宣传不足等因素,成为自行车租赁服务的一个个关口。那么,到底是我们的生活观念在抛弃自行车,还是城市的交通机制在抛弃自行车?我们认为,自行车目前的这种尴尬境地,只是都市繁衍与社会发展过程中一个过渡阶段,在未来,或者就在今天,无论是城市慢行系统的专用区域内推广自行车,还是有策略地在市区内定点推行自行车租赁,自行车作为一种节约能源、节省空间的慢速交通形态,及其使人们身心获得运动机会的特点,必有其对大城市交通的补充辅助价值,以及对倡导健康生活的引导意义。正如完成了《上海城市中心城慢行系统规划》的同济大学交通运输工程学院副教授李晔所言,“城市复兴自行车,除了能解决短距离交通接驳问题之外,还是一种生活质量的回归,也是交通本质的回归,而我们应该明确的,是自行车在今天城市公共交通体系中的定位——在成熟的机动化公共交通体系下,给自行车形成一个公共交通网络,这才是切合实际的,才是绿色交通的要点”。

---

① 叶祝颐:《继续复制自行车免费租赁的绿色交通》,《观察与思考》2008年第22期。

一位社会学家认为,在这个虚荣奢华的世界上,自行车象征着一种生活态度,一种价值观。① 自行车以其不扰人、不占地、朴实无华、身体力行,同消费主义的时尚形成鲜明的对照。在穿越资本主义的历史隧道后,它将成为绿色文明的组成部分,消费主义的解毒剂,后工业时代的生活态度,一个崭新世纪中的主导价值观。哥伦比亚首都波哥大的前任市长恩里克·佩那罗舍在出席曼哈顿交通政策会议发表的演讲中指出:“我们的工作在朝着怎样的方向?什么是我们的目标?我们的目标是一个孩子能够骑着自行车到达任何一个地方。如果我们是一个民主的社会,每个人都应该享有安全出行的权利。我们应该思考自行车不仅仅是一个可爱的不错的东西,它还是一种权利。自行车道是重要的,20%是因为它安全,80%是因为它是个象征,就是花25美元买一辆自行车的人,与花3万美元买一辆小汽车的人,重要性是一样的。”②

尽管随着城市规模的扩大和社会生活的现代化,在大城市中自行车交通也显露出一些明显的弊端,如:与公共汽车相比,占用道路面积大;靠人力驱使,速度慢;和机动车抢道,阻碍正常交通;与机动车混行,平衡能力差,容易发生事故等。不过,理应肯定的是,自行车由于其经济实用、方便省时、没有污染、节约能源又可运动健身等优势,确是适合我国国情的一种理想的交通工具,它应当在我国的城市客运交通中占有一席之地。城市不应把公交和自行车作为互相对立的交通方式来对待,而应从交通运输管理的角度,研究如何把两种交通方式进行组合,以获得最高的效率。具体来说,为了适应今天的城市生活,我们要做好如下几方面的工作:一是要重新提倡自行车,并树立崇尚骑车的新风尚,在全社会形成一种欢迎自行车、尊重自行车的自行车文化;二是像汽车有专行路一样,自行车也理当有属于自己的专行路;三是倡导“自行车+公共交通”出行模式;四是必须努力改进自行车的性能。如果能更多更好地生产出一种轻便又能折叠的自行车,自行车就能与公共交通或地铁结合起来,从而成为都市中最迅捷和廉价的交通方式,并解决

---

① 郑也夫:《自行车族成员的呐喊》,《博览群书》2000年第2期。

② 王军:《采访本上的城市》,三联书店2008年版,第14页。

市内远距离的交通。① 如能将通常体力的人骑自行车的速度提高一半,自行车在交通工具的选择中将有更大的作为。尽管目前我国城市利用自行车作为交通工具是一种普遍现象,但自行车交通的优势和潜力并未充分体现出来。从我国的现实情况出发,进一步挖掘出自行车交通的潜力并以此带动整个城市交通的良性发展是必要而迫切的。

对于世界多国盛行的"自行车风",中国也应当顺应全球化的趋势融入其中。但依据中国特定国情,要想达到国际上的这种水平,与国际接轨,还需要在借鉴好国外成功经验的同时,探索出一条我国自行车出行,特别是适合我国的自行车租赁发展之路。尽管目标是明确的,但实现目标的过程一定是曲折的。受宽马路或高架桥与小汽车是"城市现代化"的象征影响,我们的城市与环境已遭到越来越大的破坏——但一切并非不可逆转。这就要求我们顺应世界潮流,复兴自行车,提倡自行车,宣扬简单、健康、环保的出行选择,提升城市生活的品质,让自行车带来的革命在全社会形成一种欢迎自行车、尊重自行车的单车文化,向着真正的城市现代文明靠近。

① 杨涛、陈艳玲:《拒绝还是共赢?——对携带折叠自行车搭乘轨道交通争议的探讨》,《第十六届海峡两岸都市交通学术研讨会论文集》,东南大学出版社 2008 年版,第 130 - 134 页。

第六章

与社会和谐:安全、公平、以人为本

交通运输不仅是一种重要的社会服务,而且它本身也是城市日常环境的重要组成部分。① 尽管交通本身不是目的,但人们外出工作、上学、就医、娱乐、参加社会活动等都离不开交通。城市交通作为城市社会大系统中的一个重要子系统,其运行有着特殊的内在规律性。一个良性运行的城市交通首先应该保证是安全的、可靠的,不会造成对出行者的伤害;其次它也应该是公平的,并坚持以人为本的宗旨。本章将就这些议题做出论述。

第一节　交通安全是社会和谐的有机组成

安全是人类从事交通活动的最重要条件之一,一个好的健康的交通环境首先应该保证是安全的。然而,汽车交通与各种交通方式比较起来,是最不安全的。

一、车祸:"无休止的交通战争"

生存是人的本能,这种本能提升为一种社会属性,就是对安全的需要。在现代社会里,安全需求已经以契约形式制度化为人的生存权。技术进步(无论这一概念在技术批判主义者的眼中是多么可疑)整体上提高了人类在自然界中的生存竞争能力,为满足人类的安全需求、保障人的生存权利提供了条件和手段。然而,每一具体技术形式的使用又是一个复杂的社会实现过程,在这一过程中往往衍生

① [美]苏珊·汉森、吉纳维夫·朱利亚诺:《城市交通地理学》,金凤君、王姣娥等译,商务印书馆 2014 年版,第 180 页。

出技术设计者预期之外的效能,甚至可能异化出一种危害人类自身的负向价值。车祸便是汽车交通技术系统异化的结果。

在人类居住的这个星球上,自从1899年8月的某一天,一位名叫利斯科的妇人与家人在伦敦海德公园的水晶宫游览路线上游玩时,被一辆疾驶而来的汽车撞倒殒命,成为历史上第一位车祸牺牲者后,就拉开了肉体和钢铁之间旷日持久战争的帷幕,而这出悲剧一经开演就再也没有收场,并且有愈演愈烈之势。

一位法国专家曾经说过:"汽车同时也是一种杀伤性交通工具,它比战车厉害,战车杀人只发生在战争发生时,只发生在战场上,只杀敌人;而汽车杀伤人不受时间、地点和敌、我、友的限制。"美国著名学者乔治·威伦在他的著作《交通法院》中这样写道:"人们应该承认,交通事故已成为今天国家最大的问题之一。……这是因为交通事故跟整个人类有关,不管是强者还是弱者,富人还是穷人,聪明人或是愚蠢人,每一个男人、女人,孩子或者婴儿,只要他们在街道或者公路上,每一分钟都可能死于交通事故。"

事实的确如此。法国著名物理学家、放射性元素钋和镭的发现者,创立"居里定律"的居里先生就是丧生于车轮之下;二战中显赫一时的美国四星级名将巴顿将军,没有血洒疆场却惨死于车祸;英国戴安娜王妃因撞车香消玉殒……在此我们可列出一长串交通事故中殉难的名流:国外的有加缪(1913—1960,法国作家,1957年诺贝尔文学奖得主,1960年因车祸去世)、杰克森·波洛克(1912—1956,画家,44岁时死于意外车祸)、詹姆斯·迪恩(1931—1955,好莱坞电影明星,因车祸去世,年仅24岁)、马克·波棱(1947—1977,20世纪70年代英国最伟大的摇滚歌手之一,1977年因车祸丧生,年仅29岁)等①;国内的有人们十分喜欢的相声演员洛桑,《还珠格格》电视剧里扮演香妃的青年演员等。

在世界范围内,汽车每年带来120万人的死亡和2000~5000万的伤者,其中包括很多路人,带来5180亿美元的损失。即使在相对安全的欧洲,在过去的20年里,仍有3000万人因为车祸受伤或者截肢。据统计,到2020年,交通事故会成为人类健康的第三大杀手。研究预测,在中低收入国家,交通事故造成的死亡人数

① Paul M. Grown - Brown. "Always Crashing the Same Car". in P. M. Graves - Brown ed. Matter, Materiality and Modern Culture, London: Routledge, 2000.

会上涨 83%,高收入国家则会下降 27%。预计到 2020 年,这一数据会上涨 67%。① 有足够的证据证明,当前车祸已成为社会人口非自然死亡及伤残的主要原因之一。在最早轿车化了的美国,每年死于车祸的人数达 4 万以上,伤残的人数则多达 200 多万。车祸还是大脑和脊椎损伤的最主要制造者;美国每年有 8 万人因车祸导致颅脑损伤而瘫痪,2000 人成为植物人。当然,高死亡事故发生的国家也包括中国、印度等人口大国在内。

今天,在这个有 5.5 亿辆汽车爬行的行星上,车祸造成的灾难甚至超过某些自然灾害。例如,1900 ~ 1990 年 90 年间,地震造成的死亡人口是 130 万人。在同一时期,车祸则夺去了 2235 万人的生命。而且每年的车祸死亡和受伤人数呈增长趋势:1900 ~ 1920 年死亡 100 万人,1921 ~ 1940 年死亡 200 万人,1941 ~ 1960 年死亡 500 万人,1961 ~ 1991 年死亡 1435 万人。迄今为止,全球被汽车夺去的生命已达到 2500 多万,受伤者则难计其数。据世界卫生组织统计,全世界每 45 秒钟就有一人因车祸死亡,每两秒钟就有一人受伤。

因此,车祸的危害其实已不亚于人类之间的战争了。在美国,九十多年来,死于车祸的美国人已超过 270 万,是美国人在两次世界大战、朝鲜和越南等战争中死亡总人数的 4 倍;而在车祸中致残的人数则多达 9200 万,是 20 世纪所有战争中受伤的美国人的 30 倍。从 1963 年到 1969 年,死于公路上的人数超过同一时期美国人死于越南战争人数的 10 倍。在 1992 年针对伊拉克发动的 40 天的海湾战争中,美国在战争中丧失了 146 条生命,而在同一时期的高速公路上,有 4900 名美国人"死得同样惨烈"。② 在中国,车祸造成的死亡,则相当于每三年有一颗广岛原子弹爆炸。

因此,人们称交通事故为"无休止的交通战争""文明世界的第一大社会公害"一点不为过。

---

① Kingsley Dennis and John Urry. *After the Car*. Polity Press,2009:38.

② 王蒲生:《轿车交通批判》,清华大学出版社 2001 年版,第 32 页。

二、交通安全事关千家万户社会和谐

(一)社会安全与交通冲突

“社会安全”只是“人类安全”的一个子系统,与其他类型的安全问题相比,社会安全有其独特的一面,基本上是出于人因的社会性安全问题。社会是“人造”的社会,是人们在长期实践中形成的关系总和。谈到社会安全,必然要提到“社会冲突”问题。社会不安全,必然存在社会冲突。社会冲突问题是社会学研究的传统主题。

笔者通过对城市交通问题进行深入的研究后,提出了社会交通系统特别是城市交通系统存在着三大冲突的观点。① 笔者认为,在城市交通系统中,“人——车——路”的矛盾与冲突只是事物的表象,其根本原因“在城市范围内来看,汽车和城市是有冲突的。……从某种程度上来说,城市和汽车无法并存,即城市和汽车是不相容的。”②正如萨夫迪所指出的,“汽车与它们的道路系统已经完成重新定义了城市的旧有边界”。“在城市的规模与服务城市的交通系统之间存在着一种不相适应的根本冲突。由于城市广泛散布于整个区域,我们不再能够由公共交通的固定系统中找到适合个人的路径。并且,我们建造的高速路越多,它们就会越快地变得超负荷。似乎在高速路上的投资总是难以满足我们使用小汽车作为交通工具的疯狂需求。”③

坚持冲突论的学者把城市里的各种问题看作为各个利益集团竞争有限资源而产生的不稳定结果。其斗争常常表现为强大的既得益集团对抗弱势群体。④据此观点,“人——车——路”的矛盾或汽车和城市的冲突,其实质就是人与人之间的矛盾与冲突的体现或表现形式。布朗先生更是直言不讳,“汽车和农作物争夺土地的战斗成了穷人和富人之间的竞争,成了买得起汽车的人和为生存而奋斗的人之间的竞争。”因政府动用取自全社会的预算投到交通的基本建设上,实质上

---

① 何玉宏:《挑战、冲突与代价:中国走向汽车社会的忧思》,《中国软科学》2005 年第 12 期,第 67 – 75 页。

② [美]莱斯特·布朗著:《环境经济革命》,余慕鸿等译,中国财政经济出版社 1999 年版,第 55 页。

③ [美]莫什·萨夫迪:《后汽车时代的城市》,吴越译,人民文学出版社 2001 年版,第 5 页。

④ [美]文森特·帕里罗等:《当代社会问题》,华夏出版社 2002 年版,第 446 页。

是收取穷人的钱支持富人用车,最后就会变成富人持续地、大量地从穷人那里获得隐性收入。① 就此,我们就不难理解名牌车主与普通车主、有车族与行人、自行车者等之间经常发生摩擦或"冲突"的原因。

(二)交通安全事关生死

如前所述,交通事故的频繁发生使每天数以千计的人死于非命,或因此而受伤,甚至终身残疾,大量宝贵的财富也因此毁于一旦,给其家庭带来的痛苦更是像瘟疫一样蔓延。据世界卫生组织估计,每年因为道路交通安全事故原因造成的死亡人数达到 120 万人,这仅仅是冰山一角,而在整个道路交通上造成的伤害有 5000 万人,且大多都是永久性伤害。这当中,发展中国家是道路交通伤害造成死亡人数最多的国家。

中国是世界上交通事故发生频率最高的国家之一。虽然汽车保有量只占全球的 1.9%、美国的 1/9、日本的 1/6,但是全球 15% 的交通事故发生在中国。据有关部门统计,从 20 世纪 80 年代末我国交通事故年死亡人数首次超过 5 万人至今,交通事故人数已连续 10 余年居世界第一,且道路交通事故呈逐年增长之势。1995 年全国共受理道路交通事故案件 27.2 万起,直接经济损失 15 亿元;1999 年道路交通事故上升到 41.3 万次,造成 8.4 万人死亡,28.6 万人受伤,直接经济损失 21.2 亿元,平均每天死亡近 230 人,到 2002 年,中国刚刚开始步入汽车社会,就有 10.9 万人丧生在以汽车事故为主的交通事故下,每天约有 300 人死亡,相当于每天掉下一架飞机。② 2002 年全国道路交通事故共造成 56.2 万人受伤,直接经济损失 33.2 亿元。世界卫生组织公布的报告显示,交通事故已经成为 15~45 岁人群的第一大杀手,每年导致的国家经济损失达 120~210 亿美元,几乎占国民生产总值的 1.5%,对社会经济发展造成了严重影响。这些巨大的伤亡数字表明,汽车交通带来的伤亡每时每刻都有可能发生在我们的身边。对于在交通事故中丧失的宝贵生命,成本的计算没有任何意义。为了追求汽车交通的便利,中国是否需要付出如此惨重的代价,是一个值得深思的问题。据有关专家估计,如果在现有交通管理体制没有大变化的条件下,我国交通事故年死亡人数在 2015 年至

① [美]莱斯特·R. 布朗:《B 模式:拯救地球延续文明》,林自新、暴永宁等译,东方出版社 2003 年版,第 111－222 页。

② 张旭东:《交通事故等于每天掉下一架飞机》,《社会科学报》2003 年第 11 期,第 6 页。

2020 年可能会达到最高峰值。①

我们通常也能看到,半数以上车祸死亡者是青壮年,他们往往是一个家庭的顶梁柱。从这个意义上说,道路造成的伤亡给整个社会带来的损失确实不容小觑。而且,中国的道路交通伤害死亡人数和死亡率以每年 10% 的速度递增,是中国男性居民和城市人群的第一位死亡原因。随着机动车数量的增加,道路交通伤害发生数、死伤人数也随之大幅度增加。各类伤害中以道路交通伤害所造成的总体损失最大,道路交通伤害对劳动生产力人口造成的严重影响和道路交通伤害所造成的潜在寿命损失年(YPLL)远高于恶性肿瘤和冠心病,在所有疾病和伤害的死亡原因中居首位。2003 年中国道路交通伤害造成 1260 万潜在寿命损失年,价值为 125 亿美元,几乎相当于全年国家卫生经费预算的 4 倍。道路交通伤害给全人口所带来的疾病负担将由现在的第 9 位上升到 2020 年的第 3 位。② 因此,交通伤害已成为居民的生活、健康和生命的一大威胁,尤其是青壮年劳动人口。交通伤害给国民经济和卫生资源带来了巨大损失,对社会、家庭和个人,尤其是社会上的贫困和弱势人群带来沉重的负担。车祸致贫、车祸返贫,是一个应该重视的社会问题。此外,车祸给公众带来外出的威胁和恐惧,车祸的多发和群死群伤使社会失去安全感,车祸罹难者的治疗、康复、残疾、死亡给国家造成劳动人口、医疗费用和社会保险等损失。

三、发展绿色交通缓解交通伤害危机

人类经历了两次世界大战后,开始对战争苦难悚然而思。经过深刻反省与批判,人们开始自觉地抑制大规模战争的爆发,并将和平与发展树为新时代的主题。不无遗憾的是,大规模战争虽然得到了有效遏制,而由汽车向人类发动的另一种形式的战争却仍在持续和蔓延。可以说,同样给人类带来灾难与创痛的车祸事故,并未引起人们足够重视。车祸甚至失去了新闻的关注。早年的杂志封面或报纸的头版尚能刊登街道上的车祸场面,随着车辆增多事故频仍,媒体对地球上无时无处不在发生的车祸已经习焉不察、习非成是了。即使英国王妃戴安娜车祸罹

① 何玉宏:《挑战、冲突与代价:中国走向汽车社会的忧思》,《中国软科学》2005 年第 12 期,第 67 - 75 页。

② 王声湧:《道路伤害是可预知和可预防的》,《光明日报》,2005 年 7 月 14 日。

难,新闻热点也集中于对戴妃个人私情的猜测,至于发生车祸的原因,只是简单归咎于记者们对戴安娜如影随形的追逐烦扰,而很少有人将这件看似偶然的事故与汽车事故的高发率联系起来,很少有人追问轿车交通技术系统本身存在缺陷。① 对于根本没有能力使用汽车的老人、幼儿、残疾人和买不起轿车的穷人,对于那些难以享受到"轿车文明"的、依靠自行车或步行出行的社会弱势群体,无辜地承受随时可能发生的车祸危险,则更少有人予以关注。

诚然,不存在绝对安全的交通,所有交通方式乃至所有技术操作都有危险性:火车会出轨,飞机会坠落,即使步行也可能摔倒。但是将汽车与其他交通方式作一比较就会发现,各种交通方式的安全性有着天壤之别。根据奥地利交通安全办公室人员对一些国家近十年的造成死亡事故的研究,行驶相同距离造成的事故死亡人数,汽车是火车的3.6倍,是飞机的14.7倍,轮船的18.8倍。当然,在不同的时间、不同的国家和地区,由于交通安全设施以及管理方法不同,因而各种交通事故造成的死亡数字及彼此间的比例也会有变化。但无论如何,汽车交通危险性高居榜首却是不会改变的。汽车交通技术系统存在着严重缺陷是一个不争的事实。但出人意料的是,汽车虽然具有更高的事故率,却拥有某种其他交通形式不可企及的"豁免权"。重大的航空事故或轨道交通事故,往往会招来公众广泛的关注和批评,而公路交通事故却能超然于贬斥之外。1997年,美国每天死于公路上的人是118人,中国是200多人。设想一下,在这两个国家,倘若每天有一架中型客机坠毁会是什么情形?它不仅会危害航空业对潜在旅客的吸引,对航空经济的核心形成致命打击,甚至会导致社会对这种交通方式的根本否定。然而,危险性高于航空、水运和铁路数倍甚至十多倍的公路交通系统,却可以导致巨大的人员伤亡和财产损失而毫不影响系统的正常通行。

那么,是什么使这个世界能如此不经意地接受每年七十万人暴死轮下的事实?为什么在制定了限制核武器等一系列条约的和平主题下却没有制定出减少车祸的更严厉的规则?为什么在进入数字化高技术时代的今天却没有产生更安全的交通方式?是什么使人们对威胁人们安全的车祸采取了隐忍默从的态度?这显然不是一个简单的可用一种因果模式就能解释的问题,它牵涉到技术、经济、

① 王蒲生:《车祸泛滥的哲学反思》,《自然辩证法通讯》2001年第5期。

社会和心理等多个层面,需要做综合的考察与分析。

尽管车祸中的伤害存在施于和被施于的关系,但无论如何,被断定为有过错的肇事者,往往同时也是受害者,因为在车祸中,他或者是自戕其身,或者要为某种失常状态下造成他人伤亡承受良心上的谴责,甚至受到经济上或刑事上的惩罚。从更广泛的意义上来讲,即使那些尚未牵涉到某一具体车祸中的一般民众也是受害者,因为他们以及他们的亲人随时都有可能成为无处不在的汽车的牺牲者,面对每人一生受车祸伤害一次的几率,没有多少人能处之泰然。因此可以说,汽车社会中的所有公众都是受害者。

早在20世纪60年代,被弗洛姆称为“我们这个时代最伟大的人文主义者”、美国的城市学之父芒福德(L. Mumford),在考察汽车安全问题时就指出了弥补人的缺陷的方法。他认为,汽车专家在设计轿车时不应只考虑样式,而应当考虑到驾驶者主体的因素,考虑使用者不同的年龄、不同的行车经历及能力等因素,考虑他们正常的健康状况、他们的视力、他们内在的紧张和压抑程度及每日的涨落变化,并且将此提到最高的认识程度,必要的话通过立法来保证。甚至认为制造商应减少其利润的1/3用于加强安全设施。① 但遗憾的是,制造商根本不会“理睬”哲学家、社会学家等人文学者的“迂阔”之论,迄今为止,尚没有开发出一种能够保证轿车使用者始终处于神志清醒的理智状态的可靠的技术方法。

整体而言,汽车交通技术系统存在着使用操作上的个人性与交通运输的高度组织性之间的矛盾,这种矛盾目前从技术上尚难以找到有效解决方法。所以,只要轿车仍是无序运行着的私人的交通方式。只要汽车还在高速行驶,只要汽车仍然是由几吨重的金属制成的,那么其运行过程中巨大的动量就会构成对人的威胁,车祸发生率就难以降下来。

这涉及我们这个社会的总体价值准则。要将宝贵生命从无情的车祸中解救出来,就必须首先改变我们传统的价值观念,尊重人的生存价值和生存权利,建立人性化的交通方式即绿色交通方式,使我们的技术能力服务于人的发展和完善,使我们的社会、经济与文化生活的改变能够激发并推进人的成长和活力。如同弗洛姆(E. Fromm)所言:“是人,而不是技术,必须成为价值的最终根源;所有计划的

---

① Lewia Mumford. The American Way of Death. R. S. Baker, P. L. Van Osdol ed. The World on Wheels. Allyn and Bacon. Inc. Boston,1975:375.

标准不是生产的最大限度的发展,而是人的最理想的发展"。①

第二节　交通公平应更多体现对弱势群体的关怀

人类的社会生活本质上蕴含着多种价值目标,公平乃是其中至关重要的一个。公平地对待每一个人,在资源稀缺和利益冲突情形下的恰当分配,是实现社会公平的一个基本方面。就公平的社会意义而言,公平是经济与社会发展的重要动力,是现代社会伦理规范的灵魂。长期以来,人们对城市交通系统的研究,往往只注重效率的提高,而对应遵循的公平性原则却认识不足。城市交通作为城市的一项基本功能,反映的是全体市民出行的共同需要,更是与人们的日常生活息息相关,必然体现公平性原则,也理应受到人们的重视。

一、城市交通系统中的公平原则

(一)罗尔斯正义原则

城市交通规划与治理所涉及和面临的诸多问题中不仅有大量的技术性、科学性问题,还有大量的社会性、伦理性、甚至政治性问题。要确保城市交通规划的公正性,除了遵循以维护公共利益为重的基本价值取向外,还包括如何保护像城市贫困阶层这样的弱势群体利益,因为对弱势群体的保护涉及基本的社会公平(或称社会正义),而能否实现和保持社会公平,乃是与发展经济同等重要的政府职责,直接影响到社会主义和谐社会的构建。

对于社会公平原则的论述,最有名的是当代美国著名伦理学家约翰·罗尔斯的社会正义理论。罗尔斯在其经典之作《正义论》中,把正义当作是社会制度的首要价值,并提出了两个著名的正义原则。第一个原则被称为平等原则:"每个人对与其他人所拥有的最广泛的基本自由体系相容的类似自由体系都应有一种平等的权利"。② 第二个正义原则即差别原则:"社会的和经济的不平等应这样安排,

---

① E. 弗洛姆:《弗洛姆著作精选——人性·社会·拯救》,黄颂杰编译,上海人民出版社1989年版,第491页。

② [美]约翰·罗尔斯:《正义论》,何怀宏等译,中国社会科学出版社1988年版,第61页。

使它们:(1)适合于最少受惠者的最大利益:(2)依系于在机会公平平等的条件下职务和地位向所有人开放。"①罗尔斯认为,一个理想的社会资源分配方式应该是完全平等的,但这是不可能实现的理想。如果任何社会都无法做到完全平等,那么就应该争取达到相对最大的平等。什么是相对而言最大的平等呢?一般而言,社会中最需要帮助的是处于社会底层的人们,如低收入居民,他们拥有最少的权力、机会、收入和财富。社会的不平等最强烈地体现在他们身上。这些人被罗尔斯称为"最不利者"。正义的社会制度就应该通过各种制度性安排来改善这些"最不利者"的处境,增加他们的机会和希望,缩小他们与其他人群之间的差距。这样,如果一种社会安排或经济利益分配不得不产生某种不平等,那么,它只有最大限度地有助于最不利者群体的利益,或者说只有在合乎最不利者的最大利益的情况下,它才能是正义的。换言之,即社会在允许差别时,必须优先考虑弱势群体的利益,才能达成基本的社会公平。罗尔斯的正义原则,突出了处于不利或弱势地位的社会群体的利益要求,反映了弱势群体的正当需求,在一定程度上具有抵制贫富两极分化的作用,对作为政府公共政策一部分的城市交通规划有深刻的启示作用。公共政策作为政府调控利益主体、利益集团之间关系的基本工具,应具有鲜明的价值立场,即应当按照"公平逻辑",优先关注、关心和救助社会弱势群体。

(二)城市交通系统中的公平原则

城市交通系统中的公平,不仅是一个纯道德伦理学的概念,而且具有城市交通资产享用、环境保护、资源消耗等方面公平性的实际意义,对其理解和分析应该从以下三个方面把握,如图6-1所示②。

(1)从时间上,公平性包括代际公平与代内公平。

(2)从空间上,公平性包括个人之间的公平、群体之间的公平、区域之间的公平等。

(3)从内容上,公平性包括城市交通资产享用、交通资源消耗、环境保护等权利。

---

① [美]约翰·罗尔斯:《正义论》,何怀宏等译,中国社会科学出版社1988年版,第61页。

② 张生瑞:《公路交通可持续发展问题研究——理论、模型及应用》,人民交通出版社2005年版,第53页。

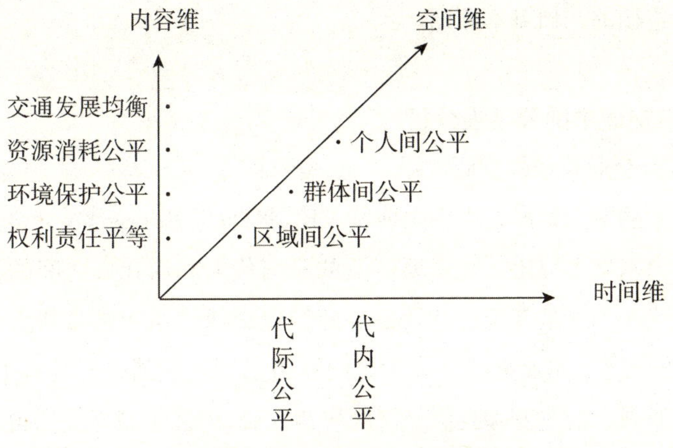

图6－1 交通公平性的内涵

在不同的领域中公平的表述形式也不尽相同。城市交通中的公平原则主要包含三层含义:

一是出行者面临平等的社会外部条件(这里主要是指平等的城市交通条件)和平等的法律地位,这是公平原则的前提条件,它是指全体市民面临着同样的城市交通境况、机会平等地享受城市交通设施提供的服务、法律上平等地使用交通权利。

二是出行者要求社会平等地分配其基本的权利和义务,对所有社会成员都视同仁,权利和义务分配明晰行驶人行为。

三是出行人在行为过程中的权利和义务应基本对等与合理,这指的是行为人利益或取得多少和义务分担的大小应该对应,这就意味着义务分担的多寡应根据在同样的交通设施使用中获益的多寡来决定,而不是简单的平等和平均分配,应避免得多出少或者相反的情况出现。①

城市交通的主体是全体市民,城市交通能否最大限度地体现社会公平既是全体市民的共同要求,同时也在一定程度上决定了一个城市交通状况的优劣和其交通管理政策实施的成败。城市交通遵循公平性原则是法制与道德有机结合的需要,是社会进步的标志,也是社会稳定的先决条件之一。因此,公平性标志应成为

① 李硕、杨运平:《试论城市交通应遵循公平原则》,《城市公共交通》2006年第5期,第31－34页。

城市交通所遵循的一项基本原则。

二、城市交通中的公平性分析

(一)城市交通系统的代际公平

代际公平的概念最早是由塔尔博特·R. 佩奇(T. R. Page)在社会选择和分配公平两个概念基础上提出。它主要涉及的是当代人和后代人之间的福利和资源分配问题。代际公平是基于可持续发展的绿色交通体系构建必须考虑的重要因素。所谓"可持续",主要指的是代际之间在追求发展和消费时具有平等的机会。随着人们交通观念的改变和我国经济的快速发展,近几年城市交通得到了快速发展,但同时我们也应该清醒地认识到:我们凭借先进的技术和资金,对资源过度索取,是以环境污染、生态平衡破坏为代价的。这样做的后果必然是代际之间的不持续性,也无公平性可言。

公平不应只是当代人的专利,它应推及至代际之间。人类代际之间的公平,是从时间特性和人类认识能动性出发提出的,包括当代人类应有的道德责任感和对未来人类利益的道德义务感,这是环境伦理一个重要的理论和实践问题。①

城市交通资产,是指城市交通系统中所有有形资产与无形资产的总和。它包括城市交通中的车辆系统、线路、站场、服务区等硬件设施,也包括与城市交通相关的交通政策、法规、体制等软件建设。

从资产代际转移的视角来探讨交通代际公平性问题,与环境伦理要求资源和环境在代际之间进行公平分配是同样的道理。也就是说,假定当前决策的后果将影响几代人的利益,那么就应该在有关的各代人之间进行公平的分配。

实际上,上一代人向下一代人的城市交通资产转移有两种基本形式:一是他作为后代继承前一代遗留的交通资产;二是他对其后代的城市交通投入的资产。同时,又因为下一代对上一代遗留的交通资产进行了必要的养护、维修,则有一部分资产进行了逆向转移。

城市交通资产的代际公平性,通常是指对于人类发展过程中的每一代而言,其接受的交通资产总和与其转移的交通资产总和应是相等的。若存在某一代人

① 余谋昌、王耀先:《环境伦理学》,高等教育出版社 2004 年版,第 259 - 261 页。

交通发展过快,超过了环境、资源的承载能力,消耗了过多的交通资源,那就是代际不公平。进一步说,如这种状况代代延续,交通可持续发展就无法实现。若存在某一代人转移出去的交通资产多于其消耗的交通资产,这种状况代代延续,交通资产就有向后代积累的趋势;如差额较大,说明上一代人的交通发展受到了较大限制,同样是代际不公平,也不是完全意义上的可持续发展。

实际上,在城市交通发展过程中,由于所有的交通资源(包括自然环境资源)和道路交通资产都掌握在当代人手中,当代人就成了未来几代人资源和资产的托管者,①因此,当代人必须考虑后代人的机会和可能获取的资源数量,即,我们在制定交通政策和发展战略措施时,不要为了提高当代人的交通服务水平和生活质量,过度强调交通的重要性,乃至超越交通资源特别是土地与能源资源和环境承载力,大规模进行交通设施的建设和发展,这在一定程度上牺牲了后代人的发展空间和潜在的机会。以轿车消费为例,由于过度使用造成的资源枯竭以及全球环境的恶化,不但损害当代人的利益,其危害还将留给后代。这就形成了代际间的不公平。可以说,轿车交通及其相应的轿车文化所表现出来的,是一种无视后代利益及时享乐的伦理观念,当代人用轿车这种胃口巨大的"金属动物",加速挥霍后代应当分享的那一份"干粮"。② 如果我们不及时限制这种予取予夺的自私行为,恐怕将来我们的灵魂将无法直面后人的追问。

(二)城市交通系统的代内公平性

与交通有关的自然资源,主要包括土地资源、能源、钢铁、水泥等。城市交通资源利用的公平性主要体现在如下两方面:

一是不同区域(或城市)之间的不公平。如沿海城市土地资源稀缺,但相对经济发达,人均小汽车拥有量高,造成的污染也大;西部城市人口较少但经济消费能

---

① 托管理论是西方生态神学中影响最大的理论派别,它通过重新解释圣经教义,根据传统的托管理论来重建基督教人与自然关系上的宗教道德。美国的一位林务员和水文学家罗德米尔克(WCL,1888 - 1974)是从托管角度来理解人与自然之间关系的第一位现代人。他模仿《圣经》十诫的语言写道:"第十一,你们当以忠心管家的身份接管这神圣的土地,世世代代守护它的资源和活力……"。通过援引人对上帝的托管责任,罗德米尔克成功地把资源保护问题变成了一个道德问题,并为环境道德提供了一个宗教基础。参见王正平:《环境哲学——环境伦理的跨学科研究》,上海人民出版社 2004 年版,第 320 - 321 页。

② 王蒲生:《轿车交通批判》,清华大学出版社 2001 年版,第 100 页。

力有限,人均小汽车拥有量反而低,消耗的能源也因而较少。这种代内自然资源消耗的极度不公平同时会影响自然资源分配的代际不公平。

二是不同群体之间的不公平。与弱势群体相比,中产与富裕阶层居民享受着较为优越的交通、生活和工作条件,对很多自然资源的消费远大于弱势群体。公平意味着在保证满足基本需求的前提下,两类居民对自然资源的生活、工作性消耗没有明显差别,或者说,即使是对某种自然资源的消耗存在悬殊差别,但消耗量大的一方能减少对其他资源的消耗,并且确保不会引起不良后果,也认为是公平的。表面看来,小汽车出行的成本只是汽车折旧、汽油成本、税收、执照、养路等费用的总和,但实际上汽车的运行会带来污染,使道路变得拥挤,降低其他运载工具行驶速度,干扰和影响步行者的行为等,从而使社会成本远远大于私人成本。

城市交通的改善与发展要重视全体社会成员之间的公平性原则。在交通规划、建设和运营过程中,应关注老弱、病、残等弱势群体的交通问题,为交通不便者提供安全、方便的可达性(包括设置专用道路及专用设施等),特别是应满足那些无私人交通工具群体的交通需求。这些都是城市交通发展公平性的具体体现。另外,减少交通污染,通过经济杠杆、政策调节使不制造污染的其他人少受交通污染的危害,也是城市交通发展公平性原则的体现。然而,在今天的城市交通中,由于机动车数量剧增,城市交通拥挤问题日益严重,普遍存在着有违公平性原则的现象,突出表现在以下几个方面。

第一,城市交通基础设施的规划与建设偏重于有利于少数人汽车交通的城市快速路和主干道的建设,而对于方便大众步行、自行车出行的次干道、支路和巷前街的关注明显不足。凌空飞架的高架路和宽阔的主干道建成之后是否就解决了交通拥堵问题暂且不论,因为这些只为少数人出行服务的交通设施对大多数民众来说获益甚少,事实上已经成为一种特权设施,有违平等原则。同时它们还对普通民众造成了伤害:阻断了人们的出行,阻隔了人们的视线,损害了人们对于城市生活空间的尺度感和方向感,从而对人们造成了极大的心理障碍。除此之外它们还严重破坏了城市原有格局,无情地割断了城市文脉。而普通民众却并未由此得到应有的补偿,这在伦理道德上不符合公平性原则的要求。

第二,城市交通政策忽略了城市交通目的和服务对象这一根本问题,小汽车运行、步行出行、自行车出行和公交出行的政策制定明显滞后。“城市交通的目的是实现人和物的移动”；城市所服务对象的主体是全体成员，而非某一部分或少数人。在城市交通中，收费价格的合理与否往往被看作是社会公平与否的评判标准。但目前的收费价格制度未能很好地起到保证个体出行公平的作用。如小汽车在运行中，会占用很多有限的城市公共土地资源，理应根据使用者对设施的时空消耗和收益的多寡对其收费，但迄今为止尚未有严格的收费办法和标准，使得这种城市稀缺资源大部分处于免费使用状态，有车一族无形之中从普通老百姓那里抢占了诸多利益，而普通民众不仅没有因此得到补偿反而还要忍受车辆使用者给城市带来的诸多不便，完全没有体现出社会公平的一面。私人交通车辆在其生产或使用过程中产生的污染肯定会对其他社会成员产生影响，而这种影响往往没有通过收费价格机制让产生污染的社会成员对受污染影响的社会成员进行补偿。交通收费和价格应当反映全部社会成本，尤其应包括环境污染导致的健康、医疗和生产效率的损失。但实际上，目前对此并没有具体的收费办法，而只是在原则上承认制造污染应该付费。如果拥有小汽车的人必须对汽车产生的噪声和污染给予赔偿，或对汽车给步行者造成的耽误或麻烦补偿，那么今天的城市道路定然会宽松许多①。这不仅对受污染影响的人群来说极不公道，就是对于整个城市交通的经济效率来说也是一项严峻的考验。

第三，城市交通管理明显倾向于少数人的交通出行，而对于大多数的出行群体则有违公平。什么是现代化的城市交通？怎样才算是现代化的交通管理？如果仅仅把城市道路是否畅通当作是交通现代化的标志，那么现代化的交通管理便是指保证实现这种畅通的管理。事实上，很多城市也是在这样的认识下发展城市交通管理的。为了能最大限度地保证车辆通行，“把人行道缩减，把行人安全岛取消了，把街角弄圆了，把行人过街的绿灯时间减少到了最低限度，有些地方设置路障禁止行人通行，有些居民街道和商业街道也开辟为主要街道。”②有些城市的交通管理者在让交通畅通方面，措施更为大胆而无情，他们以改善交通、减少污染、提高交通安全和提升城市品位为由，无情地对摩托车、小排量汽车乃至自行车（如大连、广州市的做法）等私人小型交通工具采取了限制性措施。这种做法不但对

---

① 何玉宏：《中国城市交通问题的理性思考》，《中州学刊》2005 年第 1 期。

② ［英］J·M. 汤姆逊：《城市布局与交通规划》，倪文彦等译，中国建筑工业出版社 1982 年版，第 38 页。

人们的出行产生了严重的影响，而且还迫使这些交通工具闲置浪费。管理措施明显倾向于少数人的交通出行，而对于大多数的出行群体则毫无利益和公平而言。这不禁又让我们追问：城市交通到底是谁的交通？它服务的社会主体到底是谁？实际上交通的主体不是权力阶层，不是少数利益集团，而是全体市民。交通既然是为了满足全体市民的出行需要，就要求我们不仅要改善少数人出行条件，更要解决广大市民、特别是工薪人员和学生的上班和上学出行；不能只为小汽车行驶的快速、舒适而忽略广大民众步行、骑自行车与搭乘公交的便利。

三、城市交通应体现对弱势群体关怀

社会弱势群体，是指在现代社会经济利益和社会权力分配不公平、社会结构不协调与不合理的状态下，由于某些障碍及缺乏经济、政治和社会机会而在社会上处在不利地位的人群。城市交通是城市社会大系统中的一个复杂而又重要的子系统，是现代城市社会经济发展的动脉和各行各业的纽带，是保证人和货物流通、维持城市生机的关键。随着社会经济的发展，现代城市的功能日益增强。城市交通作为社会生活中的一个重要组成部分，其主要目标就是通过提供交通服务，沟通城市中的各个功能组成部分，使城市成为动态的有机整体。中国正在步入城市化的加速期，其结果是大量人口向城市聚集，而城市的空间资源是有限的，人口的聚集必然会构成对城市交通的巨大冲击和无形的压力。

人、车、路、环境是构成道路交通系统的四大因素。其中，“人”包括行人、自行车骑行者、机动车驾驶员、交通管理者以及乘客等在内的所有交通参与者；“车”是指包括道路上的公交车辆、私人小汽车、自行车等在内的所有道路交通运载工具；“路”则是指包括各级道路在内的所有交通流载体；“环境”不仅是指自然环境，还应包括与交通相关的各种外部条件，诸如法律、政策等。无疑，在这四大因素中，人始终是交通的主体，车和路都是为人服务的，而环境则是调节它们相互关系的一个重要因素。运载工具需要由人来操纵（全部都能自动操纵恐怕是十分遥远的事情）；交通流载体中运行着各种装有人或货的运载工具，归根到底还是人；而交通环境的规划，要安排人的环境、车的环境、路的环境，其要旨仍然是人在其中生存和活动的环境。人、车、路、环境有着各自的重点，而统管一切的出发点和归宿只能是人。

几乎所有的交通方式都与人有关。因而，人们很容易提出在交通中怎样来平衡交通参与者的交通权等问题。令人遗憾的是，我国对于这些问题至今尚未有明确的答案。

人类社会创造了许多社会行为准则。可以说其中的“平等”与“保护弱势群体”是20世纪以来被人们普遍接受的两项行为准则。平等的观念不必多说，毫无疑问，在城市交通中应当贯彻“平等”的原则，即，每个交通出行者的通行权都是平等的。但实际上，在城市交通中是否每一个人都肯定获得了平等的通行权，而没有弱势群体需要加以特别的关爱？回答显然是否定的。至少从如下两方面可以看到城市交通中确实存在着一大批人，他们的平等权利极容易被忽视，甚至受到伤害。

首先，在行人、自行车与机动车辆共同存在的交通环境里，机动车可以借助机械的动力，取得远远超过人类体力的机动能力。因而，机动车在获取通行权上具有极大的优势，而行人则始终处于不利的境地，例如：在过街信号灯由红变绿机动车和行人同时拥有通行权后，机动车往往更容易抢先到达冲突点，从而获得优先通行权。

其次，一旦行人、自行车与机动车辆发生接触性冲突时，行人、自行车骑行者更容易受到伤害，甚至造成严重的后果。因此，从确保人身安全的角度看来，在交通过程中，行人、自行车骑行者是特别需要加以保护的弱势群体。

由此可见，在城市交通中所谓的“以人为本”中的“人”，主要是指交通过程中处于相对弱势的群体，而这个相对弱势的群体在绝大多数情况下应当是行人与自行车骑行者。为此，在“以人为本”的认识基础上，制定交通规划、进行交通设计或制定交通政策、进行交通管理时，都应当充分考虑以行人和非机动车辆等为代表的交通弱势群体；在以人为本的交通环境的建立、交通时空权的分配及优先通行权的建立等方面，都必须加强对交通弱势群体的保护。应当说，无论是以机动车为主的交通模式抑或是以自行车为主的交通模式，每一种交通模式都有其特定的价值取向。机动车或小汽车虽然为生理强健者和社会强势群体提供了便利，但它却不能给社会弱势群体带来多少好处，反而损害了他们的利益，削弱了他们在交通过程中的可通达性。① 就社会整体而言,机动车或小汽车固然能满足部分社会人群的欲求,却满足不了社会弱势群体的需求。就个人而言,任何人驾驶机动车的能力都是暂时的、不确定的;具有驾驶能力的人随时都可能暂时或永久失去这种能力。因此,一个开明的、和谐的社会应给社会弱者以特别的关爱而不是与此相反。

在解决交通拥堵的同时怎样不失社会公平,在遵循"效率优先"的同时怎样做才能"兼顾公平"呢?公共交通优先通行为我们面临的这种两难处境提供了一个很好的思路——按交通方式的运送效率来分配道路优先使用权。城市交通主体选择公共交通是提高城市交通效率的必然要求,从某种意义上说,选择公共交通就是选择了高效率。并且,优先发展公共交通代表了城市中大多数人的利益,特别是为中、低收入者和学生提供了交通出行的权利,体现了城市交通发展的公平、公正性。城市可利用土地资源的稀缺性要求我们所有人,尤其是决策者,在思考问题时都必须本着公平合理原则真正地从公众利益出发,以确保城市中的大多数人对于相对短缺资源的公平占有,并能够平等地享有城市交通现代化发展所带来的好处。城市发展交通遵循公平性原则不仅是发扬社会主义优越性的内在要求,也是城市交通坚持"以人为本"的重要保障。

第三节　落实"以人为本"走绿色交通之路

一、西方发达国家的"车本位"经历

西方发达国家在20世纪六七十年代的城市交通规划中,曾经普遍存在"车本位"思想,因而导致了一系列的不良后果。英国学者汤姆逊先生在分析了当时完成的约600份城市交通规划报告后,对当时的规划提出了严厉批评,认为当初的城市交通规划建设是"车本位",而不是"人本位"。

---

① 王蒲生:《轿车交通批判》,清华大学出版社2001年版,第83页。

1. 城市交通调查注重机动车出行特征,忽视居民出行意愿

西方发达国家20世纪60~70年代的交通系统评价或改进是基于交通工程方面,并未涉及社会方面。它强调机动车的出行特征,收集了大量的统计数字,如车辆出行次数、车辆出行起讫点、车辆出行时间分布、居民乘车目的。这些统计数字只能说明居民活动的一部分,而不能说明人们的活动意愿、出行意愿以及意愿满足情况。

2. 城市交通规划重视机动车交通,忽视人的实际需要

当初,主流的思想认为城市交通规划是规划机动车交通,而不是规划人与货的交通。许多技术人员把出行距离短的步行和自行车看成与城市交通规划不相关的问题,根本没有认识到较长的机动车出行也许可以用短的步行出行来代替,好的交通规划不只是设计一些道路和交通设施来运送预测的客货量。汤姆逊先生指出:"好的交通规划也要帮助用地布局形式和整个交通系统设计的结合,使人们在交通上用最短的时间,花最少的钱,能非常方便地参加他们想参加的活动或获得他们想要的东西。如果用一个短的'步行行程'来解决人们参加活动的问题,那是城市交通规划中最大的成就。显然,不可能所有活动全都在步行距离之内;但是一个坏的规划会把大多数活动安排在人们的步行距离以外,这是可能的。"①

3. 步行设施遭到蚕食,政府部门反应冷淡

在20世纪60~70年代,西方发达国家对步行系统建设很不重视,认为步行系统不是交通系统的组成部分。美国甚至有段时间发展到新建城市道路不建人行道的地步。在当时的城市里,由于机动车交通日益增长,居民步行变得非常困难,过街又慢又危险。因此导致了西方发达国家的"交通战争"——车祸发展到扼杀城市发展的地步。当初每个面向"车本位"的道路交通改善方案,均使步行者的境况更坏,如人行道变窄了、街角刮光了、交通安全岛取消了、道路拓宽了、禁止行人翻越的栅栏设立起来了。这样,城市道路逐渐丧失为人服务功能。行人被迫在指定的、由交通信号灯控制的地方穿越马路;机动车流几乎可以连续不断地通过交叉口,但行人过街绿灯信号缩短,很难穿过马路;行人被迫从过街地道或人行天桥上过马路。有些城市,如巴黎等,允许机动车在人行道或道旁停放,这给步行者

① [英]J·M. 汤姆逊:《城市布局与交通规划》,倪文彦等译,中国建筑工业出版社1982年版,第35页。

带来许多麻烦和危险。① 由于机动车,特别是运货卡车,可以开上人行道,许多城市的人行道铺面石子和道牙遭到损坏,使行人更加不方便。尤其令人厌烦的是,人行道上越来越多地竖起了停车计时器、交通标志和交通信号。此外,步行者还必须忍受噪声、烟雾、汽油味,随时可能遭遇车祸危险。

同样,中国目前的城市交通规划中也存在"车本位"思想,如过分强调主干路、快速路、高架路和立交桥等满足机动车通行的道路设施建设,为行人和非机动车通行提供的设施则相对滞后,人行道被路边停车侵占的现象较为普遍②,交通畅通习惯以机动车的通行速度作为衡量标准,行人和非机动车的通行速度几乎被淡忘,道路交叉口留给行人和自行车的时间短暂,行人和非机动车过马路困难,安全得不到保障。

二、城市交通回归"人本位"的反思

(一)"以人为本"作为一种价值理念③

"以人为本"是人类自古以来提倡的一种价值理念。中国古代儒家学说主张"仁爱",其核心指人与人相互亲爱,孔子以之作为最高的道德标准。墨家学说则提倡"兼爱",主张相互尊爱,爱所有人类。欧洲中世纪文艺复兴和近代启蒙运动所倡导的人文主义(即人道主义、人本主义),使以人为本的价值理念升华为一种时代思潮和理论,并逐渐渗透到人类社会广泛的领域。人本主义作为一种社会思潮,广泛存在于社会科学的许多领域,并首先表现为一个哲学概念。一般认为,哲学中的人本主义泛指一切从人本身出发来研究人的本质及人与自然的关系、人与人之间的关系的理论。它与人道主义通常是一致的,只是范围更为广泛。人本主义有古典与现代之分,人文主义亦有古典与现代之别。现代人文主义包含"人""人道""人权"等基本概念内涵。它强调每一个人的生命权、平等权和追求幸福的权利,也强调整个人类的价值、集体主义的价值、社会价值等,要求人们鄙视利己主义,有更多的社会责任感,对社会做出贡献。"以人为本"的经济思想,主要指市场经济理念,也包括那些主张经济活动应最大限度满足人的需要和实现人的全面自由发

---

① [英]J·M. 汤姆逊:《城市布局与交通规划》,中国建筑工业出版社 1982 年版,第 38 页。

② 比如南京市珠江路的交通生态状况就特别具有典型性。笔者将另外撰文予以批判。

③ 参见何玉宏:《城市交通领域的人本主义》,《现代城市研究》2004 年第 9 期,第 66-69 页。

展,而不应追求最大利润或积累的观点;“以人为本”的法律原则,则是承认每一个人平等的公民权利。人是社会中最重要的资源,是社会发展的主体,因此,城市交通与道路系统的规划、设计、建设、管理也应体现以人为本的理念和原则。

(二)从“车本位”向“人本位”的转变

对机械动力的智慧征服,使人类进入了汽车文明时代。曾几何时,以象征“自由和冒险精神”的美国汽车文化,引领着几乎全球的发展模式和生活方式,古老的中国也不例外。美国消耗了世界1/3的能源,而这1/3的能源中又有1/3被汽车消耗。然而,美国模式已开始遭到许多欧美国家的反对和摒弃。在英国运输部发布的21世纪运输白皮书里,明确承诺将建立一个“更好、更完整”的运输体系,以“改善公共交通条件,减少对小汽车的依赖”,大力倡导人们短途使用自行车或步行,在未来十年里降低小汽车的使用比率。

自2000年9月22日开始,欧盟每年都发起“欧洲无汽车日”活动,此项活动得到欧洲各国约800个城市的响应。在德国,政府鼓励民众使用自行车,并创造相应的条件。在德国任何一个城市,你都会发现色彩艳丽的自行车道就像一条条彩带,镶嵌在道路两侧。各地甚至还提供“人性化”服务,如设置大型人造气流,使骑车人既可借助风力,又能吹风凉快;在自行车道下安装磁感应器,当自行车到达交叉路口时,信号灯指示汽车停下,让自行车先通过。德联邦统计局的数据表明,德国每1000名居民拥有自行车814辆,其中38%的人骑车上班。德国交通部不惜重金,仅2002年投入自行车道建设的资金就高达2亿欧元,这使得目前德国境内形成了密集的、通畅的自行车路网。

世界银行以其25年来参与世界各地交通建设的经验,对大气污染与人类生命安全做了系统评估后,提出了《可持续发展的交通运输》的政策报告,其中一个重要内容是,“过去强调城市道路要满足车辆无限制增长需要的观念如今已被淘汰,未来所面临的挑战是如何改善人的交通环境,而非车辆的交通问题”。

所有这些意味着,以美国模式为代表的汽车文化已发生了重大改变。发达国家的汽车文化,已开始向一体化与人性化的方向进行调整。也就是说,西方发达国家,在经历车祸频发、交通污染严重等苦头后,终于认识到“车本位”的危害性,从而开始注重交通安全与道路环境建设,将城市交通系统发展引向“人本位”的发展轨道。然而,今天中国的许多城市,却重蹈西方发达国家曾经走过的弯路。国际经验和发达国家交通战略的转向,是否可以给我们一些启示?我们现在的交通发展模式,仍然是在一味地满足车辆的交通需求,这实际是刺激和放纵都市人尤其是都市富人们的"超自然"的欲求。这种"以车为本"的交通理念是否应该向更为人性、更为生态的方向回归和转变呢?①

自行车道才是尊重人类尊严和优美城市的标志,人行道也是如此。这两者才是城市服务于人的体现,而不是为了服务于高收入阶层的小汽车。②

我们现在建设的城市大多是为了服务于汽车的机动化而不是城市居民的幸福生活。现在到了更多考虑公共行人空间的重要性而不是机动车行驶的道路的时候了。

三、"以人为本"在城市的先进性体现

创建适合人类多代生存环境的任务不仅仅是简单地创造运营良好的城市,而更应该创造大多数市民能够快乐生活的环境。"快乐"是很难下定义的,也无法测量;但它就是我们集体或个人所努力追求的东西。我们离共享美好生活的理想的人类环境已经很远了,同样支持这种共享环境的交通系统非常少。

城市交通与社会发展中的其他问题不同,因为它随着经济的发展不是好转而是更加恶化,但它又与社会和经济有着深远的联系。因此,为了真正体现社会的公平、保持环境可持续性和经济增长,需要一种与过去的模式截然不同的城市交通发展模式,即绿色交通模式。在这个新模式中,关键在于严格限制小汽车的使用,甚至在每天高峰时间内禁止小汽车的使用,所有市民只使用公交、自行车或者步行方式出行。这听起来非常单纯化,但是它所蕴含的意义重大。从社会角度来看,原来那些供高收入阶层使用的道路资源可以用来满足低收入阶层的生活需要;通过公共空间、公共交通或者自行车实现不同收入和社会地位人们之间的公平。更为重要的是,它将使得城市首要服务于市民,而过去半个世纪以来城市建设更多的是服务于小汽车,而不是关心城市普通市民特别是孩子们的幸福。

这种新城市交通模式的一个非常重要的部分就是需要提供充分的、高质量的

---

① 汤潇:《中国城市交通问题三思》,《城乡建设》2004 年第 7 期,第 37 - 38 页。

② 德国技术合作公司(GTZ):《可持续发展的交通:发展中城市政策制定者资料手册》,钱振东、陆振波译,人民交通出版社 2005 年版,第 37 页。

行人公共空间,至少要保证行人空间和城市道路空间一样多。拥有保护设施的自行车道、大量的行人专用街道和绿化带应从不同的方向贯穿城市。城市边缘的大片土地应该成为公园,穿越乡郊地区的步行道和自行车道能提供给人们直接亲近自然的机会。所有的滨水地区应建设公共通路和相关设施以供人们参观水景。

我们将成为行走的动物:行人。就像鱼儿要遨游,鸟儿要飞翔,鹿儿要奔跑,人需要行走,不是为了生存而是为了快乐。行人公共空间的重要性是无法测算的。加宽的行人道、步行街和更多更好的公园使人变快乐是无法用数学来求证的,也无法测量其程度。正如友谊、美丽、爱和忠诚等很多无法测量的东西。但细细想一想,其实公园和行人空间对于快乐的城市生活是非常必要的。如果人们缺少交通、自来水或其他日常服务,他们将感到不满,但即使他们完全拥有这些,他们也不会觉得特别的满意;如果缺少公园和步行空间,人们不会感到特别的不满,但如果拥有了这些,他们就会觉得非常满意。这是因为社会发展的最终目的是为了提高生活质量,而行人空间本身就是一种高质量的生活。

有一篇关于巴西湿地苍鹭的报道写到,小苍鹭在学飞的过程中,可能会落到水里成为鳄鱼的食物。在我们同情小苍鹭的同时,也请顺便考虑一下我们在城市中生活的孩子吧,他们正面临和小苍鹭一样的处境:当他们离家外出,就会冒着被汽车压死的风险,孩子非常惧怕汽车,就像中世纪的孩子害怕狼一样。中国作为世界上人口最多的国家,拥有世界最大的少年儿童群体,按照国际上对儿童年龄的定义标准,中国现有约3.6亿儿童,其中约有1.5亿儿童生活在城市中。武汉市的调查发现,近年来在城市公共场所中,为成年使用者设计的集中活动空间和个体活动空间不少,但专门为儿童设计、符合其生理尺度和心理需求的活动空间却依然缺乏,大量儿童不得不生活、游戏于高楼大厦的阴影中和车水马龙的城市道路周边,环境质量低下,安全难以保障。"我们不能让孩子们脱离自己的视线,因此只能开车送他们去运动场等其他地方,而不是让他们步行和骑自行车外出。把他们绑在汽车的后座,每日接送上下学、运动训练和钢琴课,男孩和女孩都像溺爱中的囚徒。"①人们可能会认为发展中城市有那么多需要,高质量的行人空间只能是无意义的想象。公园、广场、步行街、人行道对于社会公平性来说是非常重要

① [澳]布伦丹·格利森、尼尔·西普:《创建儿童友好型城市》,丁宇译,中国建筑工业出版社2014年版,第38页。

的。尽管高架桥梁和道路经常被用来象征城市的先进,但实际上只有高质量的步行道才是宜居城市的最基本要素。

正如来自德国技术合作公司的专家所指出的,从城市社会的角度来看,城市的先进性应当体现在学步中的孩子能到处安全地行走,而不是拥有多少宽广的道路。① 我们必须知道,我们想要什么样的城市,也就是我们想要什么样的城市生活。我们是要创造一个服务于老人、孩子、穷人和其他所有人的城市,还是服务于小汽车的城市呢?这一重大问题与工程技术无关,它与城市生活方式有关。城市绿色交通模式的前提就是充分保证城市社会的平等性。城市应该提供更多的文化空间、公共空间、较低的空气和噪声污染以及短时间出行。

城市交通更多是政治层面的议题而非工程技术问题。技术方面的问题相对来说比较简单,决策的困难之处在于确定谁将是新模式的受益人。我们敢于创造一种与当今所谓先进城市不同的交通模式吗?我们敢于创造一个更多服务于穷人而非小汽车的交通模式吗?我们正努力寻找能使全市人民尽可能享受一种洁净而舒适、高效而经济的生活方式呢,还是仅仅为了减少高收入者的交通拥挤?②

人类生活的终极目标在于追求健康舒适的生活环境,社会经济发展的根本目的是为了改善人的生活质量,扩大人的发展机会,提高人的发展能力。从这方面说,城市交通亦应当如此,即以人为本,以人为中心,以人为本、以人为中心的交通发展方式当成为中国城市交通发展的必由之路。③ "绿色交通"的理念形象地体现了以人为本的交通运输宗旨,丰富了以人为本的交通运输的内涵。在绿色交通理念的指导下,提倡步行、自行车与公共交通方式,尽量减少私人汽车的使用,以此改善城市交通拥堵与空气污染的状况。从 21 世纪作为环保世纪看,环境问题是新时期城市发展的首要问题,城市交通发展必须遵循这一原则,把发展无污染的"绿色交通"作为基本政策和目标,因此完全可以说,提倡"以人为本"的行为准则是实施"绿色交通"的必由之路。

---

① 德国技术合作公司(GTZ):《可持续发展的交通:发展中城市政策制定者资料手册》,钱振东、陆振波译,人民交通出版社 2005 年版,第 31 页。

② 德国技术合作公司(GTZ):《可持续发展的交通:发展中城市政策制定者资料手册》,钱振东、陆振波译,人民交通出版社 2005 年版,第 32 页。

③ 何玉宏:《以人为本:城市交通发展的核心》,《改革与开放》2001 年第 11 期,第 25 页。

第七章

与未来和谐:构筑基于可持续发展的绿色交通体系

今天的城市已非昨日的“容器”。在今天,人们已经将一个城市交通方式的多样性、可选择性和协调性,交通网络的方便舒适程度、通达通畅程度和利用信息技术进行科学管理的程度,看作衡量一个国家或城市发达、有活力、可持续发展的重要尺度。交通系统作为城市的动脉,直接关系到城市经济、社会、环境及治理方式等所有方面的可持续发展。城市的社会经济能否持续发展,环境是否继续适宜人们居住,都直接或间接地影响着城市其他方面的可持续性,并通过交通尺度反映出来。“未来城市的生活质量在很大程度上取决于未来的交通状况。对良好的交通体系的期盼其实也就是对良好的城市环境的期盼。”①本章首先分析绿色交通与城市交通可持续发展发展的关系;然后阐述绿色交通的原则和目标;最后提出,绿色交通是一个系统工程,涉及交通运输的每一个环节和相关要素,需要从长远的角度进行思考,构建可持续发展的绿色交通体系。

第一节　绿色交通与城市交通可持续发展

一、“可持续发展”理论的提出

“可持续发展”观的提出,是人类社会发展理论的重大变革,也是绿色理论研究的重大突破。20 世纪 70 年代初,面对经济增长和环境保护的两难选择,罗马俱

① ［美］莱斯特 · 布朗:《环境经济革命》,余慕鸿等译,中国财政经济出版社 1999 年版,第 61 页。

乐部提出了“零增长”的建议,引发了经济继续增长还是零增长的争论。在这场争论中,人们重新审视“经济增长”的概念,使这个概念开始具有了“净化的增长”、“质量增长”或“适度增长”的新含义,从而为可持续发展观的提出做了理论准备。

1980 年,世界自然保护联盟(IUCN)在《世界保护策略》中首次使用了“可持续发展”的概念,并呼吁全世界必须研究自然的、社会的、生态的、经济的以及利用自然资源过程中的基本关系,确保全球的“可持续发展”。

1987 年,以挪威首相布伦特兰夫人为主席的世界环境与发展委员会(WCED)公布了里程碑式的报告——《我们共同的未来》,向全世界正式提出了可持续发展战略,得到了国际社会的广泛接受和认可。

1992 年 6 月,在巴西里约热内卢召开了联合国环境与发展会议,因为有 102 位国家元首和政府首脑参加,所以又称之为全球首脑会议,这次会议通过了《里约环境与发展宣言》和《21 世纪议程》两个纲领性文件。这次大会的召开及其所通过的纲领性文件,标志着可持续发展已经从少数学者的理论探讨开始转变为人类的共同行动纲领。

可持续发展的概念提出后,人们纷纷从不同的角度对其进行研究和界定,归纳起来其中最有代表性的定义有如下四种:

(1)生态学从生态的自然属性方面来揭示可持续发展的内涵,将其定义为:“保护和加强环境系统的生产和更新能力”,也就是要寻求一种最佳的生态系统,以支持生态的完整性和人类愿望的实现,使人类的生存环境得以持续。

(2)社会学则认为,可持续发展是指“在生存不超出维持生态系统承载能力的情况下,提高人类的生活质量”,强调人类生产方式要与地球承载能力保持平衡,保持地球生命力和生物多样性,但最终的落脚点是人类社会,即改善人类的生活质量,创造美好的环境。

(3)经济学认为,可持续发展的核心是经济发展,这种经济发展已不再是传统意义上的以牺牲资源和环境为代价的发展,而是不降低环境质量和不破坏世界自然资源基础上的发展,并且这种发展在“保证当代人的福利增加的同时,不应使后代人的福利减少”。

(4)从科学技术的角度看,可持续发展是要转向更清洁、更有效的技术,尽可能接近零排放或密封式的工艺方法,尽可能减少能源和其他自然资源的消耗。

在众多的定义中,《我们共同的未来》所下的定义,被学术界看作是对可持续发展做出的一个经典性的解说。这个定义是:“可持续发展是既满足当代人的需要,又不对后代人满足其需要的能力构成危害的发展。”①

这个定义鲜明地表达了两个基本观点:一是人类要发展;二是发展要有限度,不能危及后代人的发展。当代人类和未来人类的基本需要的满足,是可持续发展的主要目标,离开了这个目标的“持续性”是没有意义的;但是社会经济发展必须限制在“生态可能的范围内”,即地球资源与环境的承载能力之内,超越生态环境“限制”就不可能持续发展。可持续发展是一个追求经济、社会和环境协调共进的过程。从广义上说,持续发展战略旨在促进人类之间以及人类与自然之间的和谐。

二、城市交通的可持续发展

可持续发展的基础在于系统内各部分之间的协调发展。如果系统的各关键组成要素不能协调,系统发展就很成问题,更谈不上可持续发展。协调是一种动态平衡状态,又是一种组织管理行为。系统的协调就是系统各组成部分相互和谐、配合的良性状态,这也是一种动态平衡状态。随着时间、空间的变换,平衡点虽可移动,但在某一时段,系统仍然平衡。系统内各部分的发展是相互促进而不是相互阻碍的。如果为了追求某一方的利益,而不顾其他方面的得失,从长远来看,是得不偿失的。② 系统的协调要求系统各部分有序、均衡地发展。

城市交通系统是一个包含多种因素的复杂系统。只有内部协调了,交通系统才能有长远的发展。例如,交通拥挤是交通系统中令人困扰的问题,拓宽道路是解决问题最直接的办法。但随着道路的拓宽,上路车辆会更多,又会造成新的拥挤。这里就要考虑道路与车辆的协调,路不是越多越好,车也不是越少越好,在先进的交通管理方法下,两者可以有一个较优的组合。因此,解决交通拥挤问题不能只是拓宽道路,应综合考虑各相关因素以及可能造成的后果,搞好协调,找出兼

---

① 世界环境发展委员会:《我们共同的未来》,王之佳、柯金良等译,吉林人民出版社 1997 年版,第 52 页。

② 鄢丹:《论城市交通系统的可持续发展》,《山西财经大学学报》2004 年第 5 期,第 80 – 83 页。

顾的良策。

资源的可持续性是可持续发展的关键，当代人和后代人(子孙)之间资源和福利的分享应当公平，不能“吃祖宗饭，断子孙路”。土地资源在城市交通系统中很重要。土地资源是不可再生的，随着城市化进程的加快和道路建设的迅速发展，土地资源日趋重要与稀缺。城市道路建设是浩大工程，一旦建成，是不可重来的。因此，在城市交通规划中，对土地资源的可用性应给予充分考虑。在城市交通建设中，如果不计后果，一味地筑道修路，滥用有限的土地资源，那么，后代子孙所见到的城市将是触目惊心的：头顶没有一片绿叶，脚下没有一株小草，因为前人已将每一寸土地都铺上厚厚的水泥层。在城市交通系统建设中，应合理规划，预留一定发展空间，体现出公平性，也为可持续发展预留空间。

外因和内因都有助于系统发展，但起决定作用的是内因，系统内部的结构和功能决定了系统能否可持续发展。城市交通系统包括城市规模、经济、人口和环境等因素，可持续发展有赖于各因素的和谐度与有序度。

现代经济的发展带来了竞争全球化和市场全球化。可持续发展的共同性是在非共同性的客观事实的基础上，运用大系统的观点，从全局出发，调整局部，最终达到和谐和稳步的共同发展。作为社会经济系统的一个子系统，城市交通系统应结合城市有关系统，从全局的高度考虑发展局部。城市化是全球的趋势，城市交通系统在社会经济中的作用日益增强。随着国民经济的发展，家庭个人收入不断增加，购买力上升，交通需求结构发生变化；城市规模的不断扩大，使个人出行次数增多，出行距离延长；商业的发展，使更多的车辆在城市街道中行驶更长的距离；人口的城市化，使得城市中的人口越来越紧张，有限的土地资源越来越少。可见，城市交通系统中面临的问题越来越多，只有解决这些问题，系统才能得到发展。

城市交通系统的可持续发展要求我们：在推进交通系统自身建设与发展的同时，协调城市周边环境，重视城市生态环境的保护和自然资源的合理开发与利用，使社会经济系统的各部分共同发展；在强调交通路网扩张的同时，增强系统内在的自立能力，加强对交通系统的监管，特别是对交通需求的管理和交通行为的修正；在满足近期运输需求的同时，考虑后代应有的同等发展的权利，合理规划，做长远打算，满足城市社会经济生态复合系统长期和持续发展的整体需要。

三、绿色交通与可持续发展的关系

绿色交通是基于可持续发展交通观念的和谐式交通运输系统。在一定程度上绿色交通是实现可持续发展交通的一种有效的手段,而可持续发展交通则是可持续发展在交通运输领域中的具体体现。可持续发展交通代表着交通发展的宏观方向,绿色交通则是可以实施的具体的重要微观理念,绿色交通只有符合可持续发展才会具有生命力,可持续发展通过绿色交通的实施得以实现。当然,绿色交通和可持续发展交通都必须满足交通的基本目的,就是实现人和物的移动,而非简单的交通工具的移动;两者也必须满足交通发展的标准,即:经济的可行性、财政的可承受性、社会的可接受性、环境的可持续性。图 7－1 显示国家战略目标与可持续发展交通和绿色交通的关系:①

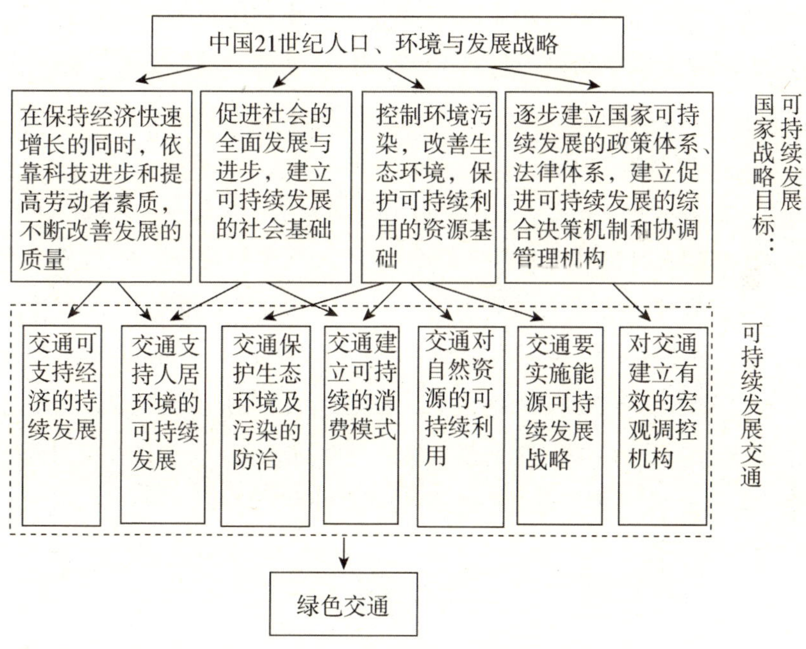

图 7－1　可持续发展战略目标下的绿色交通示意图

① 杨晓光等:《绿色交通基本理论和目标》,http://www.chinautc.com/hot/green/014.asp/, 2005－10－13。

第二节 绿色交通的原则与目标

一、绿色交通的发展原则

如何审视当前的城市交通发展、如何制订城市交通政策，关键是受城市交通发展的价值观影响，这主要包括人们对于理想城市交通发展与出行环境的追求和行动准则的立场与方法。根据可持续发展的含义，绿色交通需要遵循以下原则：

1. 人本位原则

城市交通系统归根到底是为人服务的，不仅应满足居民出行的基本需求，而且应当满足居民出行的方式选择需求，并且能把出行的负面影响减小到最低程度。良好的道路交通系统必须高效、安全、舒适、便捷、准时，它不以牺牲出行的"质"来满足出行的"量"。

2. 生态本位原则

生态本位要求处理好交通主体与自然界的关系。人类与自然是一个相互依存的整体。以损害自然界的生物种群来满足人类无节制的需求，只能导致整个生态环境资源的破坏和枯竭，最终危害人类自身。从自然的角度说，人与自然是平等关系，而不是主从关系，更不是征服与被征服的关系。人类要尊重自身，首先要尊重自然，否则必然会遭到自然的报复。人类的价值观并不能仅仅以人本身为最终目标，人类的功利和幸福不能逾越自然所允许的范围。人类只有在与自然协调和谐相处的前提下，才能获得真正持续、健康的功利与幸福。

3. 公平性原则

当代人与后代人享有同等的发展权利，后代人有权拥有足够的发展空间；当代人与后代人享有同等的使用城市交通资源权利，当代人不能提早耗完交通资源而将交通矛盾转嫁给后代人。不同收入、不同阶层、不同年龄的居民具有平等使用交通资源的权利，居民生存空间不能成为小汽车的海洋。

4. 协调性原则

城市交通必须协调好以下关系，一是城市道路交通与土地使用质量之间的关系;二是交通与环境之间的关系,控制汽车尾气及噪音污染,改善人们生活质量;三是交通供需平衡关系,优化居民出行方式结构;四是协调动态、静态交通的关系,解决停车难问题;五是市内交通与市外交通的关系,使其相互衔接,合理发展。

5. 延续性原则

城市交通是经济发展的基础和前提条件,交通发展本身不是经济发展的目的,经济发展的终极目标是人民生活改善,社会环境整体提升。改善城市交通不仅仅意味着"道路拓宽"、"道路网络容量增大"或"新建道路",更重要的是城市交通对城市环境的推动与影响。

我国是一个历史悠久的国家,绝大多数城市具有非常宝贵的历史文化遗产,这些资源不可多得、不可再生、不可估价。我们不能以牺牲这些宝贵的文化资源为代价,片面地、目光短浅地追求发展,应当注重地方传统风貌及历史文脉的延续与现代化经济发展的协调,不断充实地方特色。

上述五大原则是在做绿色交通规划时必须考虑的。在上述原则下,绿色交通的最基本的指导思想是以人为本,对于具体指定发展绿色交通策略方案,其指导思想主要体现在三个方面:一是人为本的城市与交通规划;二是政府主管的决心与行动。绿色交通的实践,需要各级政府主管的决心,化为实际施政行动,广泛地向群众宣传与承诺,并需要社区和民间企业的共同参与和配合;三是最大可能的公众参与。绿色交通的运输工具选择是一个综合交通运输与生活品质的决定问题,需要社区人们的共识,重新审视新的"人的价值",进而选择绿色交通工具为其生活方式之一。

二、绿色交通的发展目标

发展绿色交通,源于可持续发展的基本理念,因此,中国绿色交通的目标除了要追求经济的可持续性、社会的可持续性和环境的可持续性之外,还要实现财务上的可持续性。经济可持续性体现在交通需求与交通设施供给之间的动态平衡,体现在交通运输的低成本、高效率;社会的可持续性以实现社会的公平为目标,并实施公众乐意接受的、以人为本的交通系统,最大限度地满足各个阶层用户的需求;环境的可持续性的实现,鼓励和诱导城市居民放弃小汽车而转向公共交通,从而有效地减少汽车燃料的消耗和废气的排放,达到改善城市环境、保障居民身心健康的目的。

1. 判断城市交通系统的理想标准

英国学者汤姆逊认为,判断一个城市交通系统的效率,不能光看铁路是否正点,道路拥挤程度,而应深入研究如下问题,重点考虑“人本位”。①

(1)在多大程度上能满足人们参加各种活动? 例如,是否由于交通困难或费用太贵而妨碍了人们去所喜欢的学校、商店或工作单位? 或妨碍了其他的社会活动?

(2)在经济条件许可情况下,在多大程度上能满足人们居住在所喜欢的地区? 人们的社会活动与家庭生活是相关的,两者之间必须权衡利弊,进行选择。例如,在现在的交通条件下,有些人为了上班方便,宁可住得差些,但要住得离各种社会活动场所近;也有些人为了要住得宽敞,环境好些,宁可住到较远或交通不大方便的地方去。

(3)与社会活动有关的交通,特别是上班、上学、购物、去市中心的交通以及去办事的交通,如何方便、费用低、舒适、时间快(不是指车速快)? 在许多城市里,用得最多的交通方式是步行和骑自行车;在不同的用地布局下这些简单而又廉价的交通方式(步行和骑自行车)能走多少路程,如何安排用地才能充分发挥这些交通方式的作用?

(4)城市内货运是否方便合算? 这笔账大多是把货运的速度与距离相乘。在密度低的城市里,要使货运速度快是比较容易实现的,但在这些地方,货运距离相对要长一些。

(5)在交通系统内有多少车祸? 车祸的严重程度如何?

(6)交通系统对人们居住、工作、购物和娱乐的环境影响如何?

2. 绿色交通系统发展目标

广义的城市交通系统(体系)是所有与交通运输有关的物质与社会现状条件的总和,即由物质要素和社会要素两大方面构成。这两方面的条件决定了城市交通系统的质量和特性。不论是物质要素还是社会要素的变化与改造,一般都会造成城市交通系统的变化。因此,必须研究和关注一切人类活动对城市交通系统的

---

① [英]J·M. 汤姆逊:《城市布局与交通规划》,倪文彦等译,中国建筑工业出版社 1982 年版,第 8 -9 页。

影响及其规律,并将其作为制定一切社会行动方案子目标或部分约束。交通系统的品质标准和目标是进行城市交通系统现状测评和发展与改进方案的正确性评价与分析的基本出发点、立足点和归宿点。可以说,城市交通系统的核心是"不仅满足居民的出行需求,更重要的是满足居民的出行选择需求",城市交通系统应使单位道路断面通过更多的人和物,而不是小汽车,因此,基于可持续发展的绿色交通系统应当是面向"人本位"的"以人为核心"的城市交通系统,这也应当是我国城市交通系统的发展目标和努力方向。

基于上述考虑,我们可以将绿色交通系统应当实现的发展目标大致分为三大类,即功能目标、环境目标、资源消耗目标。

(1)功能目标

它主要涉及城市交通的运输质量,包括安全性、可达性、选择性和服务性等,以及满足不同交通需求的能力等。

一是交通安全。"人的生命最宝贵",生存权是居民最基本的权利。交通系统应当安全,应当努力消灭车祸和重大交通事故。目前,小汽车正在进入我国城市居民家庭,大量的新驾驶员技术不娴熟,驾驶员违章行车,行人和骑自行车者不愿意把自己使用道路的权利出让,都是导致交通事故总量高居不下的人为原因。仅平安保险公司口径,全国平均每5min 就有 1 人因车祸死亡,人员死亡速度是20 世纪 70 年代美国的 2 倍,交通事故破坏了成千上万家庭的幸福生活,"车祸猛于虎"在我国已露端倪。因此,我国城市交通应努力构筑安全的交通环境。

二是可达性。最近十年,新城市主义的一些重要代表人物如卡尔索普、凯兹等,充分认识到私人汽车为主、提高机动性为中心的发展对社区建设带来的毁灭性破坏,提到了城市特别是市区易达程度提高和公共交通导向发展的重要性。他们认为,易达程度不仅是对交通条件的评价,更涉及城市社区的建设。一方面,提高易达程度是街区人气旺盛、社区价值回归的前提;另一方面,不同群体在易达程度上的差别可以导致社会排他(social exclusion)现象的恶化。它反映一个城市社区的社会包容程度(social inclusion),是城市可持续发展中社会公平进步的可衡量指标之一。①

---

① 王缉宪:《易达规划:问题、理论、实践》,《城市规划》2004 年第 7 期,第 70 - 74 页。

三是选择性好。一个高效率的绿色交通系统应当满足居民的多方式选择需求。居民近距离出行能够通过步行、骑自行车来解决,远距离出行可以通过公共交通、轨道交通、出租车等多种方式来解决。20 世纪 60 ~ 70 年代,西方发达国家在机动车大发展时期曾无情剥夺了居民的步行、自行车、公共交通出行权利,许多人曾因出行不方便而不出行。而我国城市居民的出行方式结构正在发生质的变化,小汽车、摩托车出行所占比例越来越高,城市交通政策制定必须对居民出行方式进行合理引导,构筑有效利用能源和时空资源的、能满足人和物的各种流动要求的、使人体和精神感觉舒适的交通系统。

(2)环境(生态)目标

环境目标包括两方面内容:一方面是要求城市交通行为对环境产生的负面及消极的影响最小,较少干扰无交通需求的人的活动,对空气、声环境、生态及其他自然要素,产生的负面效应在允许范围以内;另一方面要求对步行友好。1963 年,英国发表了著名的布恰南(Buchanan)报告后,"步行者反对车辆交通"取得了合法地位。布恰南报告提出:"在任何城镇的交通系统中,步行是不可缺少的一部分。这种说法毫不奇怪。许多中等距离的交通是靠步行的,大量的、临时的来往,公共汽车到目的地或者从小汽车停车场到目的地,实际上都要靠步行。步行也是运送东西的一种方法,这点也不能忽视。所以,应该尽量使人们在步行时感到舒适和安全,这是普通常识,正像人人都知道健康对自己有什么好处一样。步行也跟许多其他行动联系在一起,不可分割,如步行时看看两旁商店橱窗,欣赏景色,跟人聊天。总之,一个人能否自由自在,东看西望地悠然地走路,这对衡量一个城市的文明质量是非常有用的。用这样一个标准来衡量,今天我们许多城镇需要大大改进。"

在这样的理念指导下,从 20 世纪 70 年代初期开始,西方发达国家如英国、德国、日本等开始建设步行街,注重人行道规划建设,城市交通系统应考虑步行区和步行系统规划,道路规划建设应注重街道景观、街头绿地小品及步行空间等的建设,以此改善居民出行环境,营造良好生存空间,使城市道路不失为人服务的基本功能。尽管我国城市在交通治理方面做了大量的工作,但从总体角度讲,交通系统与交通环境正处于恶性循环之中。为保障我国人民的生命财产安全,应从车辆性能改善、道路平整度提高、道路绿化建设等方面加强道路环境建设,创造空气新鲜、环境宁静的生活环境,体现“人本位”的思想。

(3)资源消耗目标

资源目标要求城市交通系统对人类有用资源的耗费较少,如土地、能源、资金(人类的劳力)等。由于许多资源都具有不可补偿性且总量有限,如土地、矿产及石油天然气等,对其消耗需要加以控制。它要求通过改善、引导或限制交通需求来实现改善城市交通的目的。

需求控制是近代社会特别是进入全球化以来,人类对于社会发展的全新观念。这种观念认为,人类某些有用资源的有限性和不可再生性,使得人类不可以不加区别地无限制地满足所有需求。自然哲学的法则告诉我们,人类的一切活动一般都存在关于人类的正负两方面的效应,在一定条件下当负面效应超过正面效应时,如果不能用其他方式降低负面效应,这种活动本身就失去了存在和发展的价值。城市交通的发展像一把双刃剑,在带给人们快捷与便利的同时,对人类的生存与发展以及其他多方面需求也构成强烈的损害或威胁。环境居住质量的明显下降,能源与资源的巨大耗费,使得今天人们不得不重新审视无限膨胀的交通需求的合理性。

通过实行总量控制,结构服务与制度的调整改善城市交通的“内涵式”途径,较之于无限度地满足需求的“外延式”途径有明显的合理性。限制某些交通工具的总量,改善交通工具和交通方式的组成结构,有时可以明显地改善城市交通状况,大幅度降低能耗、成本和交通环境污染。虽然一些限制措施,在不同程度上限制了一部分人对部分交通方式的需求,乃至给一部分人带来不便,同时也影响到某些相关产业的发展,但在整体上改善和提高了城市交通系统的品质。

第三节　基于可持续发展的绿色交通体系构建

一、国外城市交通发展战略及其经验

对于城市交通问题,很多学者提出了富有创见性的缓解交通问题的战略与建议,许多国家不断加强解决交通拥挤问题的对策及技术的研究,并根据各自的国

情及道路交通条件制定相应的方案。尤其重要的是,国外许多大城市经历了私家车膨胀、交通严重拥挤的发展时期,但经过多年的规划治理,交通状况有了明显改善,其发展经验很值得我们借鉴和参考。

早在上个世纪70年代中期,英国学者汤姆逊(J. Michael Thomson)通过对30个大城市解决交通问题的办法的研究,提出了解决城市交通问题的五种策略:即充分发展小汽车、强中心战略、弱中心战略、低成本战略和限制交通的战略。① 它们分别适用于不同结构的城市,同时也决定了城市的布局形式。

1. 强中心战略

世界上大城市的吸引力要归功于它们非常强大的市中心。从历史上看,一些城市规模很大,且在私人小汽车大量出现以前,市中心早已集中了许多的活动。强中心战略最适合这些城市,如巴黎、伦敦、东京、莫斯科、纽约、柏林、上海等。该战略的目的是维持中心化的经济优势,使城市中心交通阻塞带来的经济不利降到最低程度。这个战略的主要特点是:由道路和铁路组成的强大的放射状交通网,是一个容量很大的交通分布网;除近市中心区外,由高速环线连接这些放射状线路;放射状交通线上设置有次中心;在放射状交通线上,公共交通与私人小汽车互相竞争,并在竞争中达到平衡。

实际上,许多城市在运用这个战略时,都是在保持强大城市中心的同时,注重郊区发展。因此,要提供一个有效的公共交通系统,把城市各个组成部分连接起来。同时,鼓励各种职能向副中心扩散,以减轻对中心发展的压力,并使交通量更均匀地扩散到系统的各个部分。

2. 弱中心战略

在20世纪的城市里,在经济上或心理上都要求建立一个市中心;而有些城市的主体形成于20世纪以前,以后又经历了不断扩散的阶段,因此在市区表现出中心化城市结构特征,郊区则表现为非中心化结构特征。这类城市的中心具有商业优势,但不存在过度交通阻塞现象;在郊区,也几乎不存在交通阻塞问题。如墨尔本、旧金山、芝加哥、波士顿等。弱中心战略的制定就是为了维持这种结构。这个战略的特点是:市中心规模较小,有放射形的道路网为市中心服务;城市的大部分

① [英]J·M. 汤姆逊:《城市布局与交通规划》,倪文彦等译,中国建筑工业出版社1982年版,第83页。

工作岗位分布在郊区和边缘地带,交通主要靠小汽车,有通过能力很大的环线为其服务;郊区中心多形成于环路与放射路交叉的地方。

弱中心战略的主要问题是它自己不能自行平衡;它不是一种自行调节的战略,容易失去平衡,有时向强大的市中心方向发展,有时衰退成为次级中心,从而使城市向小汽车方向发展,致使原有的道路基础设施严重不足。所以需要用规划来控制并维持市中心与次级中心之间的平衡,而将市中心与副中心的就业、商业和其他活动维持在恰当水平是很困难的。

3. 小汽车战略

一个城市如果要充分小汽车化,即使这个城市是新规划的,也必须放弃传统的城市形式。即这类城市往往缺乏一个传统的城市中心,或只有很小的市中心。许多市中心的活动,包括商业、就业、娱乐等,必须分散到小的中心。采用这种战略的城市有洛杉矶、底特律、丹佛、盐湖城等。发展小汽车战略的特点是:有一方格状道路网,以使交通量尽可能均匀分布;道路网由高速路、干道和普通道路构成,以连接若干郊区中心,使机动车尽可能通行无阻。这个战略的主要问题是:道路网的建设费用太高,大量使用机动车使环境污染加重,系统内不同职能中心相距太远;从行人的角度看,这样的道路是不安全的。

4. 低成本战略

前三种战略有一个共同点:都是很费钱的。充分发展小汽车战略,需要有规模较大的高速道路网,还需要许多次级道路和大量停车场;弱中心战略,虽在建设道路和停车设施方面可以稍微省钱,但却需要一个造价高而利用率不高的公共交通系统;保持市中心强大的战略,所需要的道路和停车场虽比前两者要少,却需要一个综合的、运输量大的公共交通系统。显然,这些都是很费钱的。

发达国家才有大城市的时代已经过去;而在发展中国家,要提高道路和公共交通系统成本,以减轻交通阻塞问题,在财政上通常行不通。因此,低成本战略就是针对发展中国家的城市提出的,其出发点是对现有的道路交通设施和管理设施进行调整,而不是修建大量新的道路交通设施来满足新的要求。一个少花钱的低成本交通系统必须立足于普通道路,而不是指望高费用的铁路和高速路。这个战略的特点是:有一个放射道路网,主要行驶公共汽车或电车;若干规模较小的次中心沿放射线布置,而由干道联系各次中心。德黑兰、马尼拉、波哥大、加尔各答等城市采用了这种战略。

5. 限制交通的战略

大多数城市允许在道路上使用小汽车，而少数城市采取了更为积极的态度，把对交通的限制作为总的交通战略的重要部分，这种战略即限制交通战略。它是以经济学中的边际社会费用理论为基础的。按照这种理论，社会付出的投资和损耗应该与产生出来的商品和服务的价值相等或成正比。这是最理想的资源分配方案，也是唯一从根本上解决城市交通问题的战略。

限制交通战略的实质是有意识地对交通量加以限制，但限制交通战略的目的，不是把交通量减少到最低程度，而是避免人们不必要的路程，把城市的居住、工作、上学、购物和文娱等许多活动规划好，把这些活动安排在人们可以充分利用公共交通的交通走廊地带。这个战略的特点是：有一个强大的市中心，且有很好的公共交通为这个市中心服务；城市结构中有分成等级的中心，即市中心、区中心、郊区中心、邻里中心等，分级布置的目的是尽量减少人们对外交通的需要；有一个公共交通网将各级中心连接起来，以减少对小汽车的需要。伦敦、新加坡、香港、维也纳、哥德堡等城市采用了这种战略。

这五种策略为我国城市交通的发展提供了成功的经验。

二、城市交通发展模式与选择影响因素

交通模式是在用地布局、人口密度、经济水平以及社会环境等特定条件下形成的交通方式结构，即各种交通方式承担出行量的比例分配。交通模式反映了城市交通的发展战略，是在战略指导下交通建设、运行、管理以及其他要素的总和。

（一）城市交通发展模式

就城市交通发展的模式而言，有学者提出了一些有益的见解。如有学者提出了"无序机动化"与"消极机动化"城市交通模式①；有人提出了可持续发展的模式，并进一步将其划分为环保模式与供需平衡模式，但相对而言，比较有影响的是根据交通方式划分的以小汽车为主导的模式和以公共交通为主导的模式。

---

① 仇保兴：《中国城市交通模式的正确选择》，《城市交通》2008 年第 2 期，第 6 - 11 页。

1. 以小汽车为主导的模式

美国是“以小汽车为主导”最典型的国家。20 世纪 30 年代,伴随着汽车业的高速发展,逐渐形成了小汽车交通为主导的城市交通系统模式。该模式的核心是:政府鼓励高速公路的发展,倡导人人拥有小汽车并以此作为刺激经济发展的需求动力。模式的公共政策起因为:错误地选择高速公路优先发展的策略,盲目地将城际高速公路规划、建设、运行模式引入城市交通。

在长达一个世纪的时间里,美国政府由于采取自由放任的机动化策略,大量投资建设高速公路和鼓励全民购车,确实刺激了本国经济的发展,但也造成了一系列严重的后果:

(1)人均汽油消耗量是同等收入水平的日本与欧盟国家的 5 倍。2006 年,美国人均石油消耗量高达 3. 28 吨,是中国人均水平的 10 倍以上。

(2)私人拥有小汽车助长了居住选择空间范围的扩大,使城市的发展失去弹性,并引发了大量耕地的占用和生态环境的破坏。

(3)造成世界上最严重的城市交通拥堵问题。例如,专门为私人小汽车设计的城市——洛杉矶,平均拥堵时间已达 72 小时/周年,为全球第一。有人测算,1911 年骑马或者坐马车在几十万人口的洛杉矶街上走,时速是 11 英里(约 17. 7 公里),现在乘坐小汽车,时速仅 6. 44 公里。①

(4)日益恶化的拥堵问题,不仅使公众对市政当局失望,而且浪费了大量的社会财富。

(5)决策部门错误地采用了优惠购车信贷和税收促进私人小汽车消费,促使广大中低收入阶层成为私人小汽车消费群体;错误地认为低排量的小汽车更节约能源从而给予税收优惠,结果造成城市内部有毒气体的污染、温室气体的排放以及拥堵的问题日趋严重。

(6)越来越多的小汽车拥有者对高架路、立交桥的需求增加,导致公共财政资源向这些专为私人小汽车服务的项目转移,结果形成“政治倾向”锁定。中央和地方政府因此削弱了对公交与人行、非机动车道的修建与改建补助,进一步造成自行车、步行爱好者“无路可走”。

---

① 王受之:《当车比人多的时候——趣谈美国的人车文化》,《21 世纪经济报道》,2005 - 11 - 16。

应当说,美国选择以小汽车为主导的模式有其特定的背景和基础。美国是个地广人稀、经济发达、城市化水平高、人民生活富裕的国家,小汽车是城市客运交通的主体,美国的城市布局和生活方式决定了小汽车交通的主导地位。但是随着能源危机和环保意识的进一步增强,可持续发展观念向交通领域的渗透,社会各界也在试图改变城市交通模式,历届政府都对复苏公共交通做过努力,早在20世纪60年代,政府就颁布了"公共交通法",引导大城市交通向大容量快速轨道交通转化。在20世纪80年代,美国又有了环境保护法的规定,要求发展公共交通,减少小汽车出行,但是代价极其巨大,收效却很小。由此可以看出,以美国为代表的"小汽车交通为主导"的交通模式一旦形成,就陷入了一种"拥有小汽车→多修路→出行距离远→更依赖小汽车"的恶性循环中,在短时期内是难以改变的。

2. 以公共交通为主导的模式

以公共交通为导向的发展模式(Transit - Oriented Development,TOD),其概念最早由美国建筑设计师哈里森·弗雷克(美国加州伯克利大学建筑学院院长)提出,是为了解决二战后美国城市的无限制蔓延而采取的一种以公共交通为中枢、综合发展步行化城区的交通模式。其中公共交通主要是地铁、轻轨等轨道交通及巴士干线,然后以公交站点为中心,以400~800米(5~10分钟步行路程)为半径建立中心广场或城市中心,其优点在于集工作、商业、文化、教育、居住等为一身的"混合用途"。以公共交通为导向的发展模式具有以下几个特点:方便居民出行;节约土地资源;有利于环境保护。①

这种模式以日本、新加坡、中国香港等地区的大城市为代表,在小汽车的发展上采取了有限制的发展策略,从而使公共交通在城市交通中起了主导作用。新加坡自20世纪80年代中期以来,小汽车的千人拥有率一直保持在100辆左右,在每日大约700万人次的城市客运量中,地铁承担了约100万人次、公交车承担了约300万人次、出租车和私人小汽车分别承担了约100万人次和200万人次。在以公共交通为主导的城市交通结构模式下,又可细分为以轨道交通为主导的模式和轨道交通与地面公交并重的模式。以轨道交通为主导的模式以日本为代表。在日本城市公共交通系统内部的交通方式构成中,大运量的轨道交通占主导地位。

---

① 李翅:《走向理性之城——快速城市化进程中的城市新区发展与增长调控》,中国建筑工业出版社2006年版,第83-84页。

长期以来,日本城市多采用“强中心战略”,在发展城市交通的过程中,坚持大力发展以大运量公共交通为主的高效快速交通系统,重视开发地下和高架轨道交通;重视综合换乘枢纽的建设,建立综合的换乘枢纽,使轨道交通承担了城市的大部分客运量。轨道交通与地面公交并重模式以香港为代表。香港是世界人口密度最高的城市之一,香港城市土地有限的客观条件决定小汽车不能过量发展,香港政府采取了限制私人小汽车的战略,用提高私车登记费等手段,限制小汽车规模,与此同时,香港大力发展城市公共交通,目前已建成铁路、地铁轻轨、公共汽车、出租汽车等多种方式并存的公共交通体系。

为了节约有限的城市用地,保护开敞空间,寻求有利于可持续发展的出行模式,西方各国由放任小汽车发展到重视公共交通的回归,有一些城市已经走上公共交通为主的发展道路,从过度追求个人行动自由的偏向,调整到可持续发展的正确方向。

美国学者塞维诺(Robert Cervero)对相对成功地把城市演变和公共交通结合在一起的都市做了个案分析和分类介绍。他介绍的12个城市包括新加坡、瑞典的斯德哥尔摩、丹麦的哥本哈根、日本的东京、加拿大的渥太华、巴西的库里蒂巴、瑞士的苏黎世、澳大利亚的墨尔本和阿德来德、墨西哥的墨西哥城。香港也是一个成功实现公共交通和城市发展良性循环的典型城市。

成功的公共交通导向的城市不仅享有高水平的区域出行的灵活性,而且符合大的发展方向,比如可持续性、可达性、可居住性、社会多样性、主人翁精神和在哪儿居住、采用何种方式出行的选择性①,这也正是城市发展的终极目标,即,使城市和区域成为更健康、更安全、更宜人的生活、工作、购物和进行社会活动的地方。基于公共交通的城市空间发展模式既节约了土地,也提供了鼓励社会交往和便捷生活与工作的可能,为市民提供了宜人的工作和生活空间。②

(二)个人交通的模式选择及其影响因素

在城市交通中,除了小汽车与公共交通之外,个人交通模式还包括:(1)步行;(2)自行车;(3)汽车共享(Car pooling):两个或多个平时单独开车上下班(学)的

---

① Robert Cervero. The Transit Metropolis—A Global Inquiry, Island Press,1998 .

② 管驰明、崔功豪:《公共交通导向的中国大城市空间结构模式探析》,《城市规划》2003年第10期,第39-43页。

人合用一辆小汽车。

交通行为是受人们的交通寻求心理支配。出行者首先考虑的是能否用较少的费用迅速准时地到达目的地,这是因为“出行”并不是出行者的真正目的,而是完成出行目的的一个必需的过程,人们都希望这个过程所花费的时间越短越好。人们是在寻找时间、价格适合自己的交通方式。如果在居民区附近设置较为方便的公共交通站点,并且公共交通系统能保持良好的服务,公交线网有足够的路网密度,共同交通线路能保证适当的发车频率和较高的运行效率,人们还是愿意选择公交方式出行的。收入水平对人们使用何种交通方式和外出次数有着较大的影响。一般来说,随着收入水平的提高,私人汽车的占有量显著增加,也导致了外出次数的增加,而利用公共交通的外出则相应减少。一般来说,影响个人交通模式的选择因素有如下几方面:①

(1)行为人、机构、部门组成的基础网络

个人交通行为与提供交通基础设施和服务的政府道路建设和管理部门、交通工具制造商以及石油公司等行为人和组织形成的网络密切相关。此外,还存在着一个更大的网络(包括城市规划人员、媒体、学校和医院等),决定着住房、零售业和工作地的选址和密度,并影响人们的行动模式和家庭生活方式的选择。个人交通的起因是外出活动的需求,其性质决定了任何人类活动均可能对个人的交通行为施加影响。

(2)选择的层次结构

行为人、机构和部门的选择对个人交通行为的影响并非等同,而且个人的各种选择对其交通行为的影响也并不都一样。在网络水平以及个人水平上均存在着选择的层次性。因此,选择建设一种交通基础设施而不是另一种,将决定着个人和家庭的交通方式。此时,行为人、机构和部门的决策将减少个人和家庭的交通模式选择的范围。与此类似,个人和家庭关于住房和工作的决定也确定了其交通模式的选择范围。在寻找改变机遇时,需要研究各种选择间的相互依存关系,即决定和被决定关系。在每一个选择(例如关于购买小汽车的选择)内部,也存在着各种参数的层次结构。为了实现个人绿色交通,需要更好地理解产业部门、组

① 孙启宏、王金南:《可持续消费》,贵州科技出版社 2001 年版,第 236 页。

织的地位与国家政府的决策过程。依靠社会科学,可以分析各种选择的阶层,并揭示行为人、机构和部门的决策对个人交通的不同影响。

(3)文化背景与价值取向

文化的作用是确定交通行为的状态、形象和可接受性。例如,某些文化认为非娱乐性的骑自行车或使用公共交通为正常行为,而另一些文化则认为它是另类的抑或是怪异的(参见第五章论述)。通过对文化与交通行为之间关系的深层理解,可以提供如何改变当前交通模式的重要见解。小汽车自身已经成为一种社会和文化产物,其属性已经超出了满足人们"行"的功能需求的范围。例如,许多人将小汽车作为一种自我或者成功的象征,它速度快、方便灵活并允许私人空间的存在。更好地理解此种文化现象和过程,将有助于形成对小汽车替代模式的认识,也有助于对汽车生产、购买和使用选择的理解。而对此种文化现象的理解在不同的人群、地区和不同的时间,可能有着相当大的差异。

(4)个体学习的能力

个人行为受大量的不同媒体提供的信息和日常生活和工作经验影响。儿童和青少年对这些信息尤其敏感,并有可能形成其今后生活的行为模式。因此,要向儿童和青少年提供一些安全地区,以亲身经历无小汽车的交通模式,并逐步形成习惯。一部分成年人也乐于学习新的信息,并能够修正现有的行为,例如采用自行车租赁、小汽车共用(car - sharing)等方式。

三、目前我国城市交通发展模式的弊病

1. 以政绩形象工程为导向

我国以往的交通发展规划是国家计划在城市建设层面上的延续,是将国民经济计划的有关项目进一步深化和具体化。它的主要环节是"设计——实践",属于工程行政管理而非社会公共管理。因此传统道路交通发展模式和政策设计的目标是为城市发展描绘一个宏伟的前景,而这种蓝图在一切以经济为导向的时期常常被当作体现政绩的一种"产品"或"陈列物",其管理工具的职能被过多的行政干预和长官意志所抵消。① 地方决策者更重视的是近期政绩的最大化,而忽略了

① 周向红:《健康城市:国际经验与中国方略》,中国建筑工业出版社 2008 年版,第 117 - 118 页。

道路交通规划长期的经济性，是一个连续、滚动、综合、全面多方协调的过程。一些城市的道路置基本要求于不顾，一味追求直、宽、长等，对空间的使用效率和效益不予考虑。一些地方官员过于强调道路交通规划背后隐喻的政治含义。一些城区的主干道路、立交桥甚至演变为纯粹的纪念性空间，从外观看往往是灿烂辉煌、美轮美奂，但缺少实用性，导致使用者怨声载道。

2. 普遍存在"车本位"的现象

我国的道路交通规划将道路交通规划的对象等同于机动车交通，而不是人与货物的交通；把步行和自行车交通方式视为与道路交通不相关，导致一些地段交通事故频发。

自由行走本是人类身心健康的基本要求，但是城市机动化的日益增长使人们步行变得既困难又危险。在以车为主的城市交通规划中，每一个为机动车交通改善道路而设计的方案都使步行者的境况更坏。在快速城市化过程中，人们发现人行道变狭，街角被割光，交通安全岛被取消，道路被拓宽，"禁止行人"的栅栏四处林立。行人除在指定的由交通信号灯控制的地方可以穿过马路外，不准在其他地方穿过马路，为此一些地方甚至在马路中心线上设立了密集的铁障。在有些城市智能交通管理仅着眼于成功保障车流连绵不断，却不为行人配备红绿灯信号装置。步行者被迫从地下隧道或高高的过街天桥穿行。此外，新建道路设施不新增人行道，行人过街绿灯信号时间很短。一些城市允许机动车辆在人行道上或道旁停放，甚至可以在人行道上行驶，使步行者更加不方便和危险。

3. 以交通便捷需求为单一目标

传统的道路交通规划主要以满足单一的交通便捷需求为目标，没有考虑交通发展对资源、能源和环境影响。以"限小"为例，尽管从1996年国务院办公厅就发出通知，限令各地取消对微型车的种种限制，之后几乎每年都有国务院部委出台有关规定，要求各地不得限制小排量汽车。2004年年底，国家发改委又出台了一份《节能中长期专项规划》，提到"取消一切不合理的限制低油耗、小排量、低排放汽车使用和运营的规定"。2007年6月，国务院总理温家宝在建设节约型社会大会上，明确指出"要取消一切不合理的限制低油耗、小排量、低排放汽车使用和运营的规定"。然而，包括北京、上海、广州在内的全国22个省区市的84个城市以缓解交通拥堵等为由,对一些节能环保型小排量汽车采取交通管理限制措施①。

此外,现有交通规划的评价仅限于对路网密度、道路面积率等网络几何指标的评价,缺乏对交通的健康的评价,如对人的舒适度、安全度、环境噪声、震动、大气污染等项指标的评价。

4. 城市道路交通发展规划以单一部门为执行主体

我国城市道路交通发展过程中通常以交通部门为单一主体,没有建立由城市规划、建设、交通管理、公用事业、环境保护等多部门组成的协调机构。因此在执行过程中,城市交通部门及相关部门往往各自为政,很难发挥协调效应。同时城市政府在实施过程中也没有充分考虑和尊重群众的意见,未对交通规划进行严格的论证和分析,兼顾步行者、私家车拥有者等不同群体的利益。

有分析表明:如果有朝一日,中国也按美国的城市交通模式发展,每 4 个人拥有 3 辆小汽车,我国将拥有 11 亿辆小汽车,远远超过目前全世界的 8 亿辆总数,每天需要 9 900 万桶石油,而目前全世界的产量只有 8 400 万桶。更为严重的是,所需的机动车道、停车场的面积将超过现有水稻田总和。②

四、构建面向未来的、可持续发展的绿色交通体系

绿色交通是一个系统工程,涉及交通运输的每一个环节和相关要素,从车、路(基础设施)到交通环境、交通组织、交通管理乃至其所处的整个社会系统。由于城市交通是一个非常复杂的庞大系统,具有极强的基础性和社会性,城市绿色交通体系的形成必须依靠政府的力量进行推动,要在政策法规、交通规划、技术标准、经营规则以及管理体制上进行统一的协调和宏观调控,避免各种运输方式以自我为中心,各自规划、各自建设,最终导致系统总体效率降低、成本增多、资源浪费。

从对我国城市交通规划现状的考察以及对目前交通发展的制约因素分析,我

---

① 北京市曾规定 1.0 升以下排量的轿车不能在长安街行驶,上海对排量 1.3 升及以下,车身高度在 1.5 米及以下的小型面包车实施高架道路全天禁止,内环线及以内地面道路每天 7～21 时禁止通行,广州市全面禁止小排量汽车上牌,武汉市禁止小排量车通过江汉一、二桥等。

② [美]莱斯特·R. 布朗:《B 模式:拯救地球　延续文明》,林自新、暴永宁等译,东方出版社 2003 年版,第 46 页。

们认为,要使中国城市交通在尽可能长的时间段内保持生机与活力,就需要从长远的角度进行思考,构建可持续发展的绿色交通体系。

(一)要坚持"人本位"和"生态本位"和谐统一的价值指导原则

将以人为本融入城市规划中是我国构建可持续发展绿色交通体系的题中应有之义。根据罗尔斯的两个"正义"原则,城市交通发展的"人本位"价值原则,一方面,要求可达性权利享有的全面性和平等性,即:城市中每一个人,不管其出身、年龄、职业、性别、收入,享有全面的平等的可达性权利;另一方面,在可达性权利的享有和维护方面要强调重点关照性。由于社会分层以及社会个体状况不同,各人实现可达性权利的能力不同,其中老人、儿童、低收入阶层是可达性权利享有和实现的弱势群体。因此,在坚持可达性权利享有的平等性和全面性的同时,城市交通政策应重点关照弱势人群,采取各种措施,增加他们的可达性能力,赋予他们更多的可达性权利,优先照顾他们的出行模式,满足他们安全、舒适、准时、多样的出行需求。城市交通供给要做到安全性、惬意性与全面性。安全性是城市交通的最基本的要求。城市交通系统应当安全,应当努力消灭车祸和重大交通事故。惬意性是城市交通"人本位"的重要体现,要为市民创造一个惬意的步行友好的交通环境。人们能否自由自在、悠然地走路,是衡量城市文明程度重要指标。这就要求我们不能仅仅把城市道路交通看作一个功能性的空间实体,而要努力建成一个安全、舒适、有吸引力的步行、骑车环境,使人们的出行成为一种愉悦美好的心理体验。全面性是城市交通服务功能的升华。要满足人们多方位的出行选择。居民近距离出行能够通过步行、骑自行车来解决,远距离出行可以通过使用公共交通、轨道交通或乘坐出租车等多种方式来解决。

"生态本位"就是城市交通发展必须考虑生态环境和自然资源的承受力,遵从自然规律,尊重自然价值,把促进生态环境友好和发展作为城市交通发展的一项重要的道德价值,使得城市交通发展自觉接受生态环境承载力水平的制约。城市交通在满足城市系统交通需求的同时,又必须符合资源环境的客观约束。交通系统发展需要利用环境资源,并向环境排放一定数量的污染物。在人类生存、生态环境和资源利用不致受损失的前提下,某一交通环境所能容纳交通系统排放污染物的最大负荷量或其利用环境资源的最大使用量,我们称之为环境容量。① 发展城市交通不能突破交通环境容量,突破了环境容量,意味着生态资源的严重破坏,因而存在着一定时期内城市交通系统发展的规模上限。生态本位要求城市交通发展不能突破这个上限。城市交通发展应与资源和环境的承载能力相协调,要坚持适度消费原则,减少对自然系统的索取,节约交通资源,交通设施和系统的建设尽量降低对生态环境的影响。

城市交通发展中的"人本位"价值原则,是一种"发展性"的本位原则,即城市交通发展的终极目的问题;而"生态本位"价值原则,则是一种"约束性"的本位原则,体现人与自然的和谐共存。"人本位"发展原则是"生态本位"的约束孕于其中的"人本位",是符合生态要求的"人本位";"生态本位"的制约性原则是"人本位"的发展目的置于其上并内于其中的"生态本位",是促进人的发展的"生态本位"。② 如此通过城市交通的发展,体现人与生态环境的新的道德关系。

(二)要大力倡导公共交通优先,积极推广绿色交通新模式

优先发展公共交通是当今世界各国解决城市交通的共识。世界上许多国家在经历了痛苦的曲折后,才重新认识到优先发展公共交通对解决城市地区尤其是大城市地区交通问题的重要性和有效性。优先发展公共交通已成为许多城市居主导地位的战略思想。

优先发展公共交通的战略思想,是基于人们对城市交通问题的两个方面反思确定的:

一是城市交通的首要目的是实现人的移动而非车辆的移动。城市是人口高度聚集的地方,城市中繁忙的交通运输是城市高度发达的社会化的经济交流功能的反映,而从事经济交流的主体是人,人也是各种信息和物资交通的最终载体。在人口集中的城区内部,实现以人为主的移动,公共交通的效率显然高于私人交通。通过科学规划和组织,建立高效、快捷的现代化公共交通系统,是解决城市交通问题的最现实、最经济的途径。

---

① 申金升等:《城市交通可持续发展若干问题的思考》,《中国软科学》1997 年第 7 期,第 113 –119。

② 姜燕玲、刘应宗:《略论城市和谐交通及其建设》,《山东大学学报(哲学社会科学版)》2006 年第 5 期,第 107 –112 页。

二是公共交通能最大限度地满足必要的出行需求。城市交通流量由两部分组成,一部分是固定的出行量,另一部分是随机的出行量。固定的出行量主要包括市民的工作、学习通勤和日常生活出行,它们基本上是每日必不可少的交通量,是刚性的交通需求。随机的出行量包括外来交通量和城市居民的其他出行量,其交通量是弹性的。因此,这就需要以有效的交通系统满足出行需求,而快速、便捷的公共交通最适合这种要求。

借鉴国内外城市发展和解决城市交通问题的经验,优先发展公共交通不仅是解决我国当前城市交通问题的根本出路,也是我国城市化发展和建设和谐社会的必然要求。或者更准确地说,优先发展公共交通是符合中国实际的城市发展和交通发展的正确战略思想。①

从当前我国所处的发展阶段来看,正确选择城市绿色交通模式刻不容缓。机动化发展的规律表明,现阶段我国绝大多数市民尚未形成私家车出行的习惯,抓住机遇积极发展绿色交通,杜绝美国式的"无序机动化"发展模式无疑十分重要。

从国外实践来看,发展公共交通优先与自行车、步行相结合的绿色交通模式的关键在于正确分配有限的城市空间资源,体现民本优先与社会公平,而不是盲目引进高速公路、大量建造城市高架桥、立交桥导致私家车数量扩张的错误模式。事实表明,只要认真总结先行机动化国家的经验教训,坚持从我国的国情出发,走中国特色的可持续城市交通新路子,就能建立起节能减排、方便出行、安全可靠的城市交通系统。国际能源机构认为:如果中国城市能继续其过去几年来的发展势头,交通将为城市的发展服务,其他国家所见的小型机动车所造成的城市窒息将能避免,中国城市将朝着可持续性迈出一大步。②

(三)提倡自行车交通,推行公共自行车租赁模式,方便公交车和自行车间换乘

自行车是能源转化效率最高的一种交通工具,骑车者80%的能量转化到自行车的运动过程中,骑车快捷可以使人保持健康。自行车在中国一直是大众交通工

① 何玉宏:《社会学视野下的城市交通问题》,南京出版社2006年版,第132页。

② International Mayors Forum, OP. Cit. note17: L. Fulton and L. Schipper, Bus Systems for Future: Achieving Sustainable Transport Worldwide (Paris: International Energy Agency and Organization for Economic Cooperation and Development, 2002).

具,有悠久的历史。然而令人遗憾的是,近年来在我们这个一度被誉为“自行车王国”的社会主义国家,仅仅为了“国家形象问题”,居然有多个城市把自行车看成是落后的交通工具而使之处处受到歧视。正如世界银行的专家所言,“因为非机动交通通常与贫穷联系在一起,这种不良的印象常常使得国家不但不支持,反而有计划地淘汰它们。事实上,由于非机动交通在环境保护与使用效率上的优势,及其与机动交通的互补功能,在高收入国家也越来越受到重视”。① 为此,我们能不能讨论,在交通系统中该怎样合理安排自行车的地位?世界银行的专家给出了明确的建议是:“应将非机动车交通纳入到城市整体交通运输战略中,并制定合理的措施,如日本与荷兰的示范计划,包括为自行车提供专用车道及停车场,并且在交通管理措施中充分认识其行驶低速的特点,以克服当前非机动车辆交通的障碍。”

在这方面,西方发达国家已经远远走在我们的前头。近些年来,一些欧美国家不仅建立了自行车专用道路系统,还鼓励 P + R(自行车 + 公共交通)转换的出行模式,改善自行车停车条件。比较典型的有荷兰、法国。荷兰的火车路网覆盖全国,许多荷兰人在一个城市上班而居住在另一个城市,早晚需长途旅行。荷兰政府大力鼓励火车和自行车交通衔接,铁路公司在另一个全国 351 个车站都设有 100 多平方米的自行车存放处,方便大家使用。法国的三个“巨型城市”巴黎、里昂和马赛的交通状况一直不理想,上下班高峰时的堵车更是“臭名昭著”。为了改善交通状况,鼓励人们使用无污染的交通工具,三个城市先后在 2007 年推出了“自由自行车”计划,即自行车自助租赁服务。这一活动在巴黎大获成功,仅第一个月就租出了 100 万车次。2007 年 7 月 15 日,巴黎用 10 648 辆自行车实现了他们的“自行车革命”。法国人自豪地说:他们要让巴黎成为世界上第一个以自行车为主要交通工具的首都。巴黎计划建设 1400 个自行车出租站和启动 20600 辆自行车。按照计划,每个巴黎人无论何时何地,都能够在 275 m 的范围内找到一辆“绿色交通车”。巴黎建造的自行车出租站实现了自动化的理念:每个站都设有类似 ATM 自动收款机一样的感应台,附有法语、德语、英语和中文 4 种语言。人们可以租一天、一周甚至一年(一年也只要 29 欧元),只要刷了卡,一辆自行车就会自动解锁,供市民使用。

---

① 世界银行:《可持续发展的交通运输——政策改革之优先课题》,建设部城市交通工程技术中心译,中国建筑工业出版社 2002 年版,第 107 页。

(四)合理规划步行空间,着力推行并完善慢行系统

长期以来,规划师们根本不重视慢行系统的规划,自行车及步行被挤到窄窄的人行道,行走越来越困难,有些路段甚至没有人行道而只有机动车道,其结果是混合交通严重,造成交通拥挤事故频发。简·雅各布斯曾将为汽车而造的洛杉矶比作"非洲的野生动物保护区",因为那里"只有车流没有人流,失去了城市的密度。街道因无人监视成为犯罪的天堂。警察会提醒你赶快回到车里,因为步行是危险的。一些规划师盲目地模仿柯布西耶的巴黎市中心的规划,甚至忘记如何设计合适步行者的公共场所,以至于在城市里汽车可以开到任何地方,而行人则不可能"。此外,单一道路分级使城市步行环境更加恶化。人们不得不穿越主干道或停车场等恶劣环境,才能到达目的地。这种情况直到 20 世纪 80 年代末才有改善。1989 年,加利福尼亚建筑师彼得·卡尔索普和华盛顿设计师杜格凯尔伯出版了《步行者手册》,使步行区设想开始进入设计师的视野。

西方国家城市建设者已经认识到,步行区既有可以重塑城市居民的活动空间,也可以催化地区商业经济,在一定程度也可以带动中小零售业,同时也可以成为城市的景观。因此行人应与车辆行驶一样,有专用通道。行人可形成一个独立的系统,既不受其他交通干扰,又能和其他交通方式相衔接。欧洲国家丹麦用了 40 年时间改善设施,培养国民习惯,已经成为步行者和自行车爱好者的天堂。我国近年来一些城市也越来越重视步行区的设立,城市政府认识到在市中心商业繁华的地区开辟步行街区,对改善交通既可起到立竿见影的效果,也可带来步行街区商业的繁荣,以及城市环境景观效果的改善。步行街的出现在一定程度上说明规划师们对步行认识的提高。通过选择商业环境较好,服务设施较密集,人流量较大,交通压力较大,但又不便于通过简单的道路拓宽来解决人、车流问题的城市次干道,将其建设成为环境优美、设施齐全、有着良好城市景观、禁止机动车辆通行的充满现代商业气息的商业步行街。这样,除了改善购物环境、提高商业吸引力以及产生景观、文化氛围的效果以外,还可以避免行人频繁穿越道路而造成城市交通堵塞,使城市主干路交通在较长时间内具有弹性。城市实施并完善"慢行系统",让人们主动选择绿色、低碳出行,既能体现环境保护人人有责的担当,更能为构建和谐稳定的社会环境尽力。

(五)大力推行"小汽车共用"的交通形式

所谓"小汽车共用"(car - sharing)是指拥有多种车型的公司或组织通过其分布广泛的邻近停车场,向固定顾客或成员随时提供使用小汽车出行的服务,使用者仅根据使用小汽车的多少支付费用。① 小汽车共用的历史已有半个多世纪了,但是在更广泛基础上出现的能够营利的小汽车共用组织只是近来才出现的。真正有意义的小汽车共用组织于 20 世纪 80 年代后期在欧洲出现。汽车共用组织的成员初始仅限于朋友和家庭成员。之后,由于政府部门的介入,市场发展很快,目前已经成功地实施了商业化运作。小汽车共用组织的用户,可以在居民区附近和整个城市十分方便地使用各种车辆。在欧洲,"汽车共用"系统发展得非常快,那里的领先公司,驻扎在瑞士,拥有 600 个租赁场站及 20000 名成员。同样在法国和德国也有非常成功的运作系统,而在英国、意大利和美国,"汽车共用"系统正在朝普及化方向发展。

据研究,小汽车共用能带来巨大的社会效益、经济效益和环境效益。"小汽车共用"一方面促进了没有小汽车的人们有机会使用小汽车,另一方面又使曾拥有小汽车的成员节省了出行的费用。根据瑞士的经验,这会促使人们更多地使用公共交通,仅在必要的时候使用共用小汽车,减少了不必要的小汽车出行。

"小汽车共用"作为一种新型的交通服务方式,是个体交通方式的革命,被誉为 21 世纪的出行方式,对我国城市交通机动化发展的战略选择有着重要的借鉴意义。对中国这样一个人口大国而言,一旦实施小汽车共用可能会比欧美国家效果更明显,也更有益,因为这意味着许多家庭虽然不拥有小汽车或停车位,但偶尔欲使用时也可唾手可得,既节约了开销,又避免了拥有小汽车的各种麻烦。因此,鉴于小汽车共用所带来的多种效益,建议参照瑞士政府的做法,由政府组织推动,在全国逐步推广这种交通出行方式,从而使这种新型的交通方式真正受惠于国内民众,并在缓解城市交通问题中发挥重要作用。

与"小汽车共用"相类似,由于油价上涨等因素使得养车成本攀高,一种几个人搭伙"拼"私家车的出行方式在国内大城市悄然流行,甚至还出现了专门的"拼车网"。有人已经把拼车称作继自驾车、乘公交车和搭出租车后的第四种交通

---

① 黄肇义:《面向生态城市交通规划的若干理论与方法研究》,同济大学博士论文,2000。

方式。

尽管拼车这种交通方式从诞生的那一天起就不乏责难之声，如有人认为拼车影响国家税收，冲击出租车及公交市场，其安全性难以保证等等。但拼车制度的凸现，生动地演绎了市场这只看不见的手的魔力，它自然自发生成而颇有生命力。首先，拼车为消费者带来巨大的利益。拼车消费者每月支出明显低于购车养车的费用，会延缓许多私家车潜在购买者的购车行为。其次，拼车的交易成本较低。拼车的交易成本主要是搜寻信息的成本，在城市钢筋水泥的堡垒中，邻里之间很少往来，搜寻起点一致、路线相容的交易对象原本非常困难，但计算机网络的出现大大降低了信息沟通的成本。其三，拼车对公交车及出租车的冲击也不大。拼车的消费者多为上班族，原本就是公交车而非出租车的客户。在上下班高峰期，公交车难以满足乘客的需要，"拼车族"的出现，只是分流了部分公交车原本不能满足的乘客需求，并不会使公交车在高峰期空载。最后，拼车制度促进了社会总福利的上升。汽车是典型的具有负外部性的产品，造成的空气污染及交通拥挤是购车带来的额外社会成本。这个成本由城市的全体居民共同承担。拼车制度是对现有车运力量的整合，在提高车辆利用率、缓解交通紧张、减少污染等方面均有积极作用。因此，政府非但不应当限制拼车制度，更应该采取措施，鼓励、规范私家车的拼车行为。

（六）调控与引导私人小汽车发展，积极推行"无车日"活动

与公共交通相比，私人交通工具的最大特点是出行灵活，不受时间、线路限制。显然，出行时间自主性强，线路选择性灵活是居民使用私人交通工具的一个重要原因。对于每一个出行者来说，出行之前都有一个比较"交通效率"的决策过程，他会把交通方式（自行车、公交车、出租车、家用小汽车……）所需的时间、舒适程度、所花费的体力或费用、出行目的以及心理感受进行综合比较，然后选择自认为最佳的出行方式。从我国城市交通的发展趋势来看，在相当长的时间内，我国只能走以公共交通为主体，自行车、家用小汽车交通为辅的道路，这一目标的实现必须依靠交通政策的调控与引导。①

对城市私人交通工具的发展实行调控与引导，主要体现在私家车的发展战略

① 何玉宏：《社会学视野下的城市交通问题》，南京出版社 2006 年版，第 138－140 页。

与决策上。综观世界各个国家和地区,私人小汽车的发展战略大致可概括为三种类型:(1)自由型,即以自由发展为基本特征,任小汽车自由发展,以美国为代表;(2)导向型,即以政策导向为基本特征,引导小汽车向所希望的方向发展,日本、西欧等国家多属于此类;(3)控制型,即以控制发展为基本特征,主要以新加坡和香港地区为代表。

我国实际上实行的也是控制型模式,但由于在国家产业政策中汽车工业已定为支柱产业,因而小汽车的发展战略逐步转变为导向型的发展战略。虽然城市小汽车政策的总体思想是限制使用,不限制拥有,但在一些城市的实际执行过程中,不限制拥有做到了,限制使用并没有真正付诸实施。仅短短两三年,私车高峰提前到来,像洪峰一样,凶猛异常,决堤泛滥,祸及北京和各大城市,到处人满为患,车满为患。因此,基于我国特殊的国情,对小汽车应及早"先车之忧而忧",实行"计划生育"政策,走适度发展小汽车交通的"因势利导"之路。因为这涉及国家的重大决策,城市必须制定出引导机动车的拥有和控制其使用,同时又不危及汽车工业发展的政策。

小汽车拥有是个人行为。现代社会应满足人们的心理需求,乃至部分人的奢侈型消费需求。但小汽车使用也是社会行为,小汽车的使用需要公共的道路空间,并造成交通拥挤而使社会成本上升。因此政府有充分的理由和必要,引导对小汽车的拥有行为,同时限制和管理小汽车的使用行为,让消费者支付真实的成本。

美国经济学家阿罗通过严密的数理推导揭示出的"阿罗定理"说明:在自主平等的市场体制下,个人利益的被满足,并不意味着整个社会利益也被满足了;社会整体的利益,是不能由自主平等的市场主体的行为自身自动满足的,它首先应该由一个超越市场主体的"裁决者"来识别和确定。"阿罗定理"是阿罗获得诺贝尔奖的主要成果,它不仅震动了全世界的经济学家,而且震动了全世界的政治学家和社会学家。其实,按中国的现实情况,"阿罗定理"恰好说明了中国实行人口控制政策是符合整个社会的根本利益的。同样"阿罗定理"也揭示:在目前的中国应该由一个超越市场主体的"裁决者"来识别和确定"控制私车"的国策。①

---

① 刘京华:《像控制人口一样控制私车》,梁从诫、康雪:《走向绿色文明》,百花文艺出版社2006年版。

世界银行两位高级专家斯蒂文·斯岱尔斯和刘志对城市机动车的使用政策提出建议:应当让城市政府有权对不断增长的机动车使用进行限制,而不应为了满足汽车工业的需要而迫使城市吸纳机动车使用的快速增长。① 上海作为我国最大的经济中心和历史文化名城,正向现代化国际大都市目标迈进,但随着上海社会、经济的快速发展,城市交通"瓶颈"成为重要的制约因素。上海为缓解交通拥堵问题做出了非常积极的努力,在政策上、建设上和管理上都采取了许多对策和措施,上海是国内唯一一家对私车牌照采取拍卖政策的城市,但该政策实施至今一直存在诸多争议。上海现行的车牌拍卖制度的法律依据是2000年上海市人大制定的《上海市机动车管理条例》,因而这项政策的实施就产生了合法性危机。许多专家和媒体认为,该项政策违反了我国《道路交通安全法》的有关条款,而且也违背了新出台的汽车产业政策的有关精神。合法性是政策的生命线,如果上海市政府不能通过法律途径解决这项政策的合法性问题,这项政策必须终止;如果能通过法律途径解决合法性问题,鉴于正面效应大于负面效应,这项政策才可以存续下去。应当说,上海作为一个特大城市,在不同的发展阶段对城市交通采取一些阶段性的管理措施是正当的。道路作为一种准公共品,具有排他性。政府的作用在于将占用道路的车流量降下来,将准公共品变成实际的公共品,而这其中的代价就是开车的人需要付出更高的成本取得牌照。车牌拍价过高,从本质上反映了消费力量的牵动,并不是政府行政手段使然,高价位事实上起到了平抑消费的作用。②

在限制私人小汽车发展成为许多国家的共识过程中,无车日的兴起尤其有代表意义。1994年伯明翰、利兹、爱丁堡、阿姆斯特丹等34个欧洲城市成立了无汽车城市俱乐部,其宗旨是:共同努力逐渐减少城市地区的私人轿车,并争取进一步达到在城市完全禁止与经济活动无关的私人运行。1998年9月,法国一些年轻人提出"In Town, Without My Car!(在城市里没有我的小车)"的口号,希望平日被汽车充斥的城市能获得片刻的清净。这个主张得到法国许多城市居民的热烈支持,遂成为全国性的活动。9月22日,法国35个城市的市民自愿在这一天弃用私

① S·斯岱尔斯、刘志:《中国城市机动化:问题及对策》,见李晓江、阎琪、赵小云等编译《中国城市交通发展战略》,中国建筑工业出版社1997年版。

② 叶海平、陶希东:《大都市公共政策》,北京大学出版社2007年版,第183页。

家车。巴黎市政府负责交通的副市长博潘 22 日晚宣布:“无车日”当天整个巴黎市区汽车流量减少 27%,市中心区汽车流量减少 67%。一年后的同一天,66 个法国城市和 92 个意大利城市参加了“无车日”活动。2000 年,“无车日”倡议被纳入欧盟的环保政策框架内。2001 年 7 月底在罗马尼亚的一个塞尔维亚少数民族村落(Statanciova)启动巴尔干联合骑士,已经传播到塞尔维亚和保加利亚。该组织集中在以下三个领域:可持续性交通和无汽车城市运动,支持地方组织和个人活动,建立由基层组织和个人组成的巴尔干网络在许多领域开展集体活动。目前,9 月 22 日成了“国际无车日”,全球先后有 1488 座城市加入到这一活动中,中国也不例外①。“无车日”在一定意义上更是一种象征,彰显了公众对小汽车使用的态度。人们希望政府彻底摆脱以私人小汽车为核心的城市交通和城市发展观念,力争为大多数的城市居民提供更好的公共交通服务,建设一个以人为本、持续发展的和谐城市。

① 2007 年 9 月 16—22 日,北京、上海等 110 个大中城市同时开展了首届城市公共交通周及无车日活动。活动期间,许多市民自觉放弃小汽车出行。尤其是无车日期间,交通量明显减少,公交车辆准点率明显提高。据部分城市测算,车流量为活动举办前的 1/5 ~ 1/10,公交车的运行速度提高 1.5 ~ 2.5 倍。大气污染物排放明显减少。一些城市监测表明,无车区路段空气中一氧化氮、二氧化硫、可吸收颗粒物等有害物分别下降 40%、25% 和 15%。无车日当天,由于很多人放弃了小汽车出行,道路通行效率大为提高,汽油消耗也大为减少。

第八章

结论与展望

一、研究结论

城市的发展与演变很大程度上取决于交通的发展。一个可持续性城市“必须具有便于步行、非机动车通行及建立公共交通设施的形态及规模，并具有一定程度的紧缩性以便于人们之间的社会性互动。”①然而，随着我国城市化和机动化进程的突飞猛进，城市交通问题已成为阻碍我国各大城市社会经济可持续发展的一大痛疾。绿色交通正是为了解决城市交通危机所提出的一个崭新的理念。

“绿色交通”是一种优先采用绿色交通工具、节约资源、不对城市生态环境产生危害、安全、文明、公平、符合大众化出行要求并与环境、资源、社会、未来和谐的可持续城市交通系统。“绿色交通”有利于环保和生态，但不等于环境保护与生态交通；它与可持续发展密切相连，但也不能等同于可持续交通。绿色交通的本质是建立维持城市可持续发展的交通体系，以满足人们的交通需求；其核心是倡导步行及自行车等慢行交通、优先发展公共交通的观念。

本书在大量研究国内外有关城市交通实践与研究成果的基础上，结合作者多年来对城市交通问题的思考与实证研究，运用社会学、生态学、环境伦理学特别是系统分析的思想和方法，对城市绿色交通作了较深入的分析和探讨。主要研究结论归纳如下：

第一，城市交通作为城市社会大系统中的一个重要子系统，其运行有着特殊的内在规律性。城市交通问题不仅是一个社会问题，更是一个社会生态问题，解

① ［英］迈克·詹克斯等：《紧缩城市——一种可持续发展的城市形态》，周玉鹏等译，中国建筑工业出版社2004年版，第5页。

决城市交通问题应有社会学与生态学思想的指导。中国作为一个发展中国家,其城市交通发展历程与西方许多发达国家有着惊人的相似之处,但在时间上要短得多,目前已成为世界上城市交通问题的重灾区,作者认为,解决中国城市交通问题选择绿色交通体现的是交通发展的绿色转向思路。

显然,作者这一五年前提出的观点,与今年 3 月 24 日中共中央政治局审议通过的《关于加快推进生态文明建设的意见》中首次提出的"绿色化"所蕴含的理念是一致的。"绿色化"意味着从改变自然观和发展观开始,驱动生产方式与生活方式转变,培育生态文化,最终浸染社会的价值底色,融入社会主义核心价值体系,形成一个以观念转变助推制度建设、再由制度建设凝练价值共识的良性发展路径。它是生产方式、生活方式与价值取向的双重改变,是社会关系与自然关系的和谐共进。① 可以说,交通发展的绿色转向思路正是党中央所倡导的"绿色化"在城市交通领域的具体实践。

第二,以宽马路与高架桥为特征的城市交通环境已成为最具有中国特色的城市交通生态,其体现的是一种"车本位"的指导思想,其实质反映了"国家官僚体制的策略"和城市政府对于现代化城市形象的片面理解,而对交通环境中市民的实际生理、心理需求考虑十分有限。因此,要创建一个健康的人本化的绿色交通环境任重而道远,笔者提出:一要通过"步行与公共交通友好"的道路空间的创造,形塑交通环境的"新人文"与"新生态";二要通过交通环境的法律治理,完善城市交通软环境建设;三要恢复、完善"慢行交通系统",自觉低碳出行,从"心"出发回归生态理性,并从"脚下"开始践行。

第三,要解决中国的城市交通问题,必须立足于中国的"国情"现实。尽管"轿车进入家庭"的愿望充满诱惑,但却与中国国情相背离,且可能导致从"囚徒困境"走向"公地悲剧"的结局。因此,无论从国情出发还是从城市的可持续发展来看,大力发展城市公共交通势在必行,而将自行车纳入城市公共交通体系,不仅体现了绿色交通的要义,更体现了一种生活质量的回归,交通本质的回归。

第四,交通安全事关千家万户,社会和谐。在城市交通系统中,"人——车——路"的矛盾与冲突只是表象,其根本原因"在城市范围内来看,汽车和城市

① 《光明日报》编辑部:《为什么要在"新四化"之后增加"绿色化"》,《光明日报》,2015 年 5 月 6 日。

是有冲突的。"要将宝贵生命从无情的车祸中解救出来,必须改变我们的价值观念,建立人性化的交通方式即绿色交通方式。城市的先进性应当体现学步中的孩子能到处安全行走,交通公平应更多体现对弱势群体的关怀。

第五绿色交通的发展需要遵循人本位、生态本位、公平性、协调性与延续性五大原则,目标体系包括功能目标、环境(生态)目标与资源消耗目标。构建面向未来的、可持续发展的绿色交通体系,一要坚持"人本位"和"生态本位"和谐统一的价值指导原则;二要大力倡导公共交通优先,积极推广绿色交通新模式;三要提倡自行车交通,推行公共自行车租赁服务;四要合理规划步行空间,推广步行慢行系统;五要推行"小汽车共用"的交通形式;六要调控与引导私人小汽车的发展,积极推行"无车日"活动。

二、主要创新点

从调研及收集的资料来看,国内还没有对此课题的系统研究,这就决定了研究的挑战性。本书无论是选题、研究视角及研究思路都具有一定的原创性,主要有如下几点:

第一,研究视角的创新——在生态学、社会学、环境伦理学、交通工程学等学科的交融中寻找解决城市交通问题的途径及对策。

第二,研究观点的创新——核心观点是城市交通发展绿色转向论,并围绕交通与环境、资源、社会及未来的关系进行了系统的阐述与论证。

具体观点还有:

其一,城市交通问题不仅是一个社会问题,更是一个社会生态问题,解决城市交通问题应有社会学与生态学思想指导。

其二,通过轿车的生态包袱和生态足迹的分析,从生态的角度入手,指出"轿车进入家庭"的环境负荷不能超过环境的承载力,进而提出了减少轿车环境负荷的对策。"这一分析角度颇有新意,应该对北京以及其他城市交通研究有一定的借鉴意义。"①

其三,认为制约中国走向汽车社会进程的最严重的资源问题,当数能源与土

① 《找寻汽车与生态的平衡点》编者按,《中国经济导报》,2006年8月17日。

地资源的缺乏。要解决中国的城市交通问题，必须立足于中国的“国情”现实。因此明确提出，鼓励轿车交通的政策对中国国情并不适合，并将有可能导致从“囚徒困境”走向“公地悲剧”的结局。

其四，无论从国情出发还是从城市的可持续发展来看，大力发展城市公共交通势在必行，而将自行车纳入城市公交体系，不仅体现了绿色交通的要义，更体现了一种生活质量的回归、交通本质的回归。

三、进一步研究展望

本书在前人研究的基础上，从多视角对城市绿色交通进行了比较系统的研究。但由于国内对绿色交通课题的研究，无论是其理论体系的建构或实际应用都还处在摸索过程中，仍有很多问题有待进一步研究。

第一，绿色交通的内涵需要进一步丰富。随着社会的进步和时代的发展，人们对城市交通的理解也处在变化之中，对城市交通与环境、资源、社会及未来的关系理解也在深化，因此，什么样的城市交通才是绿色的交通，将是一个长期的课题。

第二，绿色交通的研究领域需要进一步拓宽。如绿色交通不仅需要支持良好生态环境的交通方式和交通工具，更需要遵守交通出行的“绿色文明”，即建立交通过程中良好的人际关系，发扬礼让文明精神对绿色交通伦理研究。

第三，绿色交通的研究深度需要进一步挖掘。由于作者社会学、环境伦理学及交通院校工作的学术背景，更多地从所擅长的学科开展研究，而生态学、交通工程学角度的研究及定量研究、绿色交通的指标体系等则嫌得薄弱与不足，有待今后进一步探索。

最后，真切希望本书的研究能为我国的城市交通建设与发展提供一点参考性建议，倘能如此，那将是作者的另外一个也是本研究最大的收获。

参考文献

一、著作

[1]世界银行:《可持续发展的交通运输——政策改革之优先课题》,建设部城市交通工程技术中心译,中国建筑工业出版社2002年版。

[2]段里仁:《城市交通概论——交通工程学原理与应用》,北京出版社1984年版。

[3]王炜等:《城市交通规划理论及其应用》,东南大学出版社1998年版。

[4]全永燊、刘小明等:《路在何方——纵谈城市交通》,中国城市出版社2002年版。

[5]陆化普:《解析城市交通》,中国水利水电出版社2001年版。

[6]杨涛:《城市交通:挑战与对策》,东南大学出版社2001年版。

[7]王炜、陈学武、陆建:《城市交通系统可持续发展理论研究》,科学出版社2004年版。

[8]孔令斌:《城市发展与交通规划》,人民交通出版社2009年版。

[9]张文尝、马清裕等:《城市交通与城市发展》,商务印书馆2010年版。

[10]文国玮:《城市交通与道路系统规划》,清华大学出版社2013年版。

[11]王国聘:《生存的智慧——环境伦理的理论与实践》,中国林业出版社1998年版。

[12]余谋昌:《生态伦理学——从理论走向实践》,首都师范大学出版社1999年版。

[13]余谋昌、王耀先:《环境伦理学》,高等教育出版社2004年版。

[14]孙本文:《社会学原理》,商务印书馆1947年版。

[15]郑杭生:《社会学对象问题新探》,中国人民大学出版社1987年版。

[16]陆学艺:《社会学》,知识出版社1993年版。

[17]童星:《世纪末的挑战——当代中国社会问题研究》,南京大学出版社1995年版。

[18]宋林飞:《西方社会学理论》,南京大学出版社1997年版。

[19]童星:《中国现代化热点审视》,南京出版社1998年版。

[20]雷洪:《社会问题——社会学的一个中层理论》,社会科学文献出版社1999年版。

[21]郑也夫等:《轿车文明批判》,经济科学出版社1996年版。

[22]郑也夫:《城市社会学》,中国城市出版社2002年版。

[23]蔡禾:《城市社会学:理论与视野》,中山大学出版社2003年版。

[24]何玉宏:《社会学视野下的城市交通问题》,南京出版社2006年版。

[25]何玉宏:《汽车社会与城市交通:交通社会学的探索》,上海三联书店2012年版。

[26]何玉宏等:《城市交通社会学》,华中科技大学出版社2014年版。

[27]江美球等:《城市学》,科学普及出版社1988年版。

[28]王蒲生:《轿车交通批判》,清华大学出版社2001年版。

[29]张鸿雁:《侵入与接替》,东南大学出版社2000年版。

[30]何怀宏:《生态伦理——精神资源与哲学基础》,河北大学出版社2002年版。

[31]宋永昌等:《城市生态学》,华东师范大学出版社2000年版。

[32]金经元:《近现代西方人本主义城市规划思想家:霍华德、格迪斯、芒福德》,中国城市出版社1998年版。

[33]黎德扬等:《社会交通与社会发展》,人民交通出版社2001年版。

[34]王雅林、董鸿扬:《构建生活美——中外城市生活方式比较》,东南大学出版社2003年版。

[35]康少邦、张宁等编译:《城市社会学》,浙江人民出版社1986年版。

[36]梁从诫、康雪:《走向绿色文明》,百花文艺出版社2006年版。

[37]陈敏豪等:《归程何处——生态史观话文明》,中国林业出版社2002年版。

[38]卢风:《应用伦理学——现代生活方式的哲学反思》,中央编译出版社2004年版。

[39]董宪军:《生态城市论》,中国社会科学出版社2002年版。

[40]高中华:《环境问题抉择论——生态文明时代的理性思考》,社会科学文献出版社2004年版。

[41]张生瑞:《公路交通可持续发展问题研究——理论、模型及应用》,人民交通出版社2005年版。

[42]顾朝林:《集聚与扩散》,东南大学出版社2001年版。

[43]中国科学院可持续发展研究组:《2004中国可持续发展战略报告》,科学出版社2004年版。

[44]李晓江、阎琪、赵小云等编译:《中国城市交通发展战略》,中国建筑工业出版社1997年版。

[45]中国科学协会:《中国城市承载力及其危机管理研究报告》,中国科学技术出版社

2008 年版。

[46]倪梁康:《胡塞尔现象学概念通释》,生活·读书·新知三联书店 1999 年版。

[47]俞孔坚、李迪华:《城市景观之路——与市长们交流》,中国建筑工业出版社 2003 年版。

[48]马强:《"小汽车城市"到"公共交通城市"》,中国建筑工业出版社 2007 年版。

[49]詹运洲:《城市客运交通政策研究及交通结构优化》,人民交通出版社 2001 年版。

[50]黄建中:《特大城市用地发展与客运交通模式》,中国建筑工业出版社 2006 年版。

[51]李朝阳:《现代城市道路交通规划》,上海交通大学出版社 2006 年版。

[52]潘天群:《博弈生存——社会现象的博弈论解读》,中央编译出版社 2002 年版。

[53]陈友芳:《可持续的梦想:环境与经济》,上海科学技术出版社 2003 年版。

[54]荣朝和:《西方运输经济学》,经济科学出版社 2002 年版。

[55]叶汝求、David Runnalls:《中国加入 WTO 环境影响研究》,中国环境科学出版社 2004 年版。

[56]陈清泰、刘世锦、冯飞等:《迎接中国汽车社会:前景·问题·政策》,中国发展出版社 2004 年版。

[57]李翅:《走向理性之城——快速城市化进程中的城市新区发展与增长调控》,中国建筑工业出版社 2006 年版。

[58]李俊:《人性化城市交通发展研究》,中国社会科学出版社 2007 年版。

[59]杨涛:《城市交通的理性思索》,中国建筑工业出版社 2010 年版。

[60]顾朝林:《经济全球化与中国城市化》,商务印书馆 1999 年版。

[61]杨贵庆:《城市社会心理学》,同济大学出版社 2000 年版。

[62]王慧炯等:《可持续发展与交通运输》,中国铁道出版社 2000 年版。

[63]丁立民:《道路交通管理理论与实践》,中国人民公安大学出版社 2002 年版。

[64]中国工程院、美国国家工程院:《私人轿车与中国》,机械工业出版社 2003 年版。

[65]周牧之:《鼎——托起中国的大城市群》,世界知识出版社 2004 年版。

[66]赵民、陶小马:《城市发展和城市规划的经济学原理》,高等教育出版社 2001 年版。

[67]潘海啸、杜雷:《城市交通方式和多模式间的转换》,同济大学出版社 2003 年版。

[68]张耀平:《21 世纪初美英澳运输与物流战略》,人民交通出版社出版 2001 年版。

[69]孙启宏、王金南:《可持续消费》,贵州科技出版社 2001 年版。

[70]联合国人居中心(生境):《城市化的世界——全球人类住区报告 1996》,沈建国、于立、董立等译,中国建筑工业出版社 1999 年版。

[71]世界环境发展委员会:《我们共同的未来》,王之佳、柯金良等译,吉林人民出版社1997年版。

[72]国际能源署:《面向未来的公共汽车交通系统——实现可持续交通模式》,人民交通出版社2003年版。

[73]郭继孚、徐康明等译著:《国内外快速公交系统发展实践》,中国建筑工业出版社2008年版。

[74]周向红:《健康城市:国际经验与中国方略》,中国建筑工业出版社2008年版。

[75]叶海平、陶希东:《大都市公共政策》,北京大学出版社2007年版。

[76]黄肇义:《面向生态城市交通规划的若干理论与方法研究》,同济大学博士论文,2000年。

[77][美]约翰·罗尔斯:《正义论》,何怀宏等,中国社会科学出版社1988年版。

[78][美]霍尔姆斯·罗尔斯顿:《环境伦理学》,杨通进译,中国社会科学出版社2000年版。

[79][美]刘易斯·芒福德:《城市发展史——起源、演变和前景》,宋俊岭等译,中国建筑工业出版社2005年版。

[80][美]艾伦·杜宁:《多少算够——消费社会与地球的未来》,毕聿译,吉林人民出版社2000年版。

[81][美]奥尔多·利奥波德:《沙乡年鉴》,侯文蕙译,吉林人民出版社1997年版。

[82][美]巴里·康芒纳:《封闭的循环——自然、人和技术》,侯文蕙译,吉林人民出版社2000年版。

[83][美]唐纳德·沃斯特:《自然的经济体系——生态思想史》,商务印书馆1999年版。

[84][美]哈丁:《生活在极限之内——生态学、经济学和人口禁忌》,上海译文出版社2001年版。

[85][美]罗伯特·瑟夫洛:《公交都市》,中国建筑工业出版社2007年版。

[86][美]莫什·萨夫迪:《后汽车时代的城市》,吴越译,人民文学出版社2001年版。

[87][美]理查德·瑞杰斯特:《生态城市——建设与自然平衡的人居环境》,王如松、胡聃译,社会科学文献出版社2002年版。

[88][美]莱斯特·R. 布朗:《生态经济:有利于地球的经济构想》,林自新等译,东方出版社2002年版。

[89][美]莱斯特·R. 布朗:《B模式:拯救地球 延续文明》,林自新、暴永宁等译,东方

出版社2003年版。

[90][美]莱斯特·布朗:《环境经济革命》,余慕鸿等译,中国财政经济出版社1999年版。

[91][美]E. P. 奥德姆:《生态学基础》,人民教育出版社1981年版。

[92][美]丹尼尔·贝尔:《后工业社会的来临——对社会预测的一项探索》,新华出版社1997年版。

[93][美]R. E. 帕克等:《城市社会学》,宋俊岭等译,华夏出版社1987年版。

[94][美]戴维·波普诺:《社会学》(第十版),李强等译,中国人民大学出版社1999年版。

[95][美]丹尼尔·贝尔:《资本主义文化矛盾》,三联书店1989年版。

[96][美]凡勃伦:《有闲阶级论》,商务印书馆1997年版。

[97][美]何瑟·奥沙利文:《城市经济学(第四版)》,中信出版社2003年版。

[98][美]彼得·S. 温茨:《现代环境伦理》,宋玉波、朱丹琼译,上海人民出版社2007年版。

[99][美]凯文·林奇:《城市意象》,方益萍、何晓军译,华夏出版社2001年版。

[100][美]约翰·M. 利维:《现代城市规划》,中国人民大学出版社2003年版。

[101][美]杰夫·梅普司:《铁马革命:如何用自行车打造好城市》,王惟芬译,行人文化实验室2010年版。

[102][美]苏珊·汉森、吉纳维夫·朱利亚诺:《城市交通地理学》,金凤君、王姣娥等译,商务印书馆2014年版。

[103][英]J. M. 汤姆逊:《城市布局与交通规划》,倪文彦等译,中国建筑工业出版社1982年版。

[104][英]埃比尼泽·霍华德:《明日的田园城市》,商务印书馆2000年版。

[105][英]玛夫·史密斯、约翰·怀特莱格、尼克·威廉姆斯:《绿色可持续人工环境》,王占忠、王海银、崔丹丹译,中国环境科学出版社2004年版。

[106][英]迈克·詹克斯、伊丽莎白·伯顿、凯蒂·威廉姆斯:《紧缩城市——一种可持续发展的城市形态》,周玉鹏、龙洋、楚先锋译,中国建筑工业出版社2004年版。

[107][英]保罗·切希尔:《应用城市经济学》,经济科学出版社2003年版。

[108][英]麦克·费塞斯通:《消费文化与后现代主义》,刘精明译,译林出版社2000年版。

[109][英]克利夫·芒福汀:《绿色尺度》,陈贞、高文艳译,中国建筑工业出版社2004

年版。

[110][英]玛夫·史密斯、约翰·怀特莱格、尼克·威廉姆斯:《绿色可持续人工环境》,中国环境科学出版社2004年版。

[111][英]Mike Slinn,Peter Guest,Paulm matthows:《交通工程设计——原理与实践》,电子工业出版社2008年版。

[112][英]K. J. 巴顿著:《城市经济学:理论和政策》,商务印书馆1984年版。

[113][英]克莱夫·庞廷:《绿色世界史——环境与伟大文明的衰落》,王毅、张学广译,上海人民出版社2002年版。

[114][英]简·汉考克:《环境人权:权力伦理与法律》,李隼译,重庆出版社2007年版。

[115][法]艾德加·莫兰:《社会学思考》,阎素伟译,上海人民出版社2001年版。

[116][法]波德里亚:《消费社会》,南京大学出版社2000年版。

[117][法]尚·布希亚:《物体系》,林志明译,上海人民出版社2001年版。

[118][法]埃米尔·迪尔凯姆:《社会学方法的规则》,华夏出版社1999年版。

[119][加]简·雅各布斯:《美国大城市的死与生》,金衡山译,译林出版社2005年版。

[120][加]马歇尔·麦克卢汉:《理解媒介——论人的延伸》,何道宽译,商务印书馆2000年版。

[121][日]饭田恭敬:《交通工程学》,邵春福、杨海、史其信等译,人民交通出版社1994年版。

[122][日]北村隆一:《汽车化与城市生活》,吴戈、石京译,人民交通出版社2006年版。

[123][丹]扬·盖尔:《交往与空间》,何人可译,中国建筑工业出版社2002年版。

[124][奥]陶在朴:《生态包袱与生态足迹——可持续发展的重量及面积观念》,经济科学出版社2003年版。

[125][澳]布伦丹·格利森、尼尔·西普:《创建儿童友好型城市》,丁宇译,中国建筑工业出版社2014年版。

[126][巴西]何赛·卢岑贝格:《自然不可改良》,黄凤祝译,生活·读书·新知三联书店1999年版。

[127]Arnulf Grubler:《技术与全球性变化》,关晓车、赵宏生、翁瑞译,清华大学出版社2003年版。

[128]德国技术合作公司(GTZ):《可持续发展的交通:发展中城市政策制定者资料手册》,钱振东、陆振波译,人民交通出版社2005年版。

[129][德]FSB:《人类需要多大世界MIPS——生态经济的有效尺度》,吴晓东、翁端译,

清华大学出版社2003年版。

[130]劳伊德·赖特:无小汽车发展,http://www.chinautc.com/information/newslunqita.asp? classid = 137。

[131]World Bank. China in 2020: Development Challenges for the New Century. Chinese version published in 2002 by China Finance and Economics Press, 1997.

[132]Newman. P、Kenworthy. J:《可持续和城市:克服汽车依赖性》,华盛顿岛屿出版社1999年版。

[133]Donald Appleyard. *Livable Streets*, Berkeley: University of California Press, 1981.

[134]Kingsley Dennis and John Urry. *After the Car*. Polity Press, 2009.

二、论文

[1]沈添财:《绿色交通与空气质量的改善》,《城市交通》2001年第2期。

[2]张学孔:《永续发展与绿色交通》,《经济前瞻》2001年第76期。

[3]郑先佑:《从"生态"的观点谈台湾的"永续运输"》,"迈入台湾高速运输时代——分享与展望"国际学术研讨会,2005年。

[4]申金升等:《城市交通可持续发展若干问题的思考》,《中国软科学》1997年第7期。

[5]赵小云:《绿色交通与城市可持续发展》,《城乡经济》2002年第9期。

[6]陆化普等:《城市可持续发展交通:问题、挑战和研究方向》,《城市发展研究》2006年第5期。

[7]沈添财:《可持续发展与绿色交通实施战略》,中国城市绿色交通研讨会,2000年。

[8]王如松、王丰年:《北京绿色奥运的生态学研究》,《清华大学学报(哲学社会科学版)》2001年第2期。

[9]王国聘:《论现代生态思维方式与城市观的更新》,《南京林业大学学报(人文社科版)》2003年第1期。

[10]王国聘:《现代生态思维的价值视域》,《清华大学学报(哲学社会科学版)》2006年第4期。

[11]申金升:《奥运与建设北京绿色城市交通》,《北京社会科学》2002年第4期。

[12]杜飞龙:《绿色交通:实现城市交通可持续发展的有效手段》,《生态经济》2004年第7期。

[13]刘冬飞:《"绿色交通":一种可持续发展的交通理念》,《现代城市研究》2003年第1期。

[14]李晓燕、陈红:《城市生态交通规划的理论框架》,《长安大学学报(自然科学版)》2006年第1期。

[15]项贻强、王福建、朱兴一:《生态交通的理念及策略研究》,《华东公路》2005年第4期。

[16]王如松:《北京应向"生态交通"方向发展》,《光明日报》,2004年9月2日。

[17]王如松:《以五个统筹力度综合规划首都生态交通》,《中国特色社会主义研究》2004年第4期。

[18]袁华、许安宁:《可持续交通的概念、原则及发展策略》,《道路交通与安全》2005年第5期。

[19]潘纯、左玉辉:《可持续交通》,《环境保护科学》2004年第6期。

[20]白雁、魏庆朝、邱青云:《基于绿色交通的城市交通发展探讨》,《北京交通大学学报(社会科学版)》2006年第2期。

[21]管驰明、崔功豪:《公共交通导向的中国大城市空间结构模式探析》,《城市规划》2003年第10期。

[22]徐巨洲:《理性看待中国21世纪城市发展》,《城市规划》1998年第2期。

[23]何玉宏:《中国城市交通问题的理性思考》,《中州学刊》2005年第1期。

[24]何玉宏:《挑战、冲突与代价:中国走向汽车社会的忧思》,《中国软科学》2005年第12期。

[25]何玉宏:《"轿车进入家庭":"囚徒困境"抑或"公地悲剧"》,《社会科学家》2009年第2期。

[26]何玉宏:《轿车进入家庭的生态包袱与生态足迹》,《生态经济》2005年第12期。

[27]何玉宏:《城市交通:一道跨世纪的难题》,《新东方》2000年第1期。

[28]何玉宏:《城市交通问题的社会性与生态性》,《现代城市研究》2002年第3期。

[29]何玉宏:《城市交通公平中的多元利益均衡》,《上海城市管理》2010年第3期。

[30]何玉宏:《城市交通领域的人本主义》,《现代城市研究》2004年第9期。

[31]何玉宏:《消费主义与汽车消费》,《内蒙古社会科学》2010年第5期。

[32]何玉宏:《中国城市交通建设运动批判——基于宽马路与高架桥为特征的城市交通环境》,《中国名城》2013年第10期。

[33]何玉宏等:《交通社会学研究》,《理论月刊》2004年第12期。

[34]何玉宏等:《制度、政策与观念:城市交通拥堵治理的路径选择》,《江西社会科学》2011年第9期。

[35]何玉宏等:《自行车复兴:一种城市生活品质的重建》,《兰州学刊》2012 年第 10 期。

[36]郑也夫:《自行车族成员的呐喊》,《博览群书》2000 年第 2 期。

[37]汪丁丁:《中国的汽车文明与中国人的汽车文化》,《读书》2003 年第 8 期。

[38]汤潇:《中国城市交通问题三思》,《城乡建设》2004 年第 7 期。

[39]李林波、杨东援、熊文:《大公共交通系统之构建》,《城市规划学刊》2005 年第 4 期。

[40]焦朋朋、陆化普:《快速公交:都市区可持续发展的战略选择》,《综合运输》2004 年第 9 期。

[41]毛寿龙、卢海燕:《城市公交公益化的价值取向与发展的多元战略》,《城市管理》2007 年第 3 期。

[42]石忆邵等:《我国大城市自行车道发展的困境及其政策取向》,《现代城市研究》2006 年第 10 期。

[43]丁良川、金 勇:《城市道路交通环境的社会学分析》,《城市问题》2005 年第 2 期。

[44]冯震、苏艺、王娜:《交通环境的法律治理与道德约束》,《交通环保》2003 年第 2 期。

[45]仇保兴:《中国城市交通模式的正确选择》,《城市交通》2008 年第 2 期。

[46]鄢丹:《论城市交通系统的可持续发展》,《山西财经大学学报》2004 年第 5 期。

[47]卜建清、牛学勤:《关于实现城市交通可持续发展的理性思考》,《交通科技与经济》2002 年第 4 期。

[48]熊晓冬等:《基于绿色交通理念下的广州大学城交通规划》,《城市规划学刊》2005 年第 4 期。

[49]姜燕玲、刘应宗:《略论城市和谐交通及其建设》,《山东大学学报(哲学社会科学版)》2006 年第 5 期。

[50]王缉宪:《易达规划:问题、理论、实践》,《城市规划》2004 年第 7 期。

[51]胡润州:《绿色奥运与绿色交通》,《城市交通》2005 年第 2 期。

[52]陆化普:《城市绿色交通的实现途径》,《城市交通》2009 年第 6 期。

[53]陆化普:《绿色交通:我国城市交通可持续发展的方向》,《综合运输》2011 年第 2 期。

[54]俞燕:《保护城市自行车交通及建立城市绿色交通系统》,《城市研究》1999 年第 2 期。

[55]顾尚华:《创建绿色交通系统 保护城市自然环境》,《城市研究》2000 年第 3 期。

[56]丁卫东、刘明、杜胜品:《交通方式与城市绿色交通》,《武汉科技大学学报(自然科学版)》2003 年第 1 期。

[57]范海雁、杨晓光:《城市绿色交通与可持续发展关系策略问题的研究》,《辽宁工学院学报》2004 年第 6 期。

[58]杨晓光、李修刚、盛志前:《绿色交通基本理论和目标》,http://www.chinautc.com/hot/green/014.asp/.2005 ~ 10 ~ 13。

[59]潘海啸、刘贤腾等:《街区设计特征与绿色交通的选择》,《城市规划汇刊》2003 年第 6 期。

[60]潘海啸:《中国城市绿色交通——改善交通拥挤的根本性策略》,《现代城市研究》2010 年第 1 期。

[61]过秀成、孔哲、叶茂:《大城市绿色交通技术政策体系研究》,《现代城市研究》2010 年第 1 期。

[62]蒋育红、何小洲、过秀成:《城市绿色交通规划评价指标体系》,《合肥工业大学学报(自然科学版)》2008 年第 9 期。

[63]《建设部关于优先发展城市公共交通的意见》,《城市交通》2004 年第 2 期。

[64]赖亚娜·焦尔基:《社会科学视野中的可持续移动:挑战、机遇和冲突》,《国际社会科学杂志(中文版)》2004 年第 2 期。

[65][美]加勒特·哈丁:《公地的悲剧》,《科学》,1968 - 12 - 13。

[66] Chris Bradshaw. *The Valuing of Trips.* Prepared for Ottwalk and the Transportation Working Committer of the Ottawa - Carleton Round - Table on the Environment. Revised Sep 1994.

[67]The World Bank Group Website. Urban Transport Strategy Review - Draft. *Strategy Paper.* Discussion Area, 2000.

[68] Rodney Tolley. The Greening of Urban Transport. Edition II. *John Wiley and Sons*, 1997.

[69]Robert Cervero. *The Transit Metropolis—A Global Inquiry.* Island Press,1998.

[70]GTZ. Sustainable Transport: A Source book for Policy - makers in Developing Cities Division 44 in Project. *Transport Policy Advice*, 2003.

[71]Brown L. 2001 World Automobile Production. World - watch Institute, Washington DC.

[72]Geoff Vigar. Reappraising UK Transport Policy 1950 - 1999: the Myth of 'Mono - Modality' and the Nature of 'Paradigm Shifts'. *Planning Perspectives*, 2001. (16).

[73]International Mayors Forum, OP. Cit . note17: L . Fulton and L. Schipper, Bus Systems for Future: Achieving Sustainable Transport Worldwide (Paris: International Energy Agency and

Organization for Economic Cooperation and Development, 2002).

[74] Banham R. Los Angeles: The Architecture of Four Ecologies. Penguin. Harmond sworth, 1973.

[75] Hugh Barton. Design for movement. Clara Greed &Marion Roberts. *Introducing Urban Design* . Pearson Education Limited,1998.

后　记

这是一本延迟了五年才出版的书。2009 年初夏，我经过五年的努力，终于赶在规定的送审截止日期之前完成了自己的博士论文。论文的写作过程，是一段痛苦的心智磨练过程，虽然偶尔也因收获产生些许快乐，但很快就被漫长又艰辛的折磨冲淡了。好在后来的送审与答辩都很顺利，也算对自己几年辛苦的回报与奖赏。当年 9 月，我以博士论文为基础申报了教育部“高校社科文库”出版计划，并通过专家评审被列入部分资助出版。

看到自己的成果如此之快就要正式出版，我却不免有些忐忑。因读研究生时一位老师的话影响颇深：一个人一辈子可能要写作发表几十乃至几百篇论文，而你的博士论文却是唯一的。怀揣着这样的想法，在收到出版社寄来的校对书稿后，就产生了暂且放一放的念头。谁知这一放就是五年。在这五年中，我先后出版了两本交通社会学研究专著，完成了若干城市交通研究课题。特别值得一提的有两件事：一是根据中国知网用关键词“绿色交通”检索，笔者所著博士论文下载次数与引用次数均名列前茅(其中下载量名列第 2)；二是笔者的城市交通问题研究成果连续两届获得“钱学森城市学金奖”提名奖。这增添了我将此书修改出版的信心与动力。

城市交通的发展日新月异。尽管有前面的博士论文和研究工作基础，修改并不让人感到轻松，有的需要展开新的调查研究，有的需要补充或更新数据，还有篇章结构的调整、语言文字的润饰，乃至有的章节重新撰写等等，真正体味了清代学者王国维形容做学问的第二境界“为伊消得人憔悴”之内涵。

又经过一个寒暑的煎熬及数次修改，本书终于要出版了。在此，我要对那些在我一路走来给予巨大帮助的人表示感谢。

本书的初稿是在导师王国聘教授的悉心指导与关怀下完成的。从师五载，导师渊博的知识、深邃的见解、高尚的人格，使我在思想、学业、品质修养上深受教益。在此，谨向导师对我多年的关怀和教诲表示由衷的感谢。

在博士学习阶段，曾多次聆听薛建辉教授、王国聘教授、阮宏华教授等名师授课，使我增长了知识、丰富了思想，不胜感激；在论文开题、盲审及答辩过程中，先后得到了曹孟勤教授、张金池教授、马健霄教授、胡海波教授等的指教与帮助，在此表示感谢；感谢同门博士曹顺仙、王全权、王立和、王小文、王清宇、马颖、李亮、胡华强等在学习过程中给予的帮助。

感谢作者所在单位南京交院党政领导及同事胡海青、赵家华、刘方、谢逢春、张丽、孔冀、张静华等在写作过程中给予的帮助。

我还要向我的亲人多年来对我工作与学习的支持、关怀和帮助表示谢意。感谢我的父母与岳父母，他们多年来一直在背后默默地支持着我，尽管父亲与岳父在我攻读博士及论文修改期间相继离世，但他们的教导一直是我前行的动力；感谢我的妻子晓兰君，尽管她十年来工作上的压力也很大，但依然给予我最大程度的理解和支持；感谢我的儿子冠石，在我专注于学习、研究的这十多年里，正是他升学的关键阶段，他非但没有让我这个做教师的父亲为他的学习多操心，反而作为家中的电脑能手，经常为我解决电脑运行中的一些小故障，而今在本书即将出版之际，他已独自在异国他乡完成本科学业并开始自己的研究生学习。

最后，我要对清华大学卢风教授表示特别的感谢，感谢他为本书作序，并对作者勉励有加。

在本书的研究和写作中，我曾参阅、引用了大量的文献资料，对于所引文献，虽尽量一一标明出处，但因成书间隔较长，仍恐有疏漏之处，对此表示歉意。书中的错误和不当之处，敬请专家、同行及读者朋友不吝批评指正。

何玉宏

2015 年 8 月 6 日